日本語からはじめる 小学校英語

ことばの力を育むためのマニュアル

大津由紀雄　浦谷淳子　齋藤菊枝
［編］

公益財団法人
ラボ国際交流センター東京言語研究所
［編集協力］

開拓社

はじめに

　この本は，教科化を伴う，小学校英語の新たな事態にどう対処してよいのか，頭を悩ましておられる先生たちのために，具体的な教材，教案等を提示することを主たる目的として作られたものです。とは言っても，単なる教材集，教案集では「応用」がききません。この本を読んだ先生たちがそれをヒントにご自身の創意工夫でいろいろな教材の開発や授業展開に思い至ることができるように心がけました。

　2017年3月に告知された新しい学習指導要領によって，小学校高学年に教科としての英語が，中学年に英語活動が導入されることになりました。と言っても，2011年度から小学校高学年に英語活動が導入される前から，小学校英語の教科化はいわば既定路線であったので，そのこと自体に特段の驚きはありません。問題はその影響を直接に受ける子どもたちと先生たちです。

　その影響がよいものであると予想されるというのならいざしらず，すでに多種多様の問題点が指摘され，多くの先生たちは《いったい，どう対処したらよいのか！》と途方に暮れているというのが現実です。文部科学省は2年間の移行期間（2018，19年度）を経て，2020年度からの全面実施というスケジュールに対処するため，その移行期間に使われる「国定教科書」を作りましたが，[1] それを読んでみても，混迷の度合いが深まるばかりという声を繰り返し耳にします。

　編著者の一人である大津は以前から一貫して小学校英語（それが「活動型」であれ，「教科型」であれ）に反対の立場をとってきました。小学校英語に関する問題点がここにきて一気に噴き出してきたという思いです。しかし，そうは言っても，ここまでことが進んできてしまった以上，いまさら，すぐには引き返すわけにはいきません。「一体，どうすればいいのでしょうか」という先生たちの切実な訴えに対し，「だから，言ったじゃないですか！」と返すわけにもいきません。

　そこで用意したのがこの本です。

　この本の基盤にある基本理念については「解説」を参照してください。その中核だけを簡潔に述べれば，つぎのようになります。

　　子どもたちには，まず，ことばは人間だけに与えられた宝物であることを認識して欲し

---

[1] *We Can!* と題された「新学習指導要領対応小学校外国語教材」（東京書籍扱い）。5年生用に第1巻が，6年生用に第2巻が用意されています。また，中学年に配当された外国語活動用の教材として *Let's Try!* と題された「新学習指導要領対応小学校外国語活動教材」（東京書籍扱い）も用意されています。3年生用の第1巻，4年生用の第2巻があります。2018，19年度には教科書の検定が間に合わないため，こうした特例的な措置が必要となりました。それ以降は検定を通過した教科書が使われることになります。

い。その上で，その力を十分に発揮すべく，直感が利く母語について，その仕組みと働きについての理解を深めて欲しい。つぎに，その理解をもとに母語以外の言語（外国語）について学んで欲しい。外国語に対する理解はことばの楽しさ，豊かさ，怖さを改めて感じるきっかけとなると同時に，母語の理解をより深め，母語の効果的な運用を可能にする。

この本の構想はなんと 2008 年に遡ります。小学校に英語活動が導入されることがほぼ確実視され始めたころのことです。大津は窪薗晴夫との共著『ことばの力を育む』（慶應義塾大学出版会，2008 年）を世に問い，小学校英語に関心を持つ多くの人々に歓迎されました。そこで，同書に盛り込まれた言語教育理念をさらに発展させるため，大津の提案により，財団法人ラボ国際交流センター（時本学理事長（当時））は学校法人慶應義塾（安西祐一郎塾長（当時））に「言語教育に対する基礎的研究」（略称「プロジェクト言語教育（PLT）」）を委託しました。[2] 幸い，PLT に関する委託研究は 3 年間にわたって継続され，活発な活動が展開されました。

PLT の目的はつぎのとおりです。

> 新たな学習指導要領の核になっているのが「言語力の育成」であるが，「言語力」の本質とその育成方法についての実質的な研究は皆無に等しい。本研究では，この欠落部分を埋め，言語教育の改善に資することを目的とする。

なお，ここでいう「新たな学習指導要領」というのは現行（2017 年現在）の学習指導要領のことで，小学校に関しては 2011 年 4 月から，中学校に関しては 2012 年 4 月から，そして，高等学校に関しては 2013 年 4 月から全面実施されているものを指します。

当初から，大津は PLT の目標の 1 つとして，『ことばの力を育む』の続編にあたる書籍の刊行を念頭に置いており，実際，2011 年初頭には『ことばノート（仮題）』の出版についてのメモをメンバーに送付しています。「ことばノート」という名称は文部科学省が英語活動のための共通教材（英語活動は教科ではないので，教科書ではない）として作成した『英語ノート』の向こうを張ったもので，英語に特化するのではなく，ことば一般をその対象とするという意味を込めたものです。

『ことばノート』は本来 2011 年に出版するつもりで，出版社も決まり，原稿もほぼ集まっていたのですが，編者である筆者の「解説」の脱稿が大幅に遅れてしまい，結局，筆者が慶應

---

[2] メンバーは以下のとおりです。肩書は 2008 年 4 月現在のものです。
　大津由紀雄（慶應義塾大学）（研究代表者，総括，認知科学，言語教育）
　窪薗晴夫（神戸大学教授）（研究分担者，英語教育，言語学，音声学）
　森山卓郎（京都教育大学教授）（研究分担者，国語教育，国語学，文法）
　寺尾康（静岡県立大学教授）（研究分担者，言語教育，言語心理学）
　齋藤菊枝（埼玉県立蕨高校教頭，慶應義塾大学訪問講師）（研究分担者，国語教育，言語教育）
　末岡敏明（東京学芸大学附属小金井中学校教諭）（研究分担者，英語教育，言語教育）
　三森ゆりか（つくば言語技術研究所所長）（研究分担者，言語技術教育）
加えて，慶應義塾大学大津研究室のゼミ生，院生，卒業生，ラボ国際交流センターのスタッフが研究協力者として活動に参加しました。

義塾大学在籍中の出版は実現できませんでした。2013年4月に明海大学へ移籍したのですが，その後は副学長，複言語・複文化教育センター長，外国語学部長，応用言語学研究科長などを兼務することとなり，『ことばノート』の出版はさらに遅延することになってしまいました。これはひとえに編者たる筆者の責任で，早くから原稿を用意してくれた執筆者の方々，出版をお引き受けいただいていた出版社，そして，この本の出版を心待ちにしてくれていた方々に心からお詫びいたします。

　結果として，「ことばノート」という書名ももはやあまり意味を持たなくなってしまったので，新たに『日本語からはじめる小学校英語──ことばの力を育むためのマニュアル』という書名を選びました。なお，この書名は，わたくし自身も寄稿させていただいた，森山卓郎（編著）『国語からはじめる外国語活動』（慶應義塾大学出版会，2009年）を参考にさせていただいたことをここに記し，森山さんに深く感謝いたします。

　上に述べた事情にもかかわらず，今回，本書の出版に漕ぎつけることができたのは筆者の怠慢にもかかわらず，出版に向けて，筆者を励まし続けてくれたPLTのメンバーの方々のおかげです。ことに，共編者の浦谷淳子さんと齋藤菊枝さんは筆者の編集の仕事を軽減すべく，筆者に代わり，執筆者の方々との調整を精力的に行ってくれました。

　本書の作成にあたっては，PLTのメンバーのほかにも，梅村紀子さん（岐阜県多治見市立多治見中学校教諭），渡辺香代子さん（埼玉県杉戸町立西小学校教諭），そして，公立小・中学校の校長先生をはじめ数多くの先生たちの協力を得ました。

　この本を作るきっかけとなったPLTを可能にしてくださったラボ国際交流センター（現在は公益財団法人，間島祐介理事長）および同センターの附設研究所である東京言語研究所に深く感謝いたします。PLTの実現には大矢昭三理事（当時）のご尽力に負うところが大です。また，東京言語研究所の事務局員である杉沢智子さんは編者らとともに編集作業に深くかかわり，本書の出版に向け，多大な貢献をしてくださいました。

　開拓社は仕切り直しでの出版のお願いを聞き入れてくださいました。ことに，わたくしたちの提起する無理難題にいつも誠意をもって対応いただいた同社編集担当の川田賢さんのお力添えがなければ，この本はいまの形にはなっていなかったでしょう。

　本書の刊行に向け，時間とエネルギーを惜しまず，力を貸してくださったすべての方々に深く感謝いたします。

　この本が小学校でのことばの学びが本来あるべき正しい方向へ向かうための指針を提供するものとなることを心から願っています。

編者を代表して
大津由紀雄
2019年5月

目　次

　はじめに　　　　　　　　　　　　　ii
　解　説（大津由紀雄）　　　　　　　vii
　本書の使い方　　　　　　　　　　xviii

Unit 1　ことば全般　　　　　　　　　　　　　　　　　　　　　　　　　1

　Lesson 1　世界のことば　………………………………（浦谷淳子・大津由紀雄）　3
　Lesson 2　方　言 ……………………………………………………（窪薗晴夫）　11
　コラム　2nd で second なら 2 は seco?――英語における"送り仮名" ……（大名　力）　20
　Lesson 3　多言語社会 ……………………………（古石篤子・渡慶次りさ・遠藤　忍）　21
　コラム　日本語の書記体系 …………………………………………（大名　力）　33
　Lesson 4　手　話 ……………………………………………………（松岡和美）　35
　Lesson 5　コミュニケーション ……………………………………（森山卓郎）　43

Unit 2　音　声　　　　　　　　　　　　　　　　　　　　　　　　　　53

　Lesson 6　ローマ字と発音（1）……………………………………（末岡敏明）　55
　Lesson 7　ローマ字と発音（2）……………………………………（末岡敏明）　65
　コラム　英語における"音読み"と"訓読み" ……………………（大名　力）　74
　Lesson 8　母音と子音 ………………………………………………（窪薗晴夫）　75
　Lesson 9　韻　律 ……………………………………………………（窪薗晴夫）　85
　Lesson 10　オノマトペ ………………………………………………（末岡敏明）　95

Unit 3　文　法　　　　　　　　　　　　　　　　　　　　　　　　　103

　Lesson 11　複合と連濁 ……………………………………（五十嵐美加・大津由紀雄）　105
　Lesson 12　接　辞 ……………………………………………………（森山卓郎）　115
　Lesson 13　句構造 ………………………………………（内田菜穂美・大津由紀雄）　123
　コラム　古文と漢文そして英語 ……………………………………（森山卓郎）　132
　Lesson 14　埋め込み文と等位接続 …………………………………（寺尾　康）　133
　Lesson 15　あいまい性 ………………………………………………（永井　敦）　143

v

Unit 4　言語生活　　　　　　　　　　　　　　　　　　　　　　　　　153

- Lesson 16　**外来語** ……………………………………………（寺尾　康）155
  - コラム　役割語 …………………………………………（金水　敏）164
- Lesson 17　**数え方（数字とことば）** ……………………………（窪薗晴夫）165
  - コラム　しりとり ………………………………………（金水　敏）174
- Lesson 18　**ことば遊び（早口ことば）** ………………（齋藤菊枝・佐藤　允）175
- Lesson 19　**ていねいな表現** ……………………………………（森山卓郎）183
  - コラム　待遇表現——日本語と英語を比べると——………（森山卓郎）192
- Lesson 20　**言い間違い** …………………………………………（寺尾　康）195

Unit 5　言語技術　　　　　　　　　　　　　　　　　　　　　　　　　205

- Lesson 21　**問答ゲーム（対話の練習）** ………………………（三森ゆりか）209
- Lesson 22　**説明（空間配列）** …………………………………（三森ゆりか）221
  - コラム　ありがとう，ごめんなさい ……………………（森山卓郎）230
- Lesson 23　**分析（絵の分析）** …………………………………（三森ゆりか）231
- Lesson 24　**事実と意見** …………………………………………（三森ゆりか）241
- Lesson 25　**パラグラフの構成** …………………………………（三森ゆりか）249
  - コラム　覚えさせたいやさしい英語のことわざ …………（森山卓郎）260

ワークシート解答例　　261
編者・執筆者等一覧　　266

◆本書を利用する上で必要となる文書，音声，動画などの資料は，開拓社ホームページよりダウンロードの上ご活用ください。

http://www.kaitakusha.co.jp/book/book.php?c=8034

解　　説

本書企画の背景

　今世紀に入った頃から《小学校へ英語を！》という声が急激に大きくなりだしました。その流れに危機感を覚えたわたくしは大津・鳥飼（2002）で小学校英語に対する反対の立場を明確に表明し，2003年から2005年まで毎年12月に，当時，勤務していた慶應義塾大学で小学校英語に関するシンポジウムを開催しました。大津（2004, 2005, 2006）はその記録です。「慶應の暮シンポ」として定着した一連のシンポジウムには毎回数百人の聴衆が集まり，会場は熱気に溢れていました。

　しかし，2011年には全国の公立小学校に外国語活動（現実的にはほぼ英語活動なので，以下，特筆しない限りは「英語活動」とする）が導入され，担当を余儀なくされた学級担任や近い将来お鉢が回ってくることを危惧した先生たちから，相談のメールがたくさん届くようになりました。いまでも，そうしたメールが寄せられ，その数は数百に達します。

　不安を抱える先生たちのお役に立てるならと全国を飛び回って講演もしました。講演ではまずは問題の根幹を探り，どうしてこのような状況になったかをできるだけ丁寧に説明するよう努力しました。しかし，そうはいうものの，多くの先生たちが望んでいたのは単なる現状分析ではなく，あすに迫った授業にどう対処すればよいかということでした。そこで，大津・窪薗（2008）を世に問い，英語活動で利用できそうな情報をたくさん盛り込みました。幸い，その本は徐々に多くの読者を得るようになり，愛読者の間では表紙の色にちなんで「緑本」と呼ばれるようになりました。

　こうした活動と並行して，全国の同志の署名を得て，2005年7月と2006年2月に文部科学大臣宛の「小学校英語教科化に反対する要望書」をとりまとめ，提出しました。また，2006年から2007年にかけて組織された言語力育成協力者会議や2014年度に組織された英語教育の在り方に関する有識者会議の委員の一人として選任され，こうした文部科学省関連の会議でわたくしの考えを述べる機会を得ました。

　しかし，小学校英語の流れはその後も止まることなく，2017年3月末に告知された新しい学習指導要領によって，小学校高学年に教科としての英語が，中学年に英語活動が導入されることになりました。とうとう小学校英語の「教科化」という事態にまで至ったということです。

　こうした状況を背景にして，この本を作った主たる目的は「はじめに」でも述べたとおり「教科化を伴う，小学校英語の新たな事態にどう対処してよいのか，頭を悩ましておられる先生たちのために，具体的な教材，教案等を提示する」ことにあります。

　この「解説」の主な目的はこの本の基盤にある言語観や言語教育観をできるだけわかりやすく説明することです。そうした基礎を理解していただくことによって，この本に提示された教材や教案をそれぞれの教室の実情に合わせ，調整したり，新たな教材や教案を読者自身で創り出したりすることができるようになります。多少理屈っぽくなりますが，折を見て読んでいただけると幸いです。

個別性と普遍性

　本文をざっと見ていただければすぐお気づきになることですが，この本には日本語を素材として話を進めている部分がたくさんあります。教科としての英語教育（以下，単に「英語教育」），英語活動についての本でありながら，なぜ日本語についての話が出てくるのかといぶかしくお思いのかたも少なくないと思います。じつは，この点にこそ，本書の基盤にある考えが如実に反映しているのです。この解説ではその点を中心にお話ししようと思います。

　英語とか，日本語とか，スワヒリ語とか，日本手話とかといった個別言語（以下，単に「言語」と呼ぶこともある）はそれぞれ独自の特徴を持っています。そうした特徴を（その言語の）「**個別性**」と呼びます。だからこそ，日本語を母語とする人が英語を身につけようとすると，英語の学習が必要となるのです。しかし，各言語が持つ個別性にもかかわらず，人間が母語として身につけることができる言語（以下，「自然言語」）はみな共通の基盤の上に構築されたシステムなのです。初めてこうしたことを聞いた読者はすぐには納得がいかないかもしれませんが，赤ちゃんが母語を身につける過程について少し落ち着いて考えれば《なるほど！》と思っていただけることと思います。その点についてお話ししましょう。

　人間の赤ちゃんはこの世に生まれ出たときには何語が自分の母語になるかは決まっていません。両親の母語が日本語であっても，生まれた赤ちゃんが（なんらかの事情で）中国語を耳にして育てば，その子の母語は中国語になります。母語が何語になるのかは偏に後天的に決まるのです。ここで，注目すべきは，**現在，地球上で使われている言語はおよそ 6000〜7000 あると言われていますが，赤ちゃんは生後，一定期間，触れていた言語であれば，制約なく，どの言語でも母語として身につけることができる**ということです。つまり，赤ちゃんが生まれ出たときには，7000 のどの言語でも母語として身につける可能性を持って生まれてくるということです。

　もしその 7000 の言語が共通の基盤を持つことなく，それぞれ異質のものであったとしたら，どういうことになるでしょうか。生まれたときにはまだ何語が母語になるか決まっていないのですから，7000 の言語のうち，どの言語に触れることになっても対応できるよう，7000 の枠組みを用意して生まれて来なくてはならないということになります。しかも，実際に母語として身につけるのは 1 つ（モノリンガル），2 つ（バイリンガル），3 つ（トライリンガル）といったところが一般的です。生まれた地域によってはもう少したくさんの言語に触れて育つ可能性もありますが，仮に 20 だとしても，残った 6980 の可能性は使われることなく，使命を終えます。人間の脳がどれだけ優れた器官であっても，これではあまりにも無駄が多すぎます。

　そうではなく，7000 の言語はそれぞれが持つ個別性にもかかわらず，共通の基盤を持つシステムであると考えると，言語獲得をどのように捉えることができるでしょうか。**赤ちゃんはその共通の基盤を持って生まれてくる**。遺伝情報の一部としてということになります。ただ，それは日本語とか，英語とか，スワヒリ語とか，日本手話とかというように個別化されてはいません。その共通の基盤を生後，触れる個別言語の情報をもとに個別化していく。それが赤ちゃんの言語獲得ということになります。赤ちゃんが持って生まれてくる共通の基盤が持つ性質を（個別性に対して）「**普遍性**」と呼びます。

この共通の基盤を持って生まれてくるのは人間（ヒト）の赤ちゃんだけです。**進化の観点からヒトに近いチンパンジーやボノボは高い知性を持ちうることが明らかにされていますが，言語獲得だけは歯が立ちません。**それはまさにこの共通の基盤を遺伝情報の一部として与えられていないからだと考えることができます。

　一方，人間の赤ちゃんは脳に重大な問題を抱えて生まれてこない限りはだれでも母語を身につけることができます。この点について言語以外の認知能力や身体的能力による分け隔てはありません。同時に，**日本語**とか，**英語**とか，スワヒリ語とか，**日本手話**とかの個別の言語の間に（違いはあっても）**言語としての優劣はありません。**自然言語はすべて共通の基盤を持つ同質のシステムなのですから。

　具体例を考えてみましょう。ことばが持つ個別性については特段の説明は不要でしょう。おそらく，一番わかりやすいのが発音の違い，単語の違いでしょう。問題は普遍性のほうです。「個別言語はすべて共通の基盤を持つ同質のシステムである」と言われても，イメージがわかないという読者も少なくはないでしょう。

　多くの読者にとって身近な言語は日本語と英語でしょうから，この2つを例にとって説明しましょう。ここでは，文の作り方を考えることにします。文を作ろうとする場合，どんな内容を盛り込んだ文にするかをまず決めます。そして，その内容を表現するのに必要な単語を用意します。でも，これだけでは文が完成したことにはなりませんね。用意した単語を一定の順に並べなくてはなりません。単語を並べる順序なので「語順」と呼びます。

　具体的な例を考えましょう。いま，花子さんが太郎君を追いかけたという状況を表す文を作ろうとしているとします。日本語であれば，必要な単語は「花子さん」「太郎君」「追いかけた」といったところでしょう。英語であれば，Hanako, Taro, chased ということになるでしょう。Hanako と Taro が「呼び捨て」になっていることが気になる人がいたら，それぞれ，Hanako-san, Taro-kun としてくれても結構です。ちなみに，普通，英語では姓名の名（英語では英語の語順に従って first name と呼びます）に Mr. や Ms. などをつけることはありません。

　さて，日本語の文づくりを続けましょう。用意したのは「花子さん」「太郎君」「追いかけた」の3つの単語でした。いろいろな可能性が考えられますが，とりあえず，(1) のように並べてみましょう。

　　(1)　花子さん　太郎君　追いかけた

ちょっと物足りないですね。ええ，やはり「が」や「を」を加えて，(2) のようにしたほうが安定感がありますね。

　　(2)　花子さん　が　太郎君　を　追いかけた

ここで注意してほしいことは「が」や「を」を加えた時に，それぞれ「花子さん」と「太郎君」の直後に置いているという点です。つまり，「花子さん　が」「太郎君　を」という語順にしているという点です。その語順を逆にして，「が　花子さん」「を　太郎君」としたのでは日本語の表現にはなりません。

《(2) だけでなく，(3) も可能ではないのか》と思った人はいませんか。

  (3) 太郎君 を 花子さん が 追いかけた

そのとおりです。(3) についてはもう少し後でお話しすることにして，とりあえず，いまは (1) だけを考えてください。ただ，(3) においても，(1) と同様，「が」と「を」がそれぞれ「花子さん」と「太郎君」の直後に置かれていて，その語順を逆にすること（「が花子さん」「を太郎君」）は許されないことだけはここで確認しておきましょう。

 今度は英語を考えましょう。Hanako, Taro, chased の3つの単語を用意したところまでお話ししました。この3つの単語で文を作るとなると，(4) のようになります。

  (4) Hanako chased Taro

英語には日本語の「が」や「を」にあたる単語はありません。実際，(4) はこれでもう立派な文になっています。

 ここで，日本語の文 (2) と英語の文 (4) を比べてみましょう。

  (2) 花子さん が 太郎君 を 追いかけた
  (4) Hanako chased Taro

(2) と (4) で大きな違いがありますね。「太郎君 （を）」と「追いかけた」の語順と chased と Taro の語順です。逆になっていますね。それぞれの文における，この語順を逆にすると文ではなくなってしまします。

  (5) 花子さん が 追いかけた 太郎君 を
  (6) Hanako Taro chased

つまり，**日本語でも，英語でも，文を作るときには用意した単語を一定の語順で並べなくてはならない**というところまでは共通なのですが，その「一定の語順」というのが日本語と英語では異なっていることになります。いまの文で実線の下線を付したのが普遍性を反映した部分で，波線を付したのが日本語と英語の個別性を反映した部分ということになります。

 もうお気づきでしょうが，この例は，個別性と言っても個別言語は勝手気ままに好きなようにしてよいということではなく，普遍性が定める範囲（いまの例でいえば，「文を作るにあたっては用意した単語を一定の語順に並べなくてはならない」ということ）の中で許されている自由ということになります。お釈迦様の手の中で飛び回っている孫悟空を想像していただければよいかもしれません。

 さて，さきほどの例文についての説明で腑に落ちない点が残っているかたはいませんでしょうか。(5) です。(5) は文ではないと書きました。しかし，実際の会話などでは (5) のような言い方を使ったり，耳にしたりすることもあると思ったかたはいませんでしょうか。(5) をすこし手直しして，(7) のようにすればその思いは一層強くなるかもしれません。

(7) あの花子さんが追いかけたんだってさ,太郎君を!

たしかにそのとおりです。しかし,(5)や(7)は(2)と違ってちょっと特殊な例なのです。「特殊な」ということをもう少しきちんと言うと「使い方が制限されている」ということになります。このことを示すには(2)と(5)をもっと大きな文の一部にしてみる必要があります。(8)と(9)の下線部が(2)と(5)です。なお,ここでの話題とは直接関係がないので,(8)と(9)では単語と単語の間のスペースを取り除いています。

(8) <u>花子さんが太郎君を追いかけた</u>ことはすぐに全校の話題となった
(9) <u>花子さんが追いかけた太郎君を</u>ことはすぐに全校の話題となった

すぐおわかりのように(8)は自然な文ですが,(9)はおかしいですね。

つまり,(5)(そして,(7))のような文は独立の文として使われること(ことに話しことばとして)はあるのですが,より大きな文の一部として使うことはできません。

母語と外国語

ここでことばと人間のかかわりについて考えてもう一度考えてみることにしましょう。上で述べたように,この世に生まれ出た赤ちゃんは一定の期間,触れていた言語をじぶんの母語として身につけることになります。そして,母語を使って考え,考えたところや感じたところを話したり,書いたりします。さらに,ほかの人が話したり,書いたりしたことを聞いたり,読んだりして理解します。つまり,母語は考え,行動する存在としての人間の基盤を成すと言うことができます。

ただ,ここで注意しなくてはならないことがあります。**母語はことさら意識することなく,本人が知らない間に身につくということです**。この点は外国語の学習と比べてみるとわかりやすいでしょう。外国語として英語を学ぶときには,《今週は関係代名詞を使えるようになろう!》とか目標を決めて,この例で言えば,関係代名詞についていろいろなことを学びます。学びがうまくいけば,たとえば,the man who I saw at the bus stop yesterday のような表現を使えるようになります。他方,母語として英語を身につけようとしている子どもは特段の目標設定をすることなく,いつのまにか,the man who I saw at the bus stop yesterday などという表現を使えるようになります(ついでながら,母語として英語を身につけようとしている子どもはその前に the man I saw at the bus stop yesterday のような表現を使うようになります)。

しかも,**母語については,それについてどんな知識を身につけたかについても意識されることもあまりありません**。ですから,たとえば,日本語を外国語として学んでいる人から「(10)は自然なのに,(11)はそうではないと言われたが,なぜですか」と聞かれても,(日本語教師・国語教師,日本語学の研究者をはじめ,日本語について特別の知識を持った人以外は)答えに窮してしまいます。

(10) むかしむかし,あるところにおじいさんとおばあさんがおりました。おじいさんは

　　　　山へ柴刈りに，おばあさんは川へ洗濯に行きました。
（11）　むかしむかし，あるところにおじいさんとおばあさんはおりました。おじいさんが
　　　　山へ柴刈りに，おばあさんが川へ洗濯に行きました。

　じつは，母語という，ことばの知識はとても豊かで，そのことはこの「解説」で例として引き合いに出している日本語と英語に限らず，どの言語にもあてはまります。その知識の性質の全貌が解明されたというわけではないのですが，その基本的な性質について心得ておくことはことばの持つ力を発揮させるために重要なことです。

　繰り返しになりますが，母語はそれを身につけた過程も，身につけたその性質自体もほとんどのところ無意識的です。**学校教育の中でことばの教育が行われる意味はこの無意識の知識をある程度，意識化させて，ことばの力を発揮できるようになる支援をすることにある**とわたくしを含めた，この本の執筆者は考えています。ことばの知識を意識化することの重要性について例を挙げて説明しましょう。つぎの文を見てください。

（12）　健太郎は自転車で逃げた泥棒を追いかけた

この文，じつは2とおりの解釈ができます。おわかりになりますよね。1つは泥棒が自転車に乗って逃げたという解釈（以下，「「泥棒」解釈」と呼びます），もう1つは健太郎が自転車に乗って泥棒を追いかけたという解釈（以下，「「健太郎」解釈」）です。なぜ，このような2つの解釈が生まれるのかについては大津・窪薗（2008）の「理論編」を参照してください。

　（12）のように2とおり（以上）の解釈を許す文を「あいまい文」，その性質を「あいまい性」と呼びます。どんな言語もあいまい性を許容します。そして，そのことは**ことばが本来，コミュニケーションの手段としては深刻な問題を抱えている**ということにほかなりません。たとえば，ある人が「泥棒」解釈を意図して（12）を使ったとしても，それを読んだり，聞いたりした人は「健太郎」解釈で受け取るかもしれないからです。読者の中には，《書きことばであれば，「自転車で」の前か後かに読点（「，」）を打つことでどちらの解釈を意図しているかを明確に伝えられる。話しことばであれば，「自転車で」の前か後かにポーズを置くことでどちらの解釈を意図しているかを明確に伝えられる》とお思いのかたもいらっしゃるかもしれません。鋭い指摘です。でも，（13）はどうでしょうか。

（13）　賢明な読者はすでにそのことに気づいていることでしょう

文頭の「賢明な読者」の解釈が問題です。この表現にもあいまい性が潜んでいます。1つの解釈は「読者の中には賢明な人とそうでない人がいるが，賢明である読者」という解釈で，もう1つの解釈は「読者はみな賢明で，そういう性質を持った読者」という解釈です。こうなると，読点でも，ポーズでもどちらが意図された解釈であるのかを的確に伝えることは困難です。

　あいまい性に代表される，文などの言語表現が持ちうるさまざまな性質について知っておくことによって，ことばの力をよりよく発揮させることができるようになることは言うまでもありません。上で，ことばの知識を意識化させることが重要だと述べたのはこういうことだった

のです。

　さて，この節のタイトルは「母語と外国語」です。ここまでは母語について考えてきました。母語の性質について知っておくことの大切さを説明し，そのためには母語の知識を意識化させることが重要だと述べました。ただ，これもすでに述べたように，母語はそれを身につける過程についても，身につけた知識についても無意識的であり，それを意識化させるには工夫が必要です。その工夫の1つが外国語を学ぶということなのです。外国語は母語と違って意識的に学習しなくてはなりません（「一歩進んだ理解のために」の「外国語と第二言語」の項目も参照のこと）。語彙は辞書の助けを，文法は文法書の助けを借りながら意識的に学び，たとえば，読解にあたっても（少なくとも学習初期の訓練においては）分析的にことを運びます。ここで思い起こしてほしいことは母語も外国語も同じ自然言語として同質の基盤を持っているという点です。外国語としての英語についての意識的・分析的作業を行う過程で《日本語の仕組みはこうなっていたんだ！》という発見をした体験を持っている読者は少なくないのではないでしょうか。

　さらに，母語と外国語の個別性の差により，母語だけでは気づきにくい，ことばの性質に気づくこともあります。さきほどの (13) についてもう一度考えましょう。

　　(13)　賢明な読者はすでにそのことに気づいていることでしょう

「賢明な読者」の部分はあいまいで，1つの解釈は「読者の中には賢明な人とそうでない人がいるが，賢明である読者」という解釈で，もう1つの解釈は「読者はみな賢明で，そういう性質を持った読者」という解釈であると述べました。この2つの解釈，日本語の中だけで考えているとなかなか見抜くことがむずかしいのですが，ひとたび，英語の関係代名詞節の2つの用法を思い起こすことができれば《なるほど！》と合点がいくはずです。(13) を英訳すれば，

　　(14)　Readers who are smart would have already recognized that point.
　　(15)　Readers, who are smart, would have already recognized that point.

となります。(14) は制限的用法で，「読者の中には賢明な人とそうでない人がいるが，賢明である読者はすでにそのことに気づいているでしょう」という解釈を持ち，(15) は非制限的用法で，「読者の皆さんはみな賢明で，そういう性質を持った皆さんはすでにそのことに気づいているでしょう」という解釈を持っています。

　ひとたび，このようなことに気づくと，今度は逆に英語の関係代名詞節の制限的用法と非制限的用法の違いについてもより明確な理解が達成できるようになります。両者の違いは単に関係代名詞の前にカマがあるかどうかの違いとだけ覚えておくのとは雲泥の差ができます。

　なお，(13) に直接対応して，「賢明な読者」の部分を smart readers とすることも可能です。その場合も制限的用法に対応する解釈と非制限的用法に対応する解釈の両方を許容しますが，「賢明な読者」の場合同様，(14) や (15) の場合のような形に現れた違いはありません。しかし，重要なのは，英語は日本語と違って，(14) や (15) のような，2つの用法の違いが表面化した2つの形を持っているという点なのです。この点を利用して，母語の（そして，外国語

の）性質の意識化を図っていくことが重要というわけです。

　母語と外国語が個人の中でつながり合う―こういう状態を最近では複言語状態（plurilingual）と呼びますが、この実現が日本における国語教育と英語教育が目指すべきところで、その意味で、国語教育と英語教育の連携が重要な意味を持ってくるのです。

新学習指導要領における、国語教育と英語教育の「連携」

　多少口幅ったい言い方になりますが、冒頭に記した言語力育成協力者会議や英語教育の在り方に関する有識者会議でのわたくしの発言は新学習指導要領の作成に少なからぬ影響を与えたと自負しています。実際、新学習指導要領を注意深く読んでいくと、そこかしこに国語教育と英語教育の連携に関する記述が目につきます。さすがに、「連携」ということばは使っていませんが、「関連付け」といった表現で軟着陸を図っています。具体例も併せて、その詳細については大津（2017: 101-103）を参照してください。

　ただ、新学習指導要領の解説本などを読んでも、この点についての本格的な解説は見当たりません。また、先生たちからは《国語教育と英語教育の連携と言われても、実際になにをしてよいのかわからない》という声もたくさん上がっています。この本はそうした声に少しでも応えたいという思いで企画・作成されたものです。

　英語教育の在り方に関する有識者会議においてのわたくしの孤軍奮闘ぶりについてはネット上に公開されているその議事録を参照して下さい。なお、阿部（2018: 3章）も併せて参照していただけると幸いです。

最後に

　高い知性を持っているチンパンジーやボノボでもことばだけは歯が立ちません。ことばという思考を支え、伝達の手段ともなりうる力を手に入れ、他の生物をはるかに凌駕する文化を構築し、さらには文字という記録手段によって文化の伝播も可能にしました。子どもたちには、まず、ことばは人間だけに与えられた宝物であることの重要性を認識して欲しいと思います。その上で、その力を十分に発揮すべく、直感が利く母語について、その仕組みと働きについての理解を深めて欲しい。つぎに、その理解をもとに母語以外の言語（外国語）について学んで欲しい。外国語に対する理解はことばの豊かさや楽しさや怖さを改めて感じとるきっかけとなると同時に、母語の理解をより深め、母語の効果的な運用を可能にできるからです。

一歩進んだ理解のために

　以下に記すことは上記「解説」本体（以下、「本体」）で述べた点のいくつかに関する少し立ち入った説明です。本体の内容だけでかなり知的満腹感を覚えた向きにはこの部分を読み飛ばしてかまいません。ただ、後日、もう一度、本体を読み直し、併せてこの部分を読んでください。

「自然言語」とは

　本体で，自然言語とは「人間が母語として身につけることができる言語」と規定しました。そして，自然言語の具体例として，日本語，英語，スワヒリ語，日本手話を挙げました。さらに，言語獲得に関して「赤ちゃんは生後，一定の期間，触れていた個別言語であれば，制約なく，どの個別言語でも母語として身につけることができる」と書きました。後者で，「一定の期間，触れていた個別言語」と書いた部分に注目してください。「耳にした」ではなく，「触れていた」と書いています。もうお分かりのことと思いますが，そうしたのは意図的です。上の例で言えば，日本語，英語，スワヒリ語については「耳にした」がうまくあてはまりますが，日本手話については「目にした」ということになります。「耳にした」と「目にした」の両方を考慮し，「触れていた」としているのです。

　手話はジェスチャーやパントマイムと異なり，母語として獲得可能な自然言語であるということを実感し，理解してもらうこともこの本の重要な目的の一つです。Lesson 4 がこの問題を取り上げています。

個別言語はいくつある

　本体で，「現在，地球上で使われている個別言語はおよそ 6000 ～ 7000 あると言われている」と書きました。*Ethnologue: Languages of the World* というウェブサイトによると，2019 年 5 月 29 日現在の情報で，使用が確認されている言語の数が 7111 であるということです。

　個別言語の数について話すときには「およそ」という但し書きが不可欠です。理由の一つに方言と（独立した）個別言語の区別が基準次第で変わってくるという事情があります。ですから，研究者によってその数はかなりばらつきが見られます。もう一つの理由はまだ現地調査が確実には行われていない地域が存在するという事実です。調査が進めば，その数はさらに増えることになるでしょう。

　でも，理由はそれだけではありません。生物の生命と同じく，言語も新たに生まれたり，消滅したりします。したがって，個別言語の数は不変ではないのです。1970 年代から 80 年代にかけて，ニカラグア共和国で生まれたニカラグア手話は訓練を受けた言語学者が調査に関与したこともあって，その成立の過程がかなり明確に跡づけられています。なお消滅の危機に瀕した言語は「危機言語」と呼ばれます。

普遍性に関する議論の補足

　本体で，「生まれたときにはまだ何語が母語になるか決まっていないのですから，およそ 7000 の個別言語のうち，どの個別言語に触れることになっても対応できるよう，7000 の枠組みを用意して生まれて来なくてはならないということになります」と書きました。しかし，厳密にはこの議論は不十分です。母語の獲得というのは生後，周りの人たちの使うことばを模倣することによってなされるだという可能性があるからです。実際，子どもを育てた経験や身近に子どもがいた経験を持っている人なら，子どもが周りの人たちの使うことばを模倣することがあることはよくご存知でしょう。

ここできちんと理解してもらいたいのは「模倣だけでは母語の獲得のすべてを捉えきることはできない」という点なのです。たとえば，(1) と (2) を比べてみてください。

　(16)　晃子はだれがつまみ食いした<u>か</u>お母さんに言いましたか
　(17)　晃子はだれがつまみ食いした<u>と</u>お母さんに言いましたか

二つの文の違いはごくわずかです。下線を引いた部分だけです。でも，日本語を母語とする人（日本語話者）であれば，だれでも (16) には「はい，言いました」，あるいは，「いいえ，言いませんでした」と答えるべきであるのに対し，(17) には，たとえば，「太郎だと言いました」とか，「太郎がつまみ食いしたと言いました」と答えるべきであることがわかります。なお，(16) に対する答えが「はい，言いました」の場合はそれに引き続き「太郎と言いました」と付け加えることが自然であることが普通であるかと思います。それは (16) と聞かれたときに，もし答えが「はい，言いました」であるなら，聞いている相手はだれだと言ったのかも知りたいであろうと判断し，その情報を付け加えるのが「親切」であるからです。

　こうした区別がつくのはその区別を導く日本語の知識が日本語話者の脳に蓄えられているからです。問題はその知識がどうやって生じたかという点です。それが模倣によって生じたとは到底考えられません。その知識が抽象的である（見えない，聞こえないという性質）からです。

　種明かしをしましょう。「だれ（が）」のような語（「疑問詞」と呼ばれます）はその影響力が及ぶ範囲（「作用域」と呼ばれます）を持っています。それはその後に出てくる最初の「か」までです。それを (16) と (17) に当てはめると，「だれ（が）」の影響力が及ぶ範囲は次のようになります。下線部がその範囲を示しています。

　(16′)　晃子は<u>だれがつまみ食いしたか</u>お母さんに言いましたか
　(17′)　晃子は<u>だれがつまみ食いしたとお母さんに言いましたか</u>

つまり，(16) の場合，「だれ（が）」の影響力は文全体には及びません。文末の「か」は「だれ（が）」の影響を受けていませんので，文全体の意味は「晃子は X ということをお母さんに言いましたか」（X は「だれがつまみ食いしたか」）ということになり，求められているのは「はい，言いました」，あるいは，「いいえ，言いませんでした」という答えになります。それに対し，(17) の場合は「だれ（が）」の影響力が文全体に及んでいます。文末の「か」は「だれ（が）」に呼応したものです。したがって，答えはたとえば，「太郎だと言いました」とか，「太郎がつまみ食いしたと言いました」ということになります。

　この説明で重要な役割を果たす「影響力の及ぶ範囲」というものは目に見えませんし，耳にも聞こえません。こうした知識の発生を模倣で説明することはできません。そうではなく，自然言語の単語の中には「影響力の及ぶ範囲」を持つものがあり，その範囲が文全体の意味を決定するのに重要な役割を果たすということは本体で述べた普遍性の一部を成すものと考えられ，子どもは言語獲得の過程で，自分が身につけようとしている個別言語（母語）ではどの語がそれに該当するのかを見つけ出すことによって，日本語の場合であれば，(16) と (17) の意味の違いが理解できるようになると考えるのが自然でしょう。

外国語と第二言語

　本体で,「外国語は母語と違って意識的に学習しなくてはなりません」と書きました。日本語を母語として身に付けつつある子どもがある年齢の時,英語圏に移住することになって英語に触れるという場合などは必ずしも意識的な学習を必要としないこともありますが,日本の学校で英語を学ぶ場合とはかなり事情が異なっています。このようなケースの英語は「外国語」というより「第二言語」と呼んで区別するのが適切です。この点についても詳しくは大津・窪薗 (2008) の「理論編」を参照してください。なお,そこでは,いま,「第二言語」と呼んだものを「狭義の第二言語」と呼び,狭義の第二言語と外国語を併せたものを「広義の第二言語」と呼んでいます。図解すると以下のようになります。

$$\text{身につけた言語}\begin{cases}\text{母語}\\\text{広義の第二言語}\begin{cases}\text{狭義の第二言語}\\\text{外国語}\end{cases}\end{cases}$$

〔参考文献〕

阿部公彦 (2017)『史上最悪の英語政策——ウソだらけの「4技能」看板』ひつじ書房.

大津由紀雄 (2017)「次期学習指導要領から見た英語教育の今後の課題」『学術の動向』22, 11, 101-103.

大津由紀雄（編著）(2004)『小学校での英語教育は必要か』慶應義塾大学出版会.

大津由紀雄（編著）(2005)『小学校での英語教育は必要ない！』慶應義塾大学出版会.

大津由紀雄（編著）(2006)『日本の英語教育に必要なこと——小学校英語と英語教育政策』慶應義塾大学出版会.

大津由紀雄（編著）(2009)『危機に立つ日本の英語教育』慶應義塾大学出版会.

大津由紀雄・窪薗晴夫 (2008)『ことばの力を育む』慶應義塾大学出版会.

大津由紀雄・鳥飼玖美子 (2002)『小学校でなぜ英語？——学校英語教育を考える（岩波ブックレット）』岩波書店.

本書の使い方

◆各 Lesson の「授業の展開」

・児童の活動を［知る・体験する・考える］［共有する］［発信する・評価する］という3つのキーワードをもとに構成しています。

[知る・体験する・考える]
活動を通して興味や関心を持つ

[共有する]
活動を通して児童同士が協働する指導者や地域の人との対話を大切にする

「主体的・対話的で深い学び」の実現

[発信する・評価する]
活動を通して知識を関連付けてより深く理解する思いや考えを基に創造する

・学校や児童の実態を踏まえて，1時間版や15分版を織り交ぜて活用してもよいでしょう。

・日本語から外国語への橋渡しとして，児童が日本語についてあらためて考える機会を設けることで，ふだん何気なく使っていることばに対する見方が変わります。

・ことばの学習の土台づくりとなり，児童の学びの質が向上します。

・初めは15分版を活用して，児童にとって身近な日本語の題材を通して外国語について知る機会を設けるのもよいでしょう。

◆各 Unit（単元）の「主な学習活動」

・下記は，文部科学省作成の教材（*Let's Try! 1・2*, *We Can! 1・2*）の年間指導計画例にある単元目標を着眼ポイントとして，本書や中学校英語とのつながりを例示したものです。今後，検定教科書を使用するようになった際にも，着眼ポイントやキーワードをもとに本書の教材

着眼ポイント

例1　*Let's Try! 1*「Unit 3 How many?」　→　「日本と外国の数の数え方の違いから，多様な考え方があることに気付き」

例2　*Let's Try! 1*「Unit 5 What do you like?」　→　「相手に伝わるように工夫しながら，何が好きかを尋ねたり答えたりしようとする」

例3　*Let's Try! 2*「Unit 1 Hello, world!」　→　「様々な挨拶の仕方があることに気付く」

例4　*We Can! 1*「Unit 8 What would you like?」　→　「丁寧に注文や値段を尋ねたり答えたりする表現を聞いたり言ったりすることができる」

例5　*We Can! 2*「Unit 3 He is famous. She is great.」　→　「主語＋動詞＋目的語の文の語順に気付き」

◆ふりかえりシート［文書ダウンロード］
・授業ごとや単元ごとのまとめとしたり，宿題としたりして活用していただけます。
・児童自身が何ができるようになったかなどを把握するのに役立ちます。
・児童が自分の学びを振り返ることで，「学びの地図」の中の「自分の現在地」を確認し，目標に向かって学習を進めるために役立ちます。中学生，高校生になったときに，自律した学習者となる契機としての役割もあります。

作成：五十嵐美加

◆マンガの活用
・児童の理解を促すためにマンガを活用することも考えられます。漢字の読み方など難しいところがあれば，指導者が適宜補足説明をすることで，児童が興味をもって学ぶことができます。
・児童の学びは学校だけで完結するものではありません。家庭や地域の方々の支援も必要です。そこで，保護者や地域の方々を対象に，「ことばへの気づき」をはじめ，ことばに関する教育の重要性への理解を促進するために，児童が今どのような学びに取り組んでいるのかを，マンガを活用して共有していくこともできます。

との関連付けを行い，年間指導計画に定着させることで，児童が安心して学び，日本語や外国語に対する興味・関心を持ち続ける土台づくりを継続できます。

中学校英語との関連：（ ）内は中学校学習指導要領解説外国語編の頁

本書		小学校他教科との関連		
本書「Unit 4 言語生活」「Lesson 17 数え方」			例1	外国語科の目標(p.14)「外国語の背景にある文化に対する理解を深め，聞き手，読み手，話し手，書き手に配慮しながら，主体的に外国語を用いてコミュニケーションを図ろうとする態度を養う。」
本書「Unit 5 言語技術」「Lesson 21 問答ゲーム（対話の練習）」			例2	【思考力，判断力，表現力等】言語の働きに関する事項（p.80〜p.81）相手の行動を促す
本書「Unit 1 ことば全般」「Lesson 1 世界のことば」「Lesson 2 方言」「Lesson 4 手話」			例3	【思考力，判断力，表現力等】言語の働きに関する事項（p.72〜p.74）コミュニケーションを円滑にする
本書「Unit 4 言語生活」「Lesson 19 ていねいな表現」			例4	【思考力，判断力，表現力等】言語の働きに関する事項（p.74〜p.80）気持ちを伝える，事実・情報を伝える，考えや意図を伝える
本書「Unit 3 文法」「Lesson 13 句構造」			例5	【知識及び技能】文構造（p.39〜p.43）「主語＋動詞＋補語（目的語）」

Unit 1 ことば全般

Unit 1

1　単元名　ことば全般	
2　単元の目標　　ことばの多様性に触れることにより，自らの使っていることばに対して自覚的になる。多様なことばに興味や関心をもち，それぞれの間には優劣はないことを知る。	
3　学習指導要領との関連 【前文】 ・「他国を尊重し，国際社会の平和と発展に寄与する態度を養うこと。」 ・「あらゆる他者を価値のある存在として尊重し，多様な人々と協働しながら」 【総則】 ・「他国を尊重し，国際社会の平和と発展や環境の保全に貢献し未来を拓く主体性のある日本人の育成に資する」 ・「言語能力」の育成 ・「多様な他者と協働することの重要性」 【第 10 節　外国語】 ・「目標（3）　外国語の背景にある文化に対する理解を深め，他者に配慮しながら，主体的に外国語を用いてコミュニケーションを図ろうとする態度を養う。」 ・「3 指導計画の作成と内容の取扱い（3）イ（ウ）（教材について）広い視野から国際理解を深め，国際社会と向き合うことが求められている我が国の一員としての自覚を高めるとともに，国際協調の精神を養うことに役立つこと。 【第 4 章　外国語活動】 ・「目標（1）　外国語を通して，言語や文化について体験的に理解を深め，日本語と外国語との音声の違い等に気付くとともに，外国語の音声や基本的な表現に慣れ親しむようにする。」 ・「内容イ　日本と外国の言語や文化について理解すること」	

4 主な学習活動

	学習活動	学習活動に関する指導上の留意点
Lesson 1 世界の ことば	・世界にはおよそ 6,000 ～ 7,000 の言語があることを知る。 ・1 つの言語が使われている国，様々な言語が使われている国，世界の様々な国で使われている言語があることを知る。	・言語に優劣がないことに気づかせる。 ・日本語のように，日本だけでしか使われていない言語もあれば，英語，スペイン語，フランス語，アラビア語などのように，いろいろな国で使われている言語がある。また，インドのように 1 つの国の中でいろいろな言語が使われている国もあるということに気づかせる。
Lesson 2 方言	・地域（方言）によって，ことば（単語）やその意味，発音，用法が異なることを知る。	・方言に優劣がないことや標準語も自分たちの地域の方言も等価であることに気づかせる。 ・伝統的な方言が廃れてきていることに気づかせたり，地域のお年寄りに伝統的な方言の特徴を聞く作業を通じて，地域社会との連携を図ったりする。 ・自分たちの間でも，親の出身地などによって単語や発音に違いがあることに気づかせる。
Lesson 3 多言語 社会	・身の回りに日本語や英語以外の多くの言語があることに気づく。（使っている人，多言語表記） ・日本語のなかの外国語（外来語）に気づく。 ・「ことばがわからない体験」をする。	・身の回りの日本語や英語以外の言語の存在に気づかせ，言語間に優劣はなく，それぞれが固有の価値を持つことを理解するように指導する。 ・言語と文化は切り離せないことを感じられるよう指導する。 ・「ことばがわからない体験」をすることにより，同様の立場にいる人々に共感できる心を養う。
Lesson 4 手話	・ジェスチャーで表せることと手話で表せることの違いを体験する。 ・手話を第一言語とする子どもたちがいることや世界には少なくとも 100 以上の手話言語があることを知る。 ・NM 表現（非手指表現，詳しくは「言語材料の解説を」参照）について知る。	・ろう者が第一言語とする手話言語がジェスチャーとは異なることを，体験から理解できるように指導する。 ・手話言語は世界共通ではないことを，教材ビデオを見て理解できるように指導する。 ・手話言語では手指以外の身体部分を使うことが文法上大切であることをワークシート問題を通して理解できるよう指導する。
Lesson 5 コミュ ニケー ション	・「あなたのボールか」を聞く表現を日本語で考え，音の上げ下げや強めるところ，身振りを考える。 ・英語の疑問文の簡単なしくみを知る。 ・答え方の表現を考える。 ・否定の表現を考える。 ・ノンバーバルコミュニケーションについて考える。	・感覚として音の上げ下げが把握しにくいこともあるので，その際は，聞いた音についての印象の違いに注意させる。 ・様々な言い方があることに触れる。 ・英語圏以外の文化も含め，文化によってノンバーバルコミュニケーションにも違いがあることに気づかせる。

Unit 1　Lesson 1　世界のことば

（浦谷淳子・大津由紀雄）

【学習活動の概要】

本時の学習

目標

世界にはおよそ6,000〜7,000の言語があり，日本語も英語もその中の1つで，言語間に優劣はないことを認識する。

また，使う人がほとんどいなくなってしまった消滅危機言語の存在を知る。方言についても，その方言が使われなくなり衰えていくということは，その地域の文化が失われていくことを意味することに気づく。

手話は，日本語・英語・アラビア語などと違って，音声言語としての側面を持っていない。しかし，日本手話・アメリカ手話・フランス手話などの個別手話も，日本語・英語・アラビア語などと同質の仕組み（文法）を持ち，同質の機能を果たしていることを認識する。

本時の展開

① 世界にはおよそ6,000〜7,000の言語があることを知り，言語間に優劣がないことに気づく。
② 1つの言語が使われている国，様々な言語が使われている国，世界の様々な国で使われている言語があることを知ると共に，日本手話も言語の1つであることを知る。
③ 消滅危機言語があることを知り，それを守るためにできることを考えようとする。

言語活動の充実の工夫

○ 世界には，およそ6,000〜7,000の言語があり，それらに優劣はないことに気づかせる。
○ 日本語のように，母語としては日本だけでしか使われていない言語もあれば，英語，スペイン語，フランス語，アラビア語などのように，いろいろな国で使われている言語もあるということに気づかせる。
○ 日本手話が言語の1つであることを知らせる。
○ 環境が整えば，動画やインターネットを使って，児童が視聴したり自分で調べたりする活動を大切にする。
○ 時間に余裕があれば，消滅危機言語を守るために，どんなことができるかについて考えさせたい。
○ ペアやグループで考えたり交流したりする活動を通じて，友だちと協調しながら活動を進めることができるようにする。

解　説

　世界にはおよそ6,000～7,000の言語があるといわれています*。日本語も英語もその中の1つです。

　日本語はパラオ共和国アンガウル州で公用語（公の場で使用されることが正式に認められている言語）の1つになっているそうですが，母語として使われている国は日本だけです。なお，母語とは，赤ちゃんの時に耳にして自然に身につけた言語のことで第一言語とも言います。また，母語を習得した後にあらためて学習し使用することができるようになった母語以外の言語を第二言語と言います。

　日本語のように，母語として1つの国だけで使われている言語はあまり多くありません。英語は137の国々で，アラビア語は59の国々で，フランス語は54の国々で，スペインは31の国々で使われています（末尾の出典参照）。

　☆英語が使われている国
　　イギリス，アメリカ，カナダ，オーストラリア，ニュージーランドなど137か国
　☆アラビア語が使われている国
　　アルジェリア，エジプト，イエメン，サウジアラビア，シリアなど59か国
　☆フランス語が使われている国
　　フランス，コンゴ，カナダ，マダガスカル，カメルーンなど54か国
　☆スペイン語が使われている国
　　スペイン，アルゼンチン，ボリビア，チリ，コロンビアなど31か国

　英語は137か国で使われていますが，英語の母語使用者の数が世界で一番多いわけではありません。世界で一番多いのは中国語普通話（中華人民共和国の標準語のこと）の9億1千8百万人です。二番目がスペイン語で4億6千万人，三番目が英語で3億7千9百万人です。日本語は1億2千800万人で，九番目です。

	使われている国	母語使用者（百万人）
1　中国語普通話	13	918
2　スペイン語	31	460
3　英語	137	379
4　ヒンディー語	4	341
5　アラビア語	59	319
6　ベンガル語	4	228
7　ポルトガル語	15	221
8　ロシア語	19	154
9　日本語	2	128
10　ラーンダ語	6	119
11　マラティ語	1	83.1
12　テルグ語	2	82
13　マレー語	20	80.3
14　トルコ語	8	79.4
15　韓国語	6	77.3
16　フランス語	54	77.2
17　ドイツ語	28	76.1
18　ベトナム語	4	76
19　タミル語	7	75
20　ウルド語	7	68.6
21　ジャワ語	3	68.3
22　イタリア語	14	64.8
23　ペルシャ語	30	61.8

*Ethnologue Languages of the World 2019　Table 3. Languages with at least 50 million first-language speakers を参考に作成。なお，母語使用者の数字については，文献によって順位や数値が多少異なる。

地球上で使われている言語の中には，使う人がほとんどいなくなってしまった言語があり，その言語のことを消滅危機言語と言います。現在，少数民族の言語を中心にして言語がどんどん消滅しています。消滅と言っても，必ずしも民族が消滅するわけではありません。ある言語を使っていた人たちが，数世代もたたないうちに別の言語を母語として使うようになり，その結果，もともと使っていた言語が消滅してしまうのです。ユネスコ（国際連合教育科学文化機関）によると，約2,500の言語が消滅の危機に直面しています。日本では，アイヌ語，奄美語，八丈語，国頭語，宮古語，沖縄語，八重山語，与那国語の8つの言語（ユネスコは言語と方言を区別せず，すべて言語で統一しています）が消滅の危機にあるとのことです。

消滅の危機に直面している言語は少数民族の言語だけではありません。日本国内に目を向けると，教育・マスメディアの普及や人の移動といった社会的な要因によって，日本語を特徴づけていた方言の多様性がなくなってきています。方言は地域の文化を伝え，地域の豊かな人間関係を育んでおり，地域の文化の1つでもあります。そう考えると，方言が衰えていくことは，地域の文化が失われていくことを意味します。方言についてはLesson 2を参照してください。

一方，新しく生まれる言語もあります。文法も単語も異なる言語を使う人々が，ある程度の期間を通じて接触を続けるうちに簡単な共通語を形成することがあり，それをピジンと言います。そしてピジン使用者の子や孫の世代が創る新しい言語をクレオールと言います。個々のピジンやクレオールは，使われている土地によって「ハイチ・クレオール」「モリシャス・クレオール」と呼ばれることもあります。さらに，ラザロ・ルドヴィコ・ザメンホフ（1859-1917）が，母語の異なる人々の間での意思疎通のために1887年に創案したエスペラント（Esperanto）も新しく生まれた言語の1つです。エスペラントはヨーロッパの言語を元にして創られた国際補助語です。

ろう者は手話を使っています。手話は，日本語・英語・アラビア語などと違って，音声言語としての側面を持っていません。手話についてはLesson 4を参照してください。

〔参考文献〕
大津由紀雄・窪薗晴夫（2008）『ことばの力を育む』慶應義塾大学出版会.
大津由紀雄編著（2009）『はじめて学ぶ言語学』ミネルヴァ書房.
本名信行（2016）『世界の英語を歩く』集英社新書.
吉岡乾（2017）『なくなりそうな世界のことば』創元社.

〔出 典〕[*]
Ethnologue〈https://www.ethnologue.com/〉2019年3月21日アクセス
EthnologueからThe 21th Edition of Ethnologueの地域別書籍が2018年4月20日に3冊（Languages of Africa and Europe, Languages of the Americas and the Pacific, Languages of Asia）出版されています。

◆授業の展開（1時間版）◆

時間	学習内容		●指導上の留意点 ◎評価規準（方法）
	児童の活動	指導者の活動	
導入 6分	・知っている言語を発表する。 ・今日のめあてを知る。 世界の言語について知ろう。	・「日本語や英語は知っていますね。他の言語を知っていますか？」 ・「世界にはいくつ言語があると思いますか？」（世界には日本語や英語以外にも，6,000～7,000の言語があることを知らせ，言語に対する興味を持たせる。） ・今日のめあてを知らせる。	●外国にルーツを持つ児童がいれば，その児童からの情報を大切にする。
展開1 8分	・ワークシート①で，①から⑦の言い方はどこの言語の「こんにちは」であるかを考え，考えたことをペアやグループや学級で交流する。 ・それぞれの言語での「こんにちは」の言い方を知る。	・ワークシート①について考えさせる。	◎いろいろな言語の「こんにちは」について考えている。（ワークシート点検，行動観察）
展開2 8分	・ワークシート②で，世界で使っている人が一番多い言語が何語か想像する。 ・想像したことをペアやグループや学級で交流する。	・世界で使っている人が一番多い言語が何語か想像させる。 ・1つの言語が使われている国，様々な言語が使われている国，世界の様々な国で使われている言語があることを知らせる。	◎世界で使われている言語について興味を持ち調べようとしている。（ワークシート点検，行動観察）
展開3 8分	・ワークシート③で，スペイン語やフランス語が使われている国について調べる。 ・調べたことをペアやグループや学級で交流する。	・スペイン語やフランス語はスペインやフランスだけでなく，いろいろな国で使われていることに気づかせる。歴史的な背景にもふれる。 ・消滅危機言語の紹介をする。	●環境が整えば，インターネットで検索。または，参考資料を提示。 ◎世界の言語について調べている。（ワークシート点検，行動観察）
展開4 8分	・手話について知る。	・手話の動画を視聴させる。 ・手話は，日本語・英語・アラビア語などと違って，音声言語としての側面を持っていないが同質の仕組み（文法）を持ち，同質の機能を果たす言語であることを紹介する。	●手話についての動画を用いて，児童の理解を支援する。 ◎手話について知ろうとしている。（行動観察）
まとめ 7分	・本時の学びを振り返る。 ・本時の学びについて交流する。	・本時の学びを書かせて，交流させる。 ・学びの内容を評価してコメントを述べる。	◎本時の学びを振り返っている。

準備する物：ワークシート，手話の動画

◆授業の展開（15分版）◆

時間	学習内容		●指導上の留意点 ◎評価規準（方法）
	児童の活動	指導者の活動	
導入 1分	・知っている言語を発表する。 ・今日のめあてを知る。 　世界の言語について知ろう。	・「日本語や英語は知っていますね。他の言語を知っていますか？」 ・「世界にはいくつ言語があると思いますか？」（世界には日本語や英語以外にも，6,000〜7,000の言語があることを知らせ，言語に対する興味を持たせる。） ・今日のめあてを知らせる。	●外国にルーツを持つ児童がいれば，その児童からの情報を大切にする。
展開1 4分	・ワークシート①で，①から⑦の言い方はどこの言語の「こんにちは」であるかを考える。 ・それぞれの言語での「こんにちは」の言い方を知る。	・ワークシート①について考えさせる。	◎いろいろな言語の「こんにちは」について考えている。（ワークシート点検，行動観察）
展開2 4分	・ワークシート②で，世界で使っている人が一番多い言語が何語か想像する。	・世界で使っている人が一番多い言語が何語か想像させる。 ・1つの言語が使われている国，様々な言語が使われている国，世界の様々な国で使われている言語があることを知らせる。	◎世界で使われている言語について興味を持っている。（ワークシート点検，行動観察）
展開3 4分	・ワークシート③で，スペイン語やフランス語が使われている国を知る。	・スペイン語やフランス語はスペインやフランスだけでなく，いろいろな国で使われていることに気づかせる。歴史的な背景にもふれる。 ・消滅危機言語の紹介をする。	●環境が整えば，インターネットで参考資料を提示する。 ◎世界の言語について調べている。（ワークシート点検，行動観察）
まとめ 2分	・本時の学びを振り返る。 ・本時の学びについて交流する。	・本時の学びを書かせる。 ・学びの内容を評価してコメントを述べる。	◎本時の学びを振り返っている。

＊手話についてはLesson 4で詳しく学習する。

準備する物：ワークシート

世界の言語について知ろう

年　　組　　番　名前

1 言語が違えば実際に使われる表現も違います。例えば，「こんにちは」に相当するあいさつの表現でも，言語によってさまざまな言い方があります。
　　次の表現はどの言語の「こんにちは」でしょうか。

① 　ハロー
② 　ニーハオ
③ 　ジャンボ
④ 　ボンジュール
⑤ 　アッサラーム
⑥ 　グーテンターク
⑦ 　アンニョンハセヨ

　　ヒント　　韓国語　中国語　アラビア語　スワヒリ語　ドイツ語　フランス語　英語

2 世界で，母語使用者が一番多い言語は何語だと思いますか。（調べてみましょう）

| 1番多い言語 |
| 2番目に多い言語 |
| 3番目に多い言語 |

3 スペイン語やフランス語がどの国で使われているか調べてみましょう。

スペイン語	
フランス語	

4 世界には，なくなりそうな言語があります。調べてみましょう。

Unit 1　Lesson 2　方 言

（窪薗晴夫）

【学習活動の概要】

本時の学習

目標

　日本語には数多くの方言があり，それが日本語の豊かさを作り出している。地域が異なると単語が異なり，また同じ単語でも意味やアクセント，用法が異なることが珍しくない。ことばの地域差を理解することにより，標準語だけが日本語ではないことに気づくと同時に，自分が住む地域の方言（自分の母方言）について理解を深める。方言への理解を通じて，日本が多文化共生社会であることを意識し，自分とは異なるものに対する寛容性を養う。

本時の展開

① 同じものを指していても，地域によってことば（単語）が異なることに気づく。
② 同じことば（単語）でも地域によって意味が異なることがあることを知る。
③ 同じことば（単語）でも地域によってアクセントが異なることに気づく。
④ 同じことば（単語）でも地域によってしばしば用法が異なることを知る。

言語活動の充実の工夫

○ 方言に優劣はない。標準語も自分たちの地域の方言も等価であることに気づかせる。
○ 同じ地域に住んでいても，年齢によって伝統的な方言を使う（話す）度合いが異なることを理解させ，方言が廃れてきていることに気づかせる。
○ 親の出身地などによって個人間の単語や発音に差（バリエーション）があることにも気づかせる。
○ グループで読み方を調べる作業を通じて，友だちと協調しながら作業を進めることができるようにする。
○ 地域のお年寄りに伝統的な方言の特徴（単語や表現，発音など）を聞く作業を通じて，地域社会との連携を図る。

解　説

　他の言語と同じように日本語にも多くの方言があり，地域が異なるとことば（単語）や表現，発音・アクセント，意味などが変わります。この地域差が実際のコミュニケーションの場では障害となることが珍しくありません。同じことを表すのに，方言によって単語・表現が異なることはよく知られていますが，同じ単語や表現が方言によって異なる意味を持つことはあまり知られていません。また同じ単語でも方言によってアクセントが異なってくることも重要なポイントです。
　以下で，ことばの地域差（方言）について解説します。

(1)　同じことを表していても，地域によってことば（単語）が異なることが珍しくない。

東京	大阪	鹿児島
疲れた	しんどい	てそか
だめだ	あかん	やっせん
たくさん	ようけい	ずんばい
大きい（体）	ごっつい	太か
いいよ	ええで	よかど
ばか	あほ	ほがなか（穂が無か）

(1′)　「ありがとう」を表すことば
　　ありがとがんす（岩手），おしょーしな（山形），きのどくな（富山他），おおきに（大阪他），だんだん（島根他），ちょーじょー（熊本），ありがともさげもした（鹿児島），にふぇーでーびる（沖縄）

(1″)　「さようなら」を表すことば
　　あばら（岩手），んだらまず（山形），あばよ（新潟），さいなら（大阪他），そいぎー（佐賀），そいならごあした（鹿児島），またやー（沖縄）

(2)　特定の地域でしか使われないことばも多い。
　　北海道・東北地方：「おばんでした」「おばんです」＝こんばんは
　　名古屋：「ほうか」＝休み時間，「けった」＝自転車，「やっとかめ」＝久しぶり
　　大阪：「いちびり」＝ふざける人，「いらち」＝すぐいらいらする人，「ゲラ」＝よく笑う人
　　鹿児島：「ラーフル」＝黒板消し，「つ」＝かさぶた，「げんなか」＝恥ずかしい
　　沖縄：「めんそうれい」＝いらっしゃい，「ちばりよう」＝がんばれ

(3)　同じことばや表現でも，地域によって意味が異なることがある。
　　「わい」：おれ（大阪他），お前（鹿児島）
　　「えらい」：立派だ（東京他），疲れた（名古屋）
　　「ねまる」：正座する（北海道他），座る（富山他），食べ物が腐る（鹿児島）
　　「おどろく」：びっくりする（東京他），目覚める（青森他）
　　「お静かに」：静かにしてください（東京他），お気をつけて（東北他）
　　「こけよった」：こけてしまった（大阪），こけそうになった（神戸）
　　「おっさん」：おじさん，おぼうさん（大阪），奥さん（鹿児島）

(4) 同じことばでも地域によってしばしば発音が異なる（ ̄の部分を高く発音する）【音源】。
　　　東京　　ありがとう　　こんにちは　　あめ（雨）　　あめ（飴）
　　　大阪　　ありがとう　　こんにちは　　あめ　　　　あめ
　　　鹿児島　ありがとう　　こんにちは　　あめ　　　　あめ

(5) 同じことば（単語）でも地域によってしばしば用法が異なる。
　　　来る　　（東京，大阪他）あなたが私の家に<u>来る</u>。私があなたの家に明日<u>行く</u>。
　　　　　　　（鹿児島他）あなたが私の家に<u>来る</u>。私があなたの家に明日<u>来る</u>。
　　　くれる　（東京，大阪他）友達が私に本を<u>くれた</u>。私も友達に本を<u>あげた</u>。
　　　　　　　（鹿児島他）友達が私に本を<u>くれた</u>。私も友達に本を<u>くれた</u>。

(6) 方言で作られた標語（方言標語）もある。
　　① どこだりさゴミ捨てるな（岩手）
　　　（ところかまわずゴミを捨てるな）
　　② いがっぺ駐車大迷惑（茨城）
　　　（「いがっぺ（まあいいだろう）」って駐車されたら回りは大迷惑）
　　③ ちぃーとこすにゃーか（愛知）
　　　（（割り込み乗車は）ちょっとずるくないか？）
　　④ つれもてしよらシートベルト（和歌山）
　　　（みんなでしようよ，シートベルト）
　　⑤ チカン　アカン（大阪）
　　　（痴漢はいけない）
　　⑥ 飲んで乗っちゃおえりゃせんがな（岡山）
　　　（飲んで運転したらいけないのは，わかっているだろうに）

(7) 英語でも，地域によって単語や発音が異なることが珍しくない。
　　　単語　エレベーター　　　elevator（アメリカ），lift（イギリス）
　　　　　　1階　　　　　　　first floor（アメリカ），ground floor（イギリス）
　　　　　　2階　　　　　　　second floor（アメリカ），first floor（イギリス）
　　　発音　today　　　　　　[tud<u>ei</u>] トゥデイ（アメリカ，イギリス），[tud<u>ai</u>] トゥダイ（オーストラリア）

〔参考文献〕
大津由紀雄・窪薗晴夫（2008）『ことばの力を育む』慶応義塾大学出版会．
九州方言研究会（編）（2009）『これが九州方言の底力！』大修館書店．
三井はるみ（監修）（1998）『まんが方言　なんでも事典』金の星社．

◆授業の展開（1時間版）◆

時間	学習内容		●指導上の留意点 ◎評価規準（方法）
	児童の活動	指導者の活動	
導入 7分	・知っている「ありがとう」を発表する。 ・今日のめあてを知る。 　日本語のいろいろな方言について知ろう。	・「日本語で，「ありがとう」の違う言い方を知っていますか？」（住んでいる場所によって「ありがとう」の言い方が異なっていることに気づかせ，方言に対する興味を持たせる。） ・今日のめあてを知らせる。	●他の地域から転入してきた児童に配慮し，違いを温かく受け入れる雰囲気を作る。
展開1 8分	・ワークシート②の各地の単語，表現を読み，その意味を考える。また，自分たちの方言では何と言うか考える。 ・考えたことをペアやグループや学級で交流する。 ・それぞれの地域に特有の単語や表現があることに気づく。	・ワークシート①について考えさせる。 ・多様な意見を認めた上で，正しい意味を知らせる。	◎各地の方言の意味について考えている。（ワークシート点検，行動観察）
展開2 8分	・ワークシート③の同音異義語を自分がどのように区別しているか（いないか）考える。 ・グループ内で発音を比較して，同音異義語を区別しているかどうか，人によって違いがあるかどうかを交流する。 ・他の同音異義語を考え，それらの同音異義語を自分たちの方言ではアクセントで区別しているかどうかを考える。	・音源を使って，方言（地域）によってアクセントが異なることに気づかせる。 ・他に同音異義語の意見が出なければ紹介する。 （例：暑い―厚い，読んだ―呼んだ，成る―鳴る，泣く―鳴く，焼酎―小中，感情―勘定，標語―兵庫，万福寺―満腹時，女装―除草―助走）	◎同音異義語のアクセントについて考えている。（ワークシート点検，行動観察）
展開3 8分	・ワークシート⑤の方言標語を声に出して読み，標語の意味を考える。	・方言で標語が作れることやその楽しさに気づかせる。	◎方言標語の意味や読み方について考えている。（行動観察）
展開4 8分	・ワークシート発展②方言の必要性について考える。	・方言のよさに気づかせる。 ・英語の方言（単語や発音の違い，アメリカでは elevator だがイギリスでは lift など）についても説明を加える。	◎方言のよさについて考えている。（行動観察）
まとめ 6分	・本時の学びを振り返る。 ・本時の学びについて交流する。	・本時の学びを書かせて，交流させる。 ・学びの内容を評価してコメントを述べる。	◎本時の学びを振り返っている。

準備する物：ワークシート，音源

◆授業の展開（15分版）◆

①

時間	児童の活動	指導者の活動	●指導上の留意点 ◎評価規準（方法）
導入 2分	・知っている「ありがとう」を発表する。 ・今日のめあてを知る。 日本語のいろいろな方言について知ろう。	・「日本語で，「ありがとう」の違う言い方を知っていますか？」（住んでいる場所によって「ありがとう」の言い方が異なっていることに気づかせ，方言に対する興味を持たせる。） ・今日のめあてを知らせる。	●他の地域から転入してきた児童に配慮し，違いを温かく受け入れる雰囲気を作る。
展開1 5分	・ワークシート②のどれか5つを読み，その意味を考え自分たちの方言と比べる。 ・それぞれの地域に特有の単語や表現があることに気づく。	・ワークシート①について考えさせる。（5つ） ・多様な意見を認めた上で，正しい意味を知らせる。	◎各地の方言の意味について考えている。（ワークシート点検，行動観察）
展開2 5分	・ワークシート発展②方言の必要性について考える。	・方言のよさに気づかせる。 ・英語の方言（単語や発音の違い，アメリカでは elevator だがイギリスでは lift など）についても説明を加える。	◎方言のよさについて考えている。（行動観察）
まとめ 3分	・本時の学びを振り返る。 ・本時の学びについて交流する。	・本時の学びを書かせる。 ・学びの内容を評価してコメントを述べる。	◎本時の学びを振り返っている。

②

時間	児童の活動	指導者の活動	●指導上の留意点 ◎評価規準（方法）
導入 2分	・今日のめあてを知る。 方言を知ることを通して，日本語のおもしろさに気づこう。	・「日本語で，さようなら。の違う言い方を知っていますか？」（住んでいる場所によって「さようなら」の言い方が異なっていることに気づかせ，方言に対する興味を持たせる。） ・今日のめあてを知らせる。	●他の地域から転入してきた児童に配慮し，違いを温かく受け入れる雰囲気を作る。
展開1 5分	・ワークシート⑤の方言標語を声に出して読み，標語の意味を考える。	・方言で標語が作れることやその楽しさに気づかせる。	◎方言標語の意味について考えている。（行動観察）
展開2 5分	・ワークシート発展自分が住んでいる地域にしか使われていないと思われることばを見つける。	・意見が出なければ紹介する。	◎自分たちの方言について考えている。（行動観察）
まとめ 3分	・本時の学びを振り返る。 ・本時の学びについて交流する。	・本時の学びを書かせる。 ・学びの内容を評価してコメントを述べる。	◎本時の学びを振り返っている。

方言について知ろう

```
年    組    番  名前
```

1 ①のように、自分たちの方言（住んでいる地域のことば・発音）で自分を紹介してみましょう。また②の文を自分たちの方言で言ってみましょう。[音声ダウンロード]

① ［自己紹介］私／僕は○○（名前）です。私／僕は○○（地名）に住んでいます。私／僕は○○弁（方言名）を話します。
② 今日は暑かった。とても疲れた。もうだめだ。でも明日もがんばれ。

2 次の文はどういう意味でしょうか。声に出して読んでみて，下欄の中から答えを選びましょう。また自分の方言ではどう言うでしょう。

① おばんでした。（北海道，東北地方）
② お静かに。（東北地方）
③ 次のほうかに遊ぼう。（名古屋）
④ 今日はえらい。（名古屋）
⑤ やっとかめ。（名古屋）
⑥ あの人はいらちや。（大阪）
⑦ おおきに。（大阪）
⑧ おっさんが来てお経をあげた。（大阪）
⑨ だんだん。（島根，愛媛）
⑩ ラーフルで消して？（鹿児島，愛媛）
⑪ となりのおっさんはきれいな人。（鹿児島）
⑫ 豆腐がねまった。（鹿児島）
⑬ めんそうれい。（沖縄）
⑭ ちばりよう。（沖縄）

```
つかれた，ありがとう，お気をつけて，がんばれ，黒板消し，休み時間，腐った
いらっしゃい，こんばんは，すぐいらいらする人，奥さん，お坊さん，久しぶり
```

3 次のことばはひらがなで書くと同じになる同音異義語です。これらの同音異義語を，自分はどう発音しているでしょう。アクセント（音の高さ）で区別しているでしょうか。友だちの発音と比べてみましょう。[音声ダウンロード]

① 雨──飴
② 橋──箸──端
③ 花──鼻
④ 雲──蜘蛛（虫）
⑤ 松──待つ
⑥ タンゴ──単語
⑦ 秋田県──秋田犬
⑧ 人影──火トカゲ
⑨ 宮城さん（人の名前）──宮城山（山の名前）

4 他にどのような同音異義語があるでしょうか。5つさがして書いてみましょう。その同音異義語を自分の方言ではアクセントで区別しているでしょうか。標準語（共通語）ではどうでしょう？

5 次の方言標語はどういう意味でしょう。声に出して意味を想像してみましょう。

① どこだりさゴミ捨てるな（岩手県）
② いがっぺ駐車大迷惑（茨城県）
③ ちぃーとこすにゃーか（愛知県）
④ つれもてしよらシートベルト（和歌山県）
⑤ 飲んで乗っちゃおえりゃせんがな（岡山県）

発展1 自分が住んでいる地域にしか使われないと思われることばを，いくつか書いてみましょう。また，自分の回りのお年寄り（おじいさんやおばあさん）と話をして，地域の方言だと思うことばを集めてみましょう。

発展2 標準語が使えるようになったら方言はもう使わなくてもいいでしょうか。方言はどのようなところで必要でしょうか。

コラム　2nd で second なら 2 は seco？——英語における"送り仮名"

　日本の漢字の読みには音読みと訓読みがあります。音は中国での読み方を基にした漢字の読み方で，訓は意味に対応する日本語の読み方で漢字を読んだものです。古典中国語は孤立語と呼ばれるタイプの言語で，文中の各要素は語形変化を起こしませんが，日本語は膠着語で，各要素が文中の働きに応じて異なる接辞を取ります。中国語では細は常に細で，音読みでも常に「さい」ですが，日本語では文中の働きに応じて，「ほそい」「ほそく（ない）」「ほそか（った｜ろう）」「ほそけれ（ば）」のように変化します。訓読みの細は活用形全てに対応しますが，細だけではどれに対応するかわからないため，仮名を読みのヒントとして添えます。「ほそい」の場合，可能性としては，a. 細ほそい，b. 細そい，c. 細い，の3つが考えられますが，どの活用形に対応するのかがわかればいいので共通の部分を書く意味はなく，異なる部分，即ち活用部分を書けば十分です。

　活用部分だけではうまく行かない場合もあります。例えば細を「こまかい」と読ませる場合，同じ理屈で言えば，「こまかい」についても細いでよいことになりますが，それでは「ほそい」との違いがわからないため，「か」のところから送り，細かいとします。

　一般化すると，送り仮名の機能は「表音文字により表意文字の発音の一部を表し，語への対応付けを（容易に）する方法，またはそのように使われた表音文字」と捉えることができ，これは日本語の表記以外でも見られる原理です。たとえば，古代エジプトのヒエログリフ（聖刻文字）でも，表意文字に発音を表す表音文字を添えて表記することが体系的に行われていました。

　体系的ではありませんが"送り仮名"は英語の表記にも見られます。2 は "two" とも "second" とも読めますが，読みの一部を添え 2nd とすることで "second" であることを示しています。2nd が "2" という語に "nd" という接尾辞が付いたものでないことは，2 で "seco" という語を表すわけではなく，また 2d という書き方もあることからわかります。他にも 8vo，8º（octavo）のような例がありますが，過去には Xʳ で "December" を表すこともありました。December は元々「10月」という意味なので，10を表すローマ数字 X に r を付けて "December" と読ませたわけです。

　一見すると Xmas も同様の表記法に見えるかもしれませんが，これは Christ（キリスト）を表すギリシャ語 ΧΡΙΣΤΌΣ の頭文字 X に mas（～祭，mass ミサ）を付けたもので，上で見た"送り仮名"のケースとは少し事情が異なります。Xmas という表記は好ましくないと考える人もいるそうで，英語で手紙を書く時は Christmas と書く方がよさそうです。

（大名　力）

Unit 1 Lesson 3 多言語社会

(古石篤子・渡慶次りさ・遠藤 忍)

【学習活動の概要】

本時の学習

目標

① 身の回りに日本語や英語以外にも多くの言語があることに気づく。
② それらの言語がどのような形で,そしてなぜ身の回りにあるのかを考える。
③ さまざまな言語の間に優劣はなく,それぞれの言語が固有の価値を持つことに気づく。
④ 日本語以外の言語を母語とする人たちが周りにも居る可能性があり,その人たちがどのような問題に遭遇するのかを考え,共感する気持ちを養う。
⑤ 国内にある日本語や外国語以外の言語(アイヌ語,琉球諸語,日本手話)にも気づく。

本時の展開

① 児童の身の回り(家族や隣人)に,日本語以外の言語の使い手がいる事実を共有する。母語としての場合のみではなく,外国語として学んで使っている場合も含む。
② 公共の場での多言語表記を通じて,日本に在住している外国人の出身国や渡日の経緯などについて基本的な知識を得る。
③ 日本語の中にも多くの外国語起源の単語が入っている事実を確認する。
④ 日本語以外の言語を母語とする人たちが日々の生活で遭遇する問題について,単に知識として知るだけではなく体験を通じて共感する心を養う。
⑤ 日本のなかの「多言語状況」といった場合,単に日本語と外国語だけではなく,日本古来の少数言語であるアイヌ語,琉球諸語,そしてろう者の日本手話があることなどを知ってもらう。これらの言語は「外国語」とは呼べない事実に気づく。

言語活動の充実の工夫

○ 児童の身の回りにある情報を利用して,多言語化する日本の社会の現実を実感し,興味をもたせる。
○ 日本に在住している外国人の気持ちになって,ことばと社会のつながりについて考えさせる。

解　説

1.【導入】〈宿題確認〉

　児童が持ち寄る情報をクラス全員で共有します。その際教師は，異なる言語のひとつひとつが「文化的な資源」であるという基本的な姿勢を崩さないこと。言語の間には優劣はなく，ひとつひとつが豊かな背景をもっていて尊重に値するという雰囲気をクラス内に作ることがたいせつです。この活動を通じて，家族のなかに外国出身者がいることを「打ち明ける」ことになる児童もいる可能性もあるので，このことは重要です。

　日本語以外の言語を学び，その言語を使って活動しているような場合－例えば，通訳，翻訳，ボランティア等々－も含みます。

2.【展開①】〈多言語表記〉

　公共の場における多言語表記に気づくことを通じて，それらが何語か，何が書かれているか，そしてなぜ多くの言語のなかでそれらが選ばれて併記されているのか等について考えさせます。

　　(1)　駅の案内標識（A）　　　　【解答】お手洗い（英語，中国語，韓国・朝鮮語）
　　　　 駅の案内標識（B）　　　　【解答】精算所（英語，中国語，韓国・朝鮮語）
　　(2)　百円ショップの商品表示　　【解答】封筒（英語，中国語，スペイン語）
　　(3)　レストランのメニュー　　　【解答】ハンバーグカレー（英語，中国語，韓国・朝鮮語，
　　　　　　　　　　　　　　　　　　　　　ロシア語，ポルトガル語，アラビア語）
　　(4)　役所の配布物　　　　　　　【解答】外国人教育相談（中国語，ポルトガル語，タガログ
　　　　　　　　　　　　　　　　　　　　　語，スペイン語）
　　　　　　　　　　　　　　　　（内容の理解を助けるために日本語版も資料として付けてあります。）

　※上記（1）～（4）以外でも，学校の周囲で児童が目にしやすい場所に多言語表記がある場合，その写真を撮ってきて提示しても興味を引くでしょう。

　法務省入国管理局のホームページには最新の統計資料や解説が掲載されているので参照してください。報道発表資料（a）が最も簡潔に概要を説明しています。平成28年6月末現在における外国人登録者数は230万7,388人で，国籍別では多い順に中国，韓国，フィリピン，ブラジル，ベトナム，ネパール，米国，台湾，ペルー，タイ…となっています。多言語表示の語種もこの傾向を反映しているといえるでしょう。

　(a)　「平成28年末現在における外国人登録者統計について」（報道発表資料）
　　　　http://www.moj.go.jp/nyuukokukanri/kouhou/nyuukokukanri04_00060.html
　(b)　「2015年（度）年報：出入国管理統計：結果の概要」
　　　　http://www.moj.go.jp/content/001185966.pdf
　(c)　「法務省出入国管理統計統計表」
　　　　http://www.moj.go.jp/housei/toukei/toukei_ichiran_nyukan.html

3. 【展開②】〈日本語のなかの外国語〉

「外来語」というのは「外国語で日本語に用いるようになった語」（広辞苑）ですが，ふつうは漢語以外の西欧語から入ってきたカタカナ語を指します。現代日本語には「ラジオ」や「パン」などのような外来語が多いですが，その他に，外来語ほど定着していなくとも様々な理由で使われる外国語起源の単語が多くあります。この活動では，そのような単語を5つ選んで，その元々の意味と何語かをクイズ形式で特定します。このことを通じて，外国語に「開かれた」日本語の性質を考えると共に，なぜそのような語が使われるようになったのかと考えてみるのもおもしろいでしょう。

(1) ダックスフント → ＿＿ドイツ＿＿語
  (a) タヌキ犬　(b) 長い体　(c) アヒルの頭　　正解 a
(2) アデランス → ＿＿フランス＿＿語
  (a) かつら　(b) くっつく　(c) 頂上　　正解 b
(3) オランウータン → ＿＿マレー＿＿語
  (a) 俺の歌　(b) 森の人　(c) 大きなサル　　正解 b
(4) ツイート → ＿＿英＿＿語
  (a) 甘い　(b) 伝える　(c) さえずる　　正解 c

4. 【展開③】〈ことばがわからないとき〉

私たちは外国に行かない限り，まったくことばが通じない環境に身を置くことはなかなか経験しません※。しかし，日本に居る外国人で日本語ができない場合はそれが日常的な経験です。また，クラスや学校のなかに日本語が得意ではない仲間がいる場合もそうです。そのような人たちと一緒に暮らすときに，私たちは何ができるでしょうか。そのことについて少しでも気づき考えさせるために，「ことばがわからない」ということはどういうことなのかを「頭でわかる」のではなく，「経験」させましょう。

そのために役立つような Youtube の動画を参考までにいくつか提案しますが，自分でも探してみてください。

(1) https://www.youtube.com/watch?v=cF7O-AcY3Ao（英語，中国人男性 Joe Wong，舞台トーク）
(2) https://www.youtube.com/watch?v=2mJrPVJEWCg（中国語，中国人女性，教室場面：男女の恋愛について皮肉っぽく指南している。）
(3) https://www.youtube.com/watch?v=wstBCR4XgyM（中国語，「相声（シアンション）」：日本の漫才に似た伝統芸能）

※国内に居ても，ろう者同士が手話で語り合っている場に居合わせ，あなたに手話ができない場合には同じような経験をしますね。

5. 【まとめ】

本時のまとめとして，主に次のことを振り返ることができるでしょう。

(1) たくさんのことばが，私たちの身の回りで使われている。
(2) 母語が使えないところで生活する人が（周りにも）居る。

6.【次時への導入】〈日本古来の日本語以外の言語〉

　日本には日本語や外国語以外にも異なる言語があることを知らせましょう。

　言語材料としては，下地勇の「民衆の躍動」，あるいは「おばぁ」という歌の出だしの部分を聞かせて，何語かを当てさせましょう。これは琉球諸語のなかの「宮古語」です。

　　「民衆の躍動」　　https://www.youtube.com/watch?v=uc0u59A16_g
　　「おばぁ」　　　　https://www.youtube.com/watch?v=0Rjl0XOfhPM

　この活動を通じて，アイヌ語や琉球諸語，そしてろう者の日本手話など，日本にもいわゆる少数言語といわれる言語があることを知らせましょう。次時のテーマ「手話」への導入となるでしょう。

〔注〕
　本書の書名が『日本語からはじまる小学校英語』なので，原則としてひらがなで「ことば」を使用していますが，「中国語」とか「フランス語」などのような固有語を指す場合や「言語材料」，「多言語」などの熟語を表す場合には「言語」を用います。

◆授業の展開（1時間版）◆

時間	学習内容		●指導上の留意点 ◎評価規準（方法）
	児童の活動	指導者の活動	
【導入】 8分		・本時のめあてを話す。 どんなことばが私たちの身の回りで使われているか考えよう。	○あらかじめ宿題【ことばしらべ】をプリントで出題しておく。
	・おうちの人が話せる言語や周囲の人が話す言語について発表する。	・【宿題確認】おうちの人が話せる言語や周囲の人が話す言語について発表させる。	●児童がふだん聞き慣れない言語について発表したら，そこから話を広げる。
【展開①】 10分	・見せられた資料をもとに，何語が書かれているか，何が書いてあるか，どうして併記されているかを，ペアやグループで考える。 ・ペアやグループで話し合い，ワークシート①に書き込む。 ・意見を発表する。	・いろいろな言語で併記された資料を見せて考えさせる。 「何語が書いてあるかな？」 「（黒塗りの日本語部分を指して）何が書いてあると思う？」 「なぜいくつかの言語が並んで書かれているんでしょう？」 （観光や移住などの理由で外国人が渡日しているため，実は日本にも多言語環境があるということに気づかせる。） ・ワークシートを配布し，①について，考え記入させる。 ・時間を見計らって，答え合わせを行う。 ・ワークシートに記入した言語が，自分たちの身の回りにあることを述べる。	●ワークシート①に記載したことばの他に，児童の興味や地域の実情に合わせて，他の身近なものを用意するのも面白い。 ●提示する資料は，駅の案内標識や役所の配布物など。また，百円ショップの一部の商品や，一部のレストランでは多言語表示が見られるため，そうした資料も活用する。 ●日本語を隠す場合には，それ以外の手がかりを使って表記の意味が分かるように工夫する。 ◎児童同士で話し合いながら，なぜそれらの言語で表記されているのか，なぜ多言語で併記されているかを中心に考える。（行動観察）
【展開②】 10分	・「何語から来ているかな？」に取り組む。（ワークシート②） ・語彙と意味を想像する。 ・ペアやグループで話し合いながら，単語の意味を選択肢から選ぶ。	・ワークシート②で用意された，4つの外国語起源の単語の元々の意味と何語かを考えさせる。 ・生徒たちに発表させる。 ・ワークシートに記入したことばが，自分たちの身の回りにあること，そしてそれらは外国語起源であるということを述べる。 ・他にも同じようなことばがないかたずねる。	●ことばの意味を当てるゲームに注力するのではなく，自分の身近なところに，多くの外国語起源のことばがあるということに目を向けられるような言葉かけを行う。 ◎日本語の中にも多くの外国語起源のことばが入っている事実に気づく。（ワークシート点検，行動観察）
【展開③】 10分	・知らない言語での音声や動画を見て，どんな気持ちになったか，率直な感想を書く。（ワークシート③）	・外国語による音声や動画を再生し，児童に体験させる。 ・ワークシート③に感想を書かせる。	●題材としては，外国語で話されてはいても，その内容が理解しやすい映像を選択するように努める。

Unit 1 — 27

	・自分の感想を発表する。	・感想を全員で共有しながら，日本語が話せない外国人が日本で味わう気持ちについて話し合う。	あるいは，児童にとってなじみの深いアニメやDVDの外国語放送の映像や音声を提示する。 ◎日本において少数言語状況におかれている人々の気持ち（言語間に優劣はない）に共感しようとする。（行動観察）
【まとめ】 3分	・今日学んだことを振り返り，発表する。 (1) たくさんのことばが，私たちの身の回りで使われている。 (2) 母語が使えないところで生活する人が（周りにも）居る。	・今日学んだことを振り返り，発表させる。	●本時に行った活動を振り返りながら，どのようなことに気づいたかを児童から引き出しつつ，活動の整理をしながら話をする。 ●次時の意欲につながるように，具体的に児童の良かった点を評価する。
【次時への導入】 4分	・聞こえてくる音楽のリズムやことばの感覚を手がかりに，曲で使われている言語は何語かを考える。 ・ワークシートに，アイヌ語・琉球諸語・（日本）手話という単語を書き留める。	・下地勇さんの宮古語による音楽を流し，何語で歌われているかを当てさせる。 ・日本でもアイヌ語や琉球諸語などを使う地域があること，また，（日本）手話を使うろう者も居ることを述べる。	●この最後の活動は，あくまで楽曲から言語を当てることが目的ではなく，日本古来の少数言語についての導入としてとらえる。 ●口頭で述べたものを児童に書き取らせるのみにとどめ，日本においても日本語以外の言語があることを意識させるようにする。

準備する物：（宿題シート），ワークシート

◆授業の展開（15分版）◆

①

【A】時間	児童の活動	指導者の活動	●指導上の留意点 ◎評価規準（方法）
【導入】6分	・見せられた資料をもとに、何語が書かれているか、何が書いてあるか、どうして併記されているかを、ペアやグループで考える。 ・ペアやグループで話し合い、ワークシート①に書き込む。 ・意見を発表する。	・いろいろな言語で併記された資料を見せて考えさせる。 ・ワークシートを配布し、①について、考え記入させる。 ・時間を見計らって、答え合わせを行う。 ・ワークシートに記入した言語が、自分たちの身の回りにあることを述べる。	●ワークシート①に記載したことばの他に、児童の興味や地域の実情に合わせて、他の身近なものを用意するのも面白い。 ◎児童同士で話し合いながら、なぜそれらの言語で表記されているのか、なぜ多言語で併記されているかを中心に考える。（行動観察）
【展開】7分	・「何語から来ているかな？」に取り組む。（ワークシート②） ・語彙と意味を想像する。 ・ペアやグループで話し合いながら、単語の意味を選択肢から選ぶ。	・ワークシート②で用意された、4つの外国語起源の単語の元々の意味と何語かを考えさせて発表させる。 ・ワークシートに記入したことばが、自分たちの身の回りにあること、そしてそれらは外国語起源であるということを述べる。	◎日本語の中にも多くの外国語起源のことばが入っている事実に気づく。（ワークシート点検、行動観察）
【まとめ】2分	・今日学んだことを振り返る。 ・気づいたことを発表する。	・今日学んだことを振り返る。 ・児童に気づいたことを発表させる。	

②

【B】時間	児童の活動	指導者の活動	●指導上の留意点 ◎評価規準（方法）
【導入】6分	・「何語から来ているかな？」に取り組む。（ワークシート②） ・語彙と意味を想像する。 ・ペアやグループで話し合いながら、単語の意味を選択肢から選ぶ。	・ワークシート②で用意された、4つの外国語起源の単語の元々の意味と何語かを考えさせて発表させる。 ・ワークシートに記入したことばが、自分たちの身の回りにあること、そしてそれらは外国語起源であるということを述べる。	◎日本語の中にも多くの外国語起源のことばが入っている事実に気づく。（ワークシート点検、行動観察）
【展開】7分	・知らない言語での音声や動画を見て、どんな気持ちになったか、率直な感想を書く。（ワークシート③） ・自分の感想を発表する。	・外国語による音声や動画を再生し、児童に体験させる。 ・ワークシート③に感想を書かせる。 ・感想を全員で共有しながら、日本語が話せない外国人が日本で味わう気持ちを体験させる。	●題材としては、外国語で話されてはいても、その内容が理解しやすい映像を選択するように努める。 ◎日本において少数言語状況におかれている人々の気持ち（言語間に優劣はない）に共感しようとする。（行動観察）
【まとめ】2分	・今日学んだことを振り返る。 ・気づいたことを発表する。	・今日学んだことを振り返る。 ・児童に気づいたことを発表させる。	

多言語社会

| 年 | 組 | 番 | 名前 |

〈宿題〉ことばしらべ

おうちの人が話せることばや，まわりの人が話すことばを探してみましょう。

だれ？	何語？

1. これから出て来ることばを観察してみましょう。日本語の部分はかくしてあります。
さて，なんて書いてあるでしょうか。

	何語でしょうか？	なんて書いてありますか？
(1) 駅の案内標識　(A)		
駅の案内標識　(B)		
(2) 百円ショップの商品表示		
(3) レストランのメニュー		
(4) 役所の配布物		

(1)　　　　駅の案内標識 (A)　　　　　　　　　駅の案内標識 (B)

（2） 百円ショップの商品表示　　　　　（3） レストランのメニュー

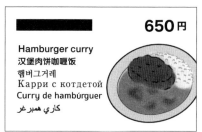

（4） 役所の配布物［文書ダウンロード］

◆どうしてこれらのことばでも書かれているのでしょうか？　話し合ってみましょう。

2 1～5のことばは何語から来ていると思いますか？　もともとの意味は次のa～cのどれですか？

(1) ダックスフント　→_____語　(a) タヌキ犬　(b) 長い体　(c) アヒルの頭
(2) アデランス　　　→_____語　(a) かつら　(b) くっつく　(c) 頂上
(3) オランウータン　→_____語　(a) 俺の歌　(b) 森の人　(c) 大きなサル
(4) ツイート　　　　→_____語　(a) 甘い　(b) 伝える　(c) さえずる

3 映像を見て・聞いてどう思いましたか？　書いてみましょう。その後で話し合ってみましょう。

4
まとめ
1
2

5 今から聞く音楽は，何語で歌われているのでしょうか？

予想：_____語　　　正解：_____語

◇日本でも_____語や_____語を使っている地域があります。
　また_____を使うろう者もいます。

コラム　日本語の書記体系

　日常的に使っていると実感しにくいですが，日本語は世界で最も複雑な書記体系で表記される言語（少なくともそのうちの1つ）です。複雑さの理由の1つは使われる文字の種類の数で，さらに日本語の書記体系を複雑にしているのが文字の使い方です。

- ・漢字　　　　　　　　　　　→ 表意文字（表語文字）
- ・仮名（ひらがな・カタカナ）　}→ 表音文字 { 音節文字
- ・rōmaji (Latin Alphabet)　　　　　　　　　　　　　 単音文字　（アルファベット）
- ・その他：ギリシャ文字，数字（アラビア～，ローマ～），句読点，特殊記号

（ギリシャ文字は本来表音文字だが，日本語の表記では記号的な使用がほとんど）

　表意文字（表語文字）の漢字と表音文字の仮名を交ぜて表記する「漢字仮名交じり文」が現代日本語の基本的な表記法ですが，最近ではアルファベット（ローマ字，ラテン文字）が占める割合も高く，現代日本語の表記ではアルファベットは欠かせません。

　同種の表音文字を続け書きすると読みにくくなり，分かち書きする必要が出てきますが，漢字仮名交じり文では分かち書きしません。それは，視覚的にも異なる漢字と仮名が交互に現れることで，分かち書きに似た効果を産むためです。このようにひらがなばかりがつづくとよみにくくなるので，くうはくを＿いれて＿わかちがきする＿ひつようが＿でてきますが，漢字を交ぜれば分かち書きしなくても読みやすくなります。

　数が桁違いに多いのが漢字で読みも複雑ですが，その複雑さは，同じく中国から漢字を借入し日本語とよく似た言語を用いる韓国（朝鮮）の漢字と比べてみるとよくわかります。韓国語（朝鮮語）では，漢語（韓国では「漢字語」と呼ぶ）もハングルで表記するのが基本ですが，「漢字ハングル交じり」で書くこともできます。

　日本語：　　言語学は　言語に　関する　学問である。
　韓国語：　　언어학은　언어에　관한　학문이다．　（ハングルのみによる表記）
　　　　　　　言語學은　言語에　關한　學問이다．　（漢字語を漢字で表記した場合）

　韓国では音読みのみで基本的に一字一音ですが，日本では一つの漢字に複数の音読み，訓読みがあることも少なくありません（例：生活，平生；生涯，今生。生きる，生かす，生ける；生む，生まれる；生える，生やす；生い立ち：苔生す；生：生真面目など）。

　生きると仮名を振っても生の読みが「い」というわけではなく，生の訓読みは「いきる」で，読みの一部を送り仮名として漢字に添え，残りの部分を振り仮名としたものです。活用のある日本語では，生だけでは「いきる」「いき」「いきて」などのどれに対応するかわからないので，異なる部分を仮名で示し読みを特定しやすくします。活用の違いだけでなく，後/後ろのように訓読み同士，類と類/類いのように音読みと訓読みを区別したり，誉/誉れのように対立がなくても読みやすくしたりするために，訓読みの末尾の一部を仮名で示します。

　訓読みには，今日，二十歳，梅雨，土産，美味しいのように，熟字単位で訓読みを当てる熟字訓もあります。どの訓を当てるかは慣用によりますが，辞書，当用漢字音訓表，常用漢字表などになくても広く用いられるもの，いい女，あの娘のように辞書には掲載されなくてもよく用いられるものもあり，また，麦酒，民主主義，単打，W杯，超サイヤ人，王蟲のように，外国語・外来語，造語な

どを当てる場合もあります。

　漫画などでは，振り仮名（ルビ）で読みを示すだけでなく，コンサバな，おとうさん，ジュブナイル向け，先輩達／俺達のように，漢字なども使い，意味，ニュアンス，意図などを表現することもよく行われます。

　漢字一字に音読み1つが原則の韓国語では漢字の組み合わせの読みも1つですが，日本語では読みの組み合わせ方も問題になります。草原・草原，国境・国境のように，音同士，訓同士の組み合わせが基本ですが，湯桶読み，重箱読みのように，音訓が組み合わされる場合もあります。音と訓の区別が付きにくいこともあり，駅，肉を訓読みと捉える日本人もいます。肉汁ではなく肉汁と読む人も多いようですが，重箱読みしているというよりも，肉を訓読みと捉えている可能性もあります。

　仮名については現代仮名遣い（新仮名遣い）に従う場合が普通ですが，過去の文献を読むためには漢字の旧字体（正字体）と歴史的仮名遣い（旧仮名遣い）の知識も必要になります。漢字仮名交じり文では漢字の使用により曖昧なままで済んでしまうことも少なくありませんが，コンピューターへの文字入力では，例えば学校は「がっこう」か「がくこう」か（神学校，進学校）のように仮名遣いが問題となることもあります。

　インターネットの利用，海外での活動等の拡大でローマ字が使用される機会は益々増えていますが，正書法（転写法）としては，訓令式，ヘボン式（標準式），日本式など複数の方法（例：明治 Meizi, Meiji, Meidi）が併存しています。一般的にはヘボン式が優勢で，パスポートや駅名の表記は基本的にヘボン式，学校教育では，小学校の国語では訓令式，中学校の英語ではヘボン式を教えるのが普通というように，混乱した状況にあります。最近は，コンピューターのローマ字入力による方式を用いる人も多くなっています。

　日本語のように先進国の言語で正書法が確立していないのも珍しく，1つの表現が複数の方法で表記できるケースも少なくありません。読点の使い方にも個人差があり，同じ文を十人の人が書き取れば十通りの書き方がされることもあります。**言葉・ことば・コトバ，人・ひと・ヒト，赤い・紅い・朱い・あかい・アカい，携帯・ケータイ**など，文字種によりニュアンス等に違いがあったりすると，発音を聞いただけではどう書き表すべきかは本人以外には（あるいは本人にも）わかりません。日本語では，音声データの書き起こしは大変な作業になります。

（大名　力）

Unit 1　Lesson 4　手話

(松岡和美)

【学習活動の概要】

本時の学習

目標

　ろう者が第一言語として身に付ける「日本手話」という言語があること，そして日本手話が音声日本語やジェスチャーとはまったく異なる「言語」であることを学ぶ。本時の学習内容が，同じ国の中にも異なる言語が存在すること，つまり日本もまた多言語社会であることを考えるきっかけとなることを期待したい。

本時の展開

① ジェスチャーで表せることと手話で表せることの違いを体験する。
② 手話を第一言語とする子どもたちがいることを知る。
③ 世界には少なくとも 100 以上の手話言語があることを知る。
④ 異なる国の手話の例を動画で見て，その違いに触れる。
⑤ NM 表現（非手指表現，詳しくは「言語材料の解説」を参照）について知る。
⑥ 本時の振り返りをする。

言語活動の充実の工夫

　日本語の逐語訳をする意識から離れ，手話をあるがままに受け止める態度を育成することが目的となる。ジェスチャーと手話が違うこと，日本語と日本手話が違うこと，手話が世界共通ではないことを体験や実例から観察できるようにした。

○ 手話はジェスチャーやパントマイムとは異なり「ことば」であることを知る（ワークシート①）。
　ジェスチャーで表せる内容は「今」「ここ」に「実際にあるもの」の範囲に限られてしまう。「ことば（言語）」ではそれとは違うものも表現できる。生徒自身がジェスチャーで表現できる内容に限界があることを体験したうえで日本手話のビデオ画像を見ることにより，手話がジェスチャーではなく「ことば」であることを確認できるように配慮した。

○ 手話を第一言語とする子どもたちがいることを知る。
　日本財団「第 1 回日本ドキュメンタリー動画祭」優秀賞作品「みんなで創った夢のろう学校」の画像（5 分程度，字幕付き）を見る。日本手話を第一言語としている子どもたちがいること，日本手話で学校の勉強ができることを知る。

○ 手話言語にも音声言語と同じく個別言語があることに気づく。（ワークシート②・③）
　【ワークシート 2 解答：C】世界に 100 を越える手話言語があることを知ったうえで，異なる手話の話者が同じ絵の内容を表しているビデオ画像を見て，その表現が共通ではないことを確認する。

○ NM（非手指）表現について知る。（ワークシート④）
　手話の文法がすべて手指だけで表されているのではないことを知る。同じ手の表現でも NM 表現（眉・目・口・頭）の動きで文全体の意味が変化することを観察できるビデオ画像を作成した。【ワークシート 4 解答】（ア）子どもが来る。（イ）子どもが来るの？（ウ）子どもが今来た（ところだ）。（エ）子どもが来ない。

解　説

【言語材料の解説】

1．NM表現・語順について

　本時の活動では，日本手話はジェスチャーと違って，抽象的な内容を伝達できる洗練された文法体系を備えていることが実例からわかるよう配慮しました。この文法体系には本時の授業内活動で扱う「NM（非手指）表現」の使用も含まれます。NM表現とは，手指以外の動作で文法的機能を持つものです。具体的には，眉の上げ下げ，目を大きく見開いたり細めたりする動作，視線，あごの動き（上・下・前・後），マウスジェスチャー，肩を広げたりすぼめたりする動作が含まれます。NM表現は必ずしも単一で使われるわけではなく，実際にはいくつかのNM表現が組み合わされます（木村 2011: 52，松岡 2015）。ワークシートの例を見てみましょう。

　　　　　　　　　　　　　　＿NM
ワークシート① (3) 箱　中　本　ある　うれしい

　上の例は「〜たら …」という条件文です。「ある」の部分に眉上げ・頭を前方に動かして一瞬動きを止める（保持する）NM表現が表されます。この眉と頭の動きが条件節を導く「もし … たら」の文法的な役割を担います（松岡 2015，70ページ）。ワークシート④では特に，手の表現がまったく同じでも，NM表現の働きで文全体の意味が異なることを観察できるようにしました。

　また，日本手話の疑問表現（何・誰・どこ・どれ・なぜ・どうやって）は日本語と異なり，文の最後に現れます。同時に眉寄せ・細かい首ふりなどのNM表現があらわれます。

　　　　　　　　　　　　　　＿NM
ワークシート① (5) 箱　中　本　入れる　なぜ

　NM表現は世界の手話に多く見られますが，聴者に「喜怒哀楽の表情」に間違えられることがよくあります。NM表現の文法的機能が見過ごされてきた結果，手話は文法を持たない原始的なコミュニケーション法であるという誤解が生じた経緯があります。

2．他の国の手話について

　世界で確認されている言語のリスト「エスノローグ（Ethnologue）」では138の手話言語が加えられています。これは調査研究などではっきり確認された手話言語の数ですので，実際にはもっとたくさんの手話言語が存在すると思われます。ワークシート③の他国の手話については，解説ビデオをご参照ください。

3．指さしについて

　ワークシート④の手話文の最後の「PT」という記号は，手話の「指さし」です。指さしは代名詞のような使われ方をすることも多いのですが，このように文の最後に現れることもあります。この例文のPTは主語の「子ども」を指しています。（ア）は平叙文です。（イ）ではYes-No疑問のNM表現（眉上げと目の見開き），（ウ）では完了アスペクトのNM表現（口型PA），（エ）では否定のNM表現（首ふり）が観察できます。

【日本のろう者と手話をとりまく現状】

　厚生労働省の統計では，聴覚障害者の人口は約35万人で，手話を母語とするろう者は3万5千〜5万7千人程度とされています（神田他 2009）。つまり日本手話は少数言語であり，聴者が母語話者と接触できる機会は限られているということです。「日本語対応手話（手指日本語）」は手話単語をNM（非手指）表現を使わず日本語の語順で並べたという点で，音声日本語の「逐語訳」に近いコミュニケーション手段です。助詞や動詞の活用など，日本語文法に関わる表現は手指ではなく日本語通りの口話（口の動き）で示されており，独自の文法を備えた日本手話とは大きく異なります（木村 2011，松岡 2015）。

　「日本語対応手話（手指日本語）」が「自然言語」でないと考えられる根拠としては，日本語対応手話を母語（第一言語）として獲得するろう者がいないことがあげられます。両親が対応手話で養育を行った場合であっても，子どもが獲得する言語はろう者の使う手話（日本の場合

は日本手話）に近いものになるという観察があります（松岡 2015，第 6 章を参照）。また海外の手話言語学関連の文献でも，手指英語などの「対応手話」はろう児への英語の指導を目的として人工的に作られたコミュニケーション手段であるとされています（Johnston and Shembri 2007）。

しかし「日本語対応手話（手指日本語）」が自然言語ではないこと，（自然言語である）日本手話と本質的に異なっていることは，現状では手話や聴覚障害者に関わる人々に広く受け入れられているとはいえません。対応手話の方が難聴者や学習者など使用者数が多いこと，日本語を母語とする聴者の学習者にとって習得がしやすいこと（手話単語をおぼえるだけでよい），「日本手話の使用がろう児の日本語習得を妨げる」という聴者のろう教育関係者による誤解にもとづく偏見，多言語文化が定着していない文化的土壌など，様々な要因がこの問題に関連しているようです。日本のろう者と手話使用を取り巻く社会的状況についての様々な立場からの議論は現代思想編集部編（2000）・木村（2011）・斉藤（2016）を参考にしていただければと思います。

本時の学習では，日本手話が日本語とは異なる自然言語であることを伝えることを主眼としているため，手話を取り巻く社会的状況については，あえて触れないように心がけました。

【特に教育現場に関連する情報】

ろう者・難聴者がみな日本手話や日本語対応手話（手指日本語）を使用するわけではありません。保護者の養育方針などで，どちらも習得しない状態で地域の学校に進学するろう者・難聴者もたくさんいます。このような教育環境は「インテグレーション（インテ）」と呼ばれます。インテグレーション環境にある生徒は筆談・発音・口話の読み取りなどをコミュニケーション手段としていますが，どの方法にも限界があり，使いやすさの個人差も大きいようです。インテ環境にある子どもにも手話の早期習得を促すべきと主張する経験者・関係者も一定数存在します（金澤 2001 など）。

保育施設や学校でよく紹介される「手話歌」は，日本語の文法通りに手話単語を並べることで歌詞を表現しており，日本語対応手話（手指日本語）を用いた活動といえます。したがって本時の活動とは直接関連しません。日本手話を用いた芸術パフォーマンス活動には，手話劇・手話ポエムなどがあります。

【補足資料】

日本手話の言語学的特質についてわかりやすく解説した文献に松岡（2015）があります。木村（2011）および斉藤（2016）では日本手話と日本語対応手話（手指日本語）の歴史や現在の社会的状況について様々な例を扱った解説を読むことができます。また，日本手話を媒介言語とするろう教育については，学校法人明晴学園のウェブサイトで詳しい情報を得ることができます。NHK E テレ『みんなの手話』では日本手話を，「ワンポイント手話」では日本語対応手話（手指日本語）を扱っています。

〔引用文献・関連ウェブサイト〕

Johnston, Trevor and Adam Schembri. 2007. *Australian Sign Language: An Introduction to Sign Language Linguistics*. Cambridge University Press.

金澤貴之（編著）（2001）『聾教育の脱構築』明石書店．

神田和幸（2009）『基礎から学ぶ手話学』福村出版．

木村晴美（2011）『日本手話と日本語対応手話（手指日本語）：間にある「深い谷」』生活書院．

現代思想編集部（編）（2000）『ろう文化』青土社．

NHK E テレ「みんなの手話」公式サイト
　https://www.nhk.or.jp/heart-net/syuwa/index.html

斉藤道雄（2016）『手話を生きる』みすず書房．

松岡和美（2015）『日本手話で学ぶ手話言語学の基礎』くろしお出版．

Ethnologue　http://www.ethnologue.com/

明晴学園公式サイト　http://www.meiseigakuen.ed.jp/

◆授業の展開(1時間版)◆

時間	学習内容		●指導上の留意点 ◎評価規準(方法)
	児童の活動	指導者の活動	
導入 5分		日本手話の画像を1分ほど見せ,これは言語かなと問いかける 「手話はジェスチャーのように見えるね」「ジェスチャーならみんなもできるね」とゲームに誘導	動画「授業の導入」を見せる。
展開1 10分	ジェスチャーゲーム (準備)知っているジェスチャーをやってみる(バイバイ,悲しい,など) ワークシート①の文をジェスチャーで表してみる ワークシート①の文を日本手話で表した動画を見る	(ゲームの導入)ジェスチャーがコミュニケーション手段であることを確認する 「いま」「ここ」を離れた内容をジェスチャーで表すのが難しいことを確認する 手話は言語であり,ジェスチャーとは違うことを確認する	動画「ワークシート1 手話」を見せる
展開2 5分	手話を第一言語とする子どもたちの動画を見る	(導入)「手話が言語なら,手話で生活や勉強をしている子どもたちがいるんじゃないかな?」 動画で見た子どもたちが,日本語ではなく手話で生活し,勉強していることを確認する。	YouTubeにある明晴学園の紹介ムービーを見る(URL後述)
展開3 10分	・いろいろな国の手話があることを知る 1.(ワークシート②)世界の手話言語の数をあてる 2.(ワークシート③)異なる国の手話を見る	個別手話の数が100以上と考えられていること,手話が世界共通ではないことを確認する イラストにあるストーリーを確認してからビデオを見る 解説を参考にして違いを観察する	動画「ワークシート3 手話 誕生日に遅れちゃう!」を見せる
展開4 10分	手の動きは同じなのに文の意味が違う手話を見る。 解説を参考にして,文の意味を日本語で書いてみる(ワークシート④)	手話は「手」だけであらわす言語ではないことを伝え,「目の見開きや細め」「あごの動き」「口の形」に注意するように伝える	動画「ワークシート4 手話」を見る
まとめ 5分	・今日学んだことを振り返る。	今日の授業で学んだ点を振り返り,まとめる。 「音がない言語があるんだね」 「手話で何でも話せるね」	

準備する物:動画を見せるためのPCとプロジェクター,ワークシート
YouTubeの明晴学園の紹介ムービー:http://www.youtube.com/watch?v=CogC78975Kc&feature=relmfu

◆授業の展開（15分版）◆

時間	学習内容		●指導上の留意点 ◎評価規準（方法）
	児童の活動	指導者の活動	
導入 3分		・以前の学習内容を踏まえ「母語」とは何かを生徒と確認する ・本時のめあてを伝える	
展開1 3分	手話を第一言語とする子どもたちの動画を見る	（導入）「手話が言語なら，手話で生活や勉強をしている子どもたちがいるんじゃないかな？」 動画は半分（1～2分程度）見せる 動画で見た子どもたちが，日本語ではなく手話で生活し，勉強していることを確認する。	YouTubeにある明晴学園の紹介ムービーを見る（URL後述）
展開2 6分	手の動きは同じなのに文の意味が違う手話を見る。 解説を参考にして，文の意味を日本語で書いてみる（ワークシート④）	手話は「手」だけであらわす言語ではないことを伝え，「目の見開きや細め」「あごの動き」「口の形」に注意するように伝える	動画「ワークシート4 手話」を見る
まとめ 3分	・今日学んだことを振り返る。	今日の授業で学んだ点を振り返り，まとめる。 「音がない言語があるんだね」 「手話で何でも話せるね」	

準備する物：動画を見せるためのPCとプロジェクター，ワークシート
YouTubeの明晴学園の紹介ムービー：http://www.youtube.com/watch?v=CogC78975Kc&feature=relmfu

[Lesson 4（pp. 36-37を除く）は『日本手話のしくみ練習帳 DVD付』（大修館書店）が初出で，松岡和美の自身執筆部分を基に，一部修正の上，転載した]

手話について知ろう

年　　組　　番　名前

1　下にある文をジェスチャーで表せるか，やってみましょう。[動画ダウンロード]

　　（ア）　箱の中に本がある。
　　（イ）　箱の中に本があるのを見つけた。
　　（ウ）　箱の中に本があったらうれしい。
　　（エ）　箱の中に本を入れるつもりだ。
　　（オ）　なぜ箱の中に本を入れたの？

2　地球上にはいくつの手話があるのでしょうか。あててみましょう。

　　　A　世界共通　　　B　およそ10　　　C　100以上

3　いろんな国の手話をみてみましょう。[動画ダウンロード]

4　（ア）～（エ）の手話文のちがいをみて，意味を書いてみましょう。[動画ダウンロード]

（PT →文の終わりにある指さし）
　　（ア）　子ども　来る　PT（意味：　　　　　　　　　　）
　　（イ）　子ども　来る　PT（意味：　　　　　　　　　　）
　　（ウ）　子ども　来る　PT（意味：　　　　　　　　　　）
　　（エ）　子ども　来る　PT（意味：　　　　　　　　　　）

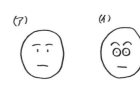
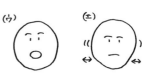

Unit 1　Lesson 5　コミュニケーション

（森山卓郎）

【学習活動の概要】

本時の学習

目標
① コミュニケーションを成り立たせている言語表現，音声的要素，非言語的要素について考える。
② BE 動詞（is）の疑問文と応答，所有の表現（my/your）について簡単な知識を得る。
③ 英語に限らず，いろいろな言語での身振りなどにも関心を広げ，コミュニケーションを総体的に考える。

本時の展開
① 「あなたのボールか」を聞く表現を日本語で考え，聞くときの音の上げ下げ，強めるところとそうでないところ，どんな身振りをするかも考える。
② 英語の疑問文の簡単なしくみを解説する。
　　Is this your ball? という文型を学ばせる。ボール以外の物を聞く展開も考えられる。
・英語での声の上げ下げに気をつけさせる。聞く感じかどうかをクイズ形式で当てさせてもよい。
・日本語と同じく英語でも，声の上げ下げ，強めるところが大事であることに気づかせる。
③ 答え方の表現について解説する。Yes も日本語では「うん」「はい」などいろいろな表現になること，「はい，そうです」にあたるのが Yes, it is. であることを知らせる。肯定文の This is my ball. も教える。強調するときの言い方として is を強く言う言い方にも触れる。
④ 否定の表現の簡単なしくみについて解説する。not を強く言うことで，否定の意味が強まることに気づかせる。
⑤ ここまでの文法事項が，すでにこれまでの学習できている場合には，ノンバーバルコミュニケーションについて焦点を当てることができる。
　　Let's play together!
についても説明する。Nice shoot! などの身振りについても教える。
　　以上から，
　　A: Is this your ball?
　　B: Yes, it is. This is my ball.
　　A: OK.
　　B: Let's play together!　　遊ぶ中で，Nice shoot! などの言葉を身振りと共に使う。
という流れを想定したい。その中で，音声や身振りなど，日本語と同様に英語にもコミュニケーション上注意すべき違いがあることを知らせる。
　　どのようなしぐさで言うかで（相手のほうをきちんと見て言うかどうかなど）印象が違うことにも気づかせたい。指さしが失礼になることがあるということや，日本語の場合によく見られる否定の「いやいや」という胸のあたりで手を横に振る動き，などが，外国語とは異なることなどに注意させる。GOOD をあらわす親指上げのサインなどにも触れさせたい。

言語活動の充実の工夫

○ 声を出したり，身振りを考えたりすることで，豊かなコミュニケーションについて具体的に考える。
○ 英語の表現を学ぶとともに，日本語のことも考えに入れて，その共通点にも気づくように話し合う。
　　適宜ロールプレイなどを試みたりしつつ，相手を思いやる「気配り」について考えを深めたい。

解　説

【内容】

　コミュニケーションとは自分の思いを相手に伝えることです。そのためには狭い意味での「言葉」だけでなく，様々な要素が関わります。ここでは，音声的表現，身振りなどのノンバーバルな表現にも注意させます。日本語でも，音声や身振りなどがコミュニケーション上重要な役割を果たしていることに気づかせます。

　文法的には BE 動詞を使った簡単なやりとりを学習させます。学習状況に応じて，Your ball? Yes. Let's play together! Nice shoot! など簡単な語句のやりとりと，そのときの身振りに焦点化させることも考えられます。

【関連】

　コミュニケーションの関連で Unit2-Lesson4 なども参照します。BE 動詞の疑問文，否定文などの学習も関連します。

【本時のポイント】

　ここでは，ボールがグラウンドに落ちていると言った状況で，「これはあなたのボールか」という問いかけとそれに対する答え方を，BE 動詞の表現に関連づけて考えます。あわせて，イントネーションや，ノンバーバルコミュニケーションについても考えます。具体的には，次のような流れでの学習です。

　　Is this your ball? と聞く：聞き方のイントネーションに注意します。
　　Yes, it is. This is my ball. と答える：This is MY ball. のような強めるときの言い方も知ります。
　　No, it isn't. This is not my ball. のような否定の答えも知ります。This is NOT my ball. のような否定の強め方も知ります。相手が言ったことを受け入れる場合の OK のような表現についても知らせます。

　自分のボールなのに，This is not your ball. と言われた時など，This IS my ball. のように強く言う言い方があることも知らせてもよいでしょう。

　　Let's play together!　Nice shoot!：一緒に遊ぼう，という設定で，Nice shoot と言う時の身振りも知る。

　音声コミュニケーションでも，イントネーション（文の上げ下げ）や，強調の表現などが重要であるということにも気づかせたいところです。

　次に，ノンバーバルコミュニケーションとしての気づきも大切にします。ボールがあなたの物かどうかを聞く時に，指さすことを，肯定と否定のしぐさ（特に「いや，ちがう」と言う時の日本人のしぐさ），一緒にあそぶ中で，ナイス，OK，などのしぐさなどを，一連の流れの中で考えさせます。言語によって，身振りに違いがあることなどについても考えます。例えばブルガリアでは，伝統的には肯定の時に首を横に振り，否定の時に首を縦に振る身振りがあります。また，ネパールでは OK というときに首を左右にかしげるような身振りをすることがあります。こうした話に触れることも関心を高めることに役立つでしょう。

　ノンバーバルコミュニケーションの中でも，例えば顔の表情や声の表情は，比較的直接的に感情を表す点で，言葉や文化が違ってもよく伝わるものです。しかし，しぐさは意外に気づかれないことも多いものです。ここでは英語以外の言語や文化による違いも紹介し，学びをさらに広げていければと思います。取り上げるのは次のような身振りです。

・日本では胸や顔のあたりで手を横に振る身振りが「no, ちがう」を示すことがあるが，その身振りは欧米などではバイバイのように解釈されるなど，通じないことがある。
・「親指をたてる」の意味が欧米などでは「OK」「GOOD!」などの意味になることが多い。
・「あなた」と言うときに相手を人差し指で指すことは少し失礼になることがある。

ただし，どのようなしぐさをするかということには異文化交流の問題があることについても気づかせたいと思います。相手がハグをする文化で，こちらが身体接触をあまりしない文化である場合，どのようなしぐさをすればいいのかは難しいと言えます。相手のやり方を理解することは重要ですが，必ずしも相手のやり方を受け入れなければならないというわけではないからです。寛容さは極めて大切ですが，相手に自分の文化を知って貰うことも場合によっては必要となります。そういった点についても考えさせるという展開もあってよいと思われます。具体的にどうすべきかには定まった答があるわけではありません。ただ，いずれにしても，しぐさに文化的な意味があるということへの気づきは重要です。

　なお欧米圏以外の文化，例えば，「不浄の手」として「左手」をとらえる文化があること（インドネシアなど）なども知っておくといいでしょう。

◆授業の展開（1時間版）◆

時間	学習内容		●指導上の留意点 ◎評価規準（方法）
	児童の活動	指導者の活動	
導入 6分	・今日のめあてを知る。 　たずねたり答えたりする時の音や身振りを考えよう。 ・日本語でもいろいろな聞き方によって伝わる気持ちが違うことに気づく。 ・音が上がるか，音が下がるか，の感覚がよくわかる児童の場合には，上げ下げを手などで示してもよい。	・「あなたのボールか」を聞く表現を学びましょうというように示す。 ・机の上にボールを置いて，子供を指名して，「これはあなたのボール？」のように聞く。どんな発音があるか，どんな聞き方をするかを二人一組で考えさせる。答え方についても考えさせたい。 ・聞くときの音の上げ下げ，強めるところとそうでないところ，どんな身振りをするかも考えさせる。	●感覚として音の上げ下げが把握しにくい児童もいる。その場合は，聞いた音についての印象の違いに注意させるだけでもよい。
展開① 8分	・簡単な疑問文と簡単な肯定文での答え方を学ぶ。（1①②） ・"I" "your" などの言葉の意味を知る。日本語だといろいろな言葉で言うことができることも知る。Yes も日本語では「うん」「はい」などいろいろな表現になることに気づく。 ・発音の仕方に注意し，聞く時の音の上げ下げに意識する。 　Is this your ball? ・二人一組になっていろいろな言い方で発音してみる。	・英語の疑問文と応答の簡単なしくみを解説する。 ・あわせて，"your" は「あなたの」「君の」などになることにも注意させる。his, her などに触れてもよい。 ・いろいろと名詞を変えて，Is this your 〜？ という文型を学ばせる。ここを広げる展開も考えられる。相手を見て発音できているかを注意させる。 ・英語での声の上げ下げに気をつけさせる。聞く感じかどうかをクイズ形式で当てさせてもよい。 ・日本語と同じく英語でも，声の上げ下げ，強めるところが大事であることに気づかせる。 展開②と連続させる形も考えられる。	◎英語の Be 動詞の疑問文が言えるか。（行動観察） ◎声を出してきちんとやりとりができているか。上げ下げについての理解ができているか。（行動観察） ◎相手の目を見て話ができているか。（行動観察）
展開② 8分	・声や表情を見てみる。 ・名詞を変えて，次のようなやりとりをする。 　応答文を組み合わせる。（1③ 2） 　　Yes, it is. / No, it is not. 　　This is my ball. / This is not my ball. ・強めるときに is や not を強く発音すること，聞く時に文末を上げることに気づかせる。 　　This is your ball. 　　This is not your ball. 　のように，my, your をどちらも言えるようにしておきたい。	・答え方の表現について解説する。Yes も日本語では「うん」「はい」などいろいろな表現になること，「はい，そうです」にあたるのが Yes, it is. であることを知らせる。 ・これは私のボールであるということを，This is my ball. と言うことも知らせる。 ・否定の表現の簡単なしくみについて解説する。 ・not を強く言うことで，否定の意味が強まることに気づかせる。is を強く言う強調の仕方も教える。 ・「あ，そう」のように受け入れるときに OK と言うことも知らせる。 Let's play together! についても説明する。	◎音や身振りについて考えている。（行動観察） ◎ BE 動詞での簡単なやりとりができているか。肯定と否定の言い方が理解できているか。（行動観察） ● This is mine/ yours. などの言い方を知らせてもよい。

		・ALTの援助があれば、実際に発音してもらい、声を出すことに慣れる。	
展開③ 8分	英語圏や中国などでも使われるボディサインである、OK！ナイス！と言うときの親指を立てる動きについても知る。（3） ・身振りについても考えてみる。 　肯定　うなずく、オーケーのサインなど 　否定　首を横にふる、×印を手で作る、「いえいえ」の手の横振りなど。 ・文化によって挨拶などのノンバーバルコミュニケーション（身振り、手振り）に違いがあり、それぞれ大切にしていることを知る。	・Nice shoot! などの親指をたてて相手に向ける身振りについても教える。 ・日本語でも英語でも、言葉だけでなく、表情や音も大切だと気づかせる。ALTにどのような身振りがわかるか、どう感じるかをやってもらう。 ・指さすということに気づかせる。聞き手を指す場合とボールを指す場合とで、どういうふうに感じが違うかを話し合わせる。 ・「いえいえ、違う」という動きをやってみる。これは通じるかをクイズ形式で聞く。その上で、日本人の「いえいえ」の手の横振りは否定とは見えないことを知らせる。	◎ことばとしぐさ、表情の関係について考えている。（行動観察） ●それぞれの文化による違いがあることに気づかせる。
展開④ 8分	・ALTがどういう動作をするかを見る（または映像） ・英語圏以外の文化でもいろいろなしぐさの意味づけがあることを知る。	・できればALTに動作をしてもらったり、わかるかどうかを答えて貰ったりする。 ・身振りにもコミュニケーションとしての意味があることを伝える。 ・インドネシアの指し示し方（右手で指さないと失礼。親指を使う。左手で示したりしない。） ・インドやタイなどでの合掌による挨拶、ブルガリアのうなづき、ネパールのOKなど、英語以外の身振りについても教える。 ・時間があれば、身振りの意味づけが違う人が出会った時にどうすればいいかを考えさせる。	◎世界の身振りについて考えている。（行動観察、ワークシート点検） ●クイズ形式でもよい。
まとめ 7分	・本時の学びを振り返る。 ・本時の学びについて交流する。	・本時の学びを書かせて、交流させる。 ・学びの内容を評価してコメントを述べる。	◎本時の学びを振り返っている。

準備する物：ワークシート、映像

◆授業の展開（15分版）◆

時間	児童の活動	指導者の活動	●指導上の留意点 ◎評価規準（方法）
導入 4分	たずねる言い方と身ぶりを考えよう ・今日のめあてを知る。 ・日本語では聞き方によって伝わる気持ちが異なることに気づく。	・今日のめあてを知らせる。 ・「あなたのボールか」と聞く時の表現を学びましょう。	◎日本語での聞き方について，考えている。（行動観察）
展開① 4分	・簡単な疑問文と答え方を学ぶ。（1①②③） ・聞く時の音の上げ下げを意識する。	・英語の疑問文と応答の簡単な仕組みを解説する。 ・日本語と同じく英語でも，声の上げ下げ，強めるところが大事であることに気づかせる。	◎英語のBe動詞の疑問文が言えるか。（行動観察） ◎声を出してやりとりができているか。（行動観察） ◎上げ下げについての理解ができているか。（行動観察，ワークシート点検）
展開② 4分	・身振りを見て，先生が言いたいことを考える。（3） ・文化によって挨拶などのノンバーバルコミュニケーション（身振り，手振り）に違いがあり，それぞれ大切にしていることを知る。	・身振りにもコミュニケーションとしての意味があることを伝える。特に「いえいえ」の身ぶりがちがうことなどを伝える。 ・時間があれば，身振りの意味づけが違う人が出会った時にどうすればいいかを考えさせる。	◎身振りについて考えている。（行動観察）
まとめ 3分	・本時の学びを振り返る。 ・本時の学びについて交流する。		◎本時の学びを振り返っている。

伝える気持ちと言葉について考えよう

年　　組　　番　名前

1 ① グラウンドにボールがありました。その横にいた人にたずねます。このやりとりを二人でやってみましょう。

「これはあなたのボール？」 Is this your ball?
「うん，そうだよ」 Yes, it is.

This: これ　　　is: だ・です　　　my: 私の　　your: あなたの
Ball: ボール　　it: それ
---

③ 聞いてみましょう。①を参考に，意味を考えてみましょう。
　Is this my ball?　　[　　　　　　　　　　　　　　]
　Is this your ball?　[　　　　　　　　　　　　　　]

④ 答えてみましょう。
　はいそうです　Yes, it is.
　いいえちがいます。No, it is not.
　これは私のボールです　　This is my ball.
　これは私のボールではありません　　No, this is not my ball.

⑤ 強める場合，どこを強く言うだろうか。強く言うところに線を引こう。
　This is my ball.（間違いなく私のボールだと，言いたい時）

　No, this is not my ball.（違うと言いたい時）

2 ボールをほかのもので言い換えて，となりの人と会話してみましょう。「はい」「いいえ」どちらの言い方をしてみてもいいです。

　　　鉛筆　　　　pencil
　　　ボールペン　　ballpen
　　　ノート　　　notebook
　　　けしごむ　　eraser

3 身振りにも注意してみましょう！

・「はい」「いいえ」の時にどんな動作をしますか？「いえいえ」の動作はアメリカやイギリスでは通じるでしょうか？ → [　　　　　　　　　　　]
・「あなたの？」と言う時に，日本ではどんな動作をしますか？ どう受け止められるかな？
　→ [　　　　　　　　　　　　　　　　　　]
・ナイスシュートというときのサインは？　[　　　　　　　　　　]
・両手を合わせる合掌は，タイ，インド，ネパールなどでは，出会い（や別れ）の改まった挨拶です。やってみましょう。
・握手は普通右手ですが，インドネシアでは，物を渡すときなどに [　　] 手を使います。

★参考
Let's play together!　　一緒に遊ぼう！
Nice shoot!　　　　　　ナイスシュート
Don't mind!　　　　　　（失敗しても）気にしないで，大丈夫。

Unit 2 音声

Unit 2

1　単元名　音声

2　単元の目標
　言語音を発音するようすを観察したり，ローマ字の体系を考えたりしながら，日本語と英語の音声に関する理解を深める。さらに，日常的に使われていることばを「発音」という視点から分析する活動も行う。

3　学習指導要領との関連
【第10節　外国語】
・「目標（1）　外国語の音声や文字，語彙，表現，文構造，言語の働きなどについて，日本語と外国語の違いに気付き，これらの知識を理解するとともに，読むこと，書くことに慣れ親しみ，聞くこと，読むこと，話すこと，書くことによる実際のコミュニケーションにおいて活用できる基礎的な技能を身に付けるようにする。」
・「3指導計画の作成と内容の取扱い
(1)　オ　言語活動で扱う題材は，児童の興味・関心に合ったものとし，国語科や音楽科，図画工作科など，ほかの教科等で児童が学習したことを活用したり，学校行事で扱う内容と関連付けたりするなどの工夫をすること。
(2)　イ　音声指導に当たっては，日本語との違いに留意しながら，発音練習などを通して2の（1）のアに示す言葉材料を指導すること。また，音声と文字とを関連付けて指導すること。」

【第4章　外国語活動】
・「目標（1）　外国語を通して，言語や文化について体験的に理解を深め，日本語と外国語との音声の違い等に気付くとともに，外国語の音声や基本的な表現に慣れ親しむようにする。」
・「内容（1）イ（ｱ）英語の音声やリズムなどに慣れ親しむとともに，日本語との違いを知り，ことばの面白さや豊かさに気付くこと。」
・「3指導計画の作成と内容の取扱い（1）エ　言語活動で扱う題材は，児童の興味・関心に合ったものとし。国語科や音楽科，図画工作科など，他教科で児童が学習したことを活用したり，学校行事で扱う内容と関連付けたりするなどの工夫をすること。」

4　主な学習活動

	学習活動	学習活動に関する指導上の留意点
Lesson 6 ローマ字と発音(1)	・口の動きだけで相手にことばを伝える。 ・ローマ字による五十音図を見ながら、横の列（「行」）、縦の列（「段」）の並びについて考える。 ・訓令式のローマ字とヘボン式のローマ字を比較し、その表記の違いには発音が関係していることに気づく。	・口の形と発音には関係があることに気づかせる。 ・横の列と縦の列の共通点を考えさせ、日本語の音が2つの音（子音と母音）の組み合わせによって出来上がっていることに気づかせる。 ・時間をかけてゆっくり丁寧に書かせること。
Lesson 7 ローマ字と発音(2)	・濁音、半濁音、拗音、促音のローマ字表記を示し、それぞれがどのような子音と母音の組み合わせになっているか、また、どのような表記法になっているかを考える。 ・ローマ字で書かれた日本語と英語とを比較する。	・ローマ字についての知識を増やし、発音と文字（ローマ字）との関係についてさらに深く考えさせる。 ・日本語と英語の発音の違いを意識させる。日本で生活していても日常の中で目にするような簡単な英単語を取り上げ、英語の発音への導入としたい。
Lesson 8 母音と子音	・日本語のかな文字とローマ字を比較することにより、日本語の「音」が子音と母音からできていることを理解する。 ・複合語ができる際に、子音が変化する現象（うみ+かめ→うみがめ）や母音が変化する現象（かぜ+くるま→かざぐるま）があることを理解する。 ・英語と日本語の音節構造の違いを、英語のつづり字と日本語のローマ字を比較することにより理解する。	・日本語のかな文字とローマ字が異なる仕組みでできていることに気づかせる。この際、異なる文字体系の間に優劣がないことに気づくことが重要である。 ・日常的に使っていることばに、母音が変化してできることばや、子音が変化してできることばがあることに気づかせる。 ・英語と日本語の間に音節構造の違いがあること（英語では子音で終わることばが多いこと）に気づかせる。
Lesson 9 韻律	・アクセントやイントネーションによって意味が変わることがあることを理解する。 ・文字で書いたら同じでも、読み方（ポーズの置き方や強調する単語の場所）によって複数の意味が出てくる表現があることを理解する。読み方次第では意味が逆になったり、発話の状況が変わってしまう表現もあることに気づく。	・話しことばではアクセント、イントネーション、ポーズなどが重要な役割を果たしていることに気づかせる。 ・意味があいまいなことばや表現があることに気づかせ、そのあいまい性を解消するためにアクセントやイントネーションなどが役立っていることに気づかせる。 ・方言（地域）によってアクセントの違いがあることに気づかせる。
Lesson 10 オノマトペ	・聞こえてくるいろいろな音をことばで表現する。また、オノマトペをたくさん集め、その特徴を考える。 ・オノマトペの役割を考える。 ・オノマトペをたくさん使った物語を作る。 ・英語のオノマトペに触れ、日本語のオノマトペと比較する。	・オノマトペを意識化させることから始める。 ・オノマトペの楽しさに気づかせる。 ・オノマトペは「音」を表現しているのだから世界共通だ、と誤解している人は意外に多いので、言語ごとにオノマトペが違うのだということを教えるのは重要である。

Unit 2　Lesson 6　ローマ字と発音（1）

（末岡敏明）

【学習活動の概要】

本時の学習

目標

① ふだん無意識に発音している母語（日本語）の発音に意識を向け，母語の調音（発音のしかた）と音声の関係について気づく。
② 自分の発音を意識してコントロールする体験をする。
③ ローマ字が基本的に「子音＋母音」という組み合わせになっていることに気づくとともに，文字と発音の関係に注目する。

本時の展開

① 口の動きだけで相手にことばを伝える活動によって，口の形と発音には関係があることに気づく。
②「あ」「い」「う」「え」「お」の口の形を観察する。
③ ローマ字による五十音図を見ながら，横の列（「段」）にはどのような音が並んでいるのかについて考える（例：「あ段」はすべて a がついている → a は「あ」という音を表す）。同様に縦の列（「行」）にはどのような音が並んでいるのかについて考える。
④ 訓令式のローマ字とヘボン式のローマ字を比較し，その表記の違いには発音が関係していることに気づく。
⑤ ローマ字で単語を書く経験をする。

言語活動の充実の工夫

○ ローマ字の学習は楽しい学習にもなりうるし，単調で面倒なだけの学習にもなりうる。「k の音と a の音が組み合わされるから ka は『か』となる」というような理屈を理解させることがないまま，「『か』は ka と書き，『き』は ki と書き，…」と機械的に書かせる（覚えさせる）だけでは，子どもは五十音図に出てくるすべてのローマ字を暗記するだけになってしまう。もし，濁音（「が行」や「ざ行」など）や半濁音（「ぱ行」）も含めた五十音図すべてのローマ字を暗記するなどということになれば，それは苦痛以外の何物でもない。

○ ローマ字のしくみを理解させた上でローマ字に慣れさせていくことが必要となるのだが，ローマ字のしくみを理解するということは，日本語の発音に対する理解を深めるということである。国語の授業でもローマ字を扱うが，国語の授業ではローマ字の書き方に重点が置かれるのに対して，この授業で重点を置くのは日本語の発音であり，ローマ字を取り上げるのはそのための手段であると言ってもよい。したがって，ローマ字を児童に書かせると予想以上に時間がかかる可能性があり，また，ローマ字を書くことに児童は興味を示すと思われるが，書くことに時間を取られて発音について考えさせる時間が無くなってしまうことのないよう，時間の配分に気をつけたい。

○ ただし，発音について考えさせるとは言っても，音声学の授業をするわけではないので調音と発音に関して正確さを求める必要はない（というより，求めてはいけない）。「口やのどの使い方をいろいろと変えてみると，いろいろと違う声が出る」ということを「体験的に感じさせる」工夫をすることが大切である。

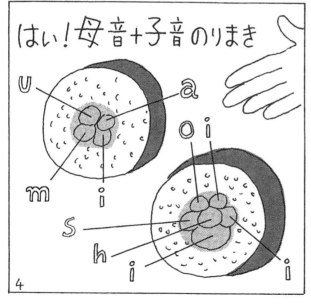

解　　説

本来「ローマ字」とはラテン文字のことです。もともとラテン文字ではない文字を用いる言語（日本語もそのひとつ）を，ラテン文字を使って表記することは多くの言語で行われています。

現在日本で「ローマ字」と言えば「ラテン文字」という意味ではなくて，「ラテン文字を用いた日本語表記」（仮名とラテン文字とを対応させたもの）のことです。つまり，ローマ字は外国語の表記法ではなくて，日本語の表記法なのです。

ローマ字には大きく分けて「訓令式」と「ヘボン式」とがあります。下にあげたものは訓令式ローマ字による五十音図です。

wa わ	ra ら	ya や	ma ま	ha は	na な	ta た	sa さ	ka か	a あ
	ri り		mi み	hi ひ	ni に	ti ち	si し	ki き	i い
	ru る	yu ゆ	mu む	hu ふ	nu ぬ	tu つ	su す	ku く	u う
	re れ		me め	he へ	ne ね	te て	se せ	ke け	e え
wo を	ro ろ	yo よ	mo も	ho ほ	no の	to と	so そ	ko こ	o お

訓令式ローマ字は1937年に内閣訓令第3号として公布されたものですが，これより歴史が古いローマ字としてヘボン式ローマ字があります。ヘボン式ローマ字は英語の発音に準拠しているため，一部が訓令式ローマ字と異なっています。ヘボン式ローマ字のうち，訓令式と異なる箇所を挙げると下のようになります。

ha は	ta た	sa さ
hi ひ	chi ち	shi し
fu ふ	tsu つ	su す
he へ	te て	se せ
ho ほ	to と	so そ

「ローマ字は日本語の表記法である」という点が，学校教育の中でのローマ字の位置づけをわかりにくくしてしまっています。国語の授業では，ローマ字を学習するとき以外にローマ字を用いることはおそらくほとんどありません。英語の授業では，生徒がローマ字を知っていても結局アルファベットを教え直すことになります。英語のアルファベットとローマ字とでは用いる文字が一致していませんし（lやxなどのようにローマ字では用いない文字があります），ローマ字の授業ではアルファベットの英語発音を教えないからです。いわゆる「ローマ字読み（ローマ字発音）」が英語の発音を学習する際の障害にすらなっているというのが現状です。

以上のことから，ローマ字を学習する意義が疑問視される可能性もあるのですが，ローマ字を「文字と発音」という視点から見直すことにより，ローマ字学習の新たな可能性が見えてくることになります。

ローマ字の五十音図を用いると，ひらがなの五十音図では見えてこない日本語の文字と発音の規則性が見えてきます。ローマ字の五十音図の「行」を見ると，「か行」はkという子音で始まり，「さ行」sという子音で始まっていることがわかります（以下同様）。また，「段」を見ると「あ段」はすべてaという母音で終わり，「い段」はすべてiという母音で終わっていることがわかります（以下同様）。つまり，五十音図はひらがなを子音ごとと母音ごとに整理したものなのですが，そのことはひらがな表記ではわからず，ローマ字で表記してはじめてわかることなのです。さらに，「かきくけこ」にはkという子音が共通するのであれば，そのkという子音はどのように口を使って発音するのか，あるいは，「あかさたな…」にはaという母音が共通するのであれば，そのaという母音はどのように口を使って発音するのか，というような発音の仕方に関する問題もローマ字の五十音図を観察することによって見えてきます。

このように，ローマ字を学習することによっ

て,「子音と母音の組み合わせ」「調音と発音の関係」「子音と母音の違い」など,のちに外国語を学習する際に必要となる事項を学ばせることができるのです。つまり,ローマ字の学習と英語の学習とが有機的に繋がるということです。

◆授業の展開（1時間版）◆

時間	学習内容		●指導上の留意点 ◎評価規準（方法）
	児童の活動	指導者の活動	
導入 5分	・指導者の口に注目し，指導者が何を言っているのかを当てる。	・声を出さずに口の形だけで児童たちに何かを言う。口の形から判断して何を言っているのかを児童たちに当てさせる。 例）先生の名前，食べ物の名前	◎口の形に何か規則性があることに気づく（行動観察）
	口の動きとローマ字から、日本語の発音のしかたを知ろう。		
展開1 10分	・「あ」「い」「う」「え」「お」の口の形をペアやグループで観察し，わかったことを発表する。	・「あ」「い」「う」「え」「お」の口の形を次のような方法で観察させる。 (1) 指導者や隣の児童の口を見て観察する。 (2) 自分で発音しながら自分の口の動きを考える。 (3) 鏡があれば，鏡で自分の口を観察する。	●「あ」と「い」を比べる，というように，2つを選んで比べると説明しやすい。 ◎口の形と発音には関係があることに気づく（行動観察）
展開2 10分	・『声の無い伝言ゲーム』を行う。	・『声の無い伝言ゲーム』 座席の列ごとに競わせて，「伝言ゲーム」を行う。声を使わずに口の形を見るだけで前の人が言っていることばを判断し，後ろの人に伝えるゲーム。 ①先頭の児童以外は後ろを向く。 ②先頭の児童は教師が示したことばを見てから後ろを向き，2番目の児童の肩をたたく。 ③2番目の児童は振り返り，先頭の児童が2番目の児童に向かって口の動きでことばを伝える。 ④2番目の児童は後ろを向き，3番目の児童の肩をたたく。以下，同様。 ⑤最後の児童までことばが届いたら最後の児童は手を挙げる。	●伝えることばは，「動物の名前」「果物の名前」「野菜の名前」「教室にあるもの」などのようにある程度範囲を狭めておく。 ●「伝言ゲーム」は完全に沈黙した状態で行うので，「もう一度言ってください」という意味のジェスチャーを決めておく。 ●口の形をことばで説明するのは難しいのだが，児童に正確な解答を求める必要は全くない。<u>大事なことは，自分の口を意識して動かし，それによって出てくる音が変わってくるということを体感させることである。</u>
展開3 15分	・考えて答えを発表する。 ・掲示されたローマ字の五十音図を見ながらワークシート②の空欄を埋める。 ・考えて意見を言う。	①ワークシートを配布。 ②①を考えさせる。 ③黒板にローマ字の五十音図を掲示し，ワークシート②の空欄を埋めさせる。	●適宜，指導者が黒板を使って文字の書き方を示すとよい。 ●児童は多少時間がかかる可能性がある。
まとめ 5分	今日の学びを振り返る。	児童が気づいたことを発表させる。	

準備する物：ワークシート，ローマ字の五十音図，（あれば）鏡

【展開 2】で,下のようなローマ字による五十音図を拡大して黒板に貼る。

わ行	ら行	や行	ま行	は行	な行	た行	さ行	か行	あ行
wa	ra	ya	ma	ha	na	ta	sa	ka	a
	ri		mi	hi	ni	ti	si	ki	i
	ru	yu	mu	hu	nu	tu	su	ku	u
	re		me	he	ne	te	se	ke	e
wo	ro	yo	mo	ho	no	to	so	ko	o

◆授業の展開(15 分版)◆

時間	児童の活動	指導者の活動	●指導上の留意点 ◎評価規準(方法)
導入 3 分	・「あ」「い」「う」「え」「お」の口の形を観察し,それからワークシート①の質問を考えてみる。	・「あ」「い」「う」「え」「お」の口の形を,指導者や隣の児童の口を見て観察させる。 ・ワークシートの配布。	●口の形を意識して観察し,それによって出てくる音が変わってくるということを体感させる。
展開 10 分	口の動きとローマ字の関連から、日本語の発音の仕方を知ろう。 ・掲示されたローマ字の 50 音図を見ながらワークシート②の空欄を考えて埋める。 ・考えて意見を発表する。	・黒板にローマ字の 50 音図を掲示し,ワークシート②の空欄を埋めさせる。 ・〈考えてみよう〉を考えさせる。 ・児童が正しい答えを言うのは難しいかもしれないので,支援をする。	◎ローマ字が基本的に「子音+母音」という組み合わせになっていることに気づかせながら,文字と発音(口の形)の関係に注目させる。(観察) (例:「あ段」はすべて a がついていて「あ」と発音する)
まとめ 2 分	・学習して気づいたことをまとめる。 ・気づいたことを発表する。	・児童が気づいたことを発表させる。	●ローマ字の学習によって発音と文字の関係を意識させることが出来る。これは外国語学習にとっても欠かせないことである。

ローマ字って何だろう？（1）

年	組	番	名前

1. この口は何を言っていますか？

下の5つの口は「あいうえお」のうちのどれかを言っている口です。どれが何を言っているのかわかりますか？

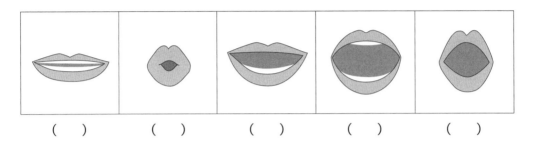

( )　　( )　　( )　　( )　　( )

2. ローマ字の五十音図

ローマ字の五十音図を書き写しましょう。

wa			ha			ka	a
	ri				si	ki	i
	ru	yu		tu	su		u
		me	ne	te			e
		mo	ho	no			o

〈考えてみましょう〉
(1) この五十音図を横に見ると，一段目にはすべて a があります。ということは，「あ」「か」「さ」「た」…にはすべて「あ（a）」の音が含まれていることになります。二段目，三段目，四段目，五段目も同じようなしくみになっていることを，発音しながら確認してみましょう。
(2) こんどは，五十音図をたてに見てみましょう。「ka ki ku ke ko（かきくけこ）」には，すべて k が含まれています。この k はどんな音を表しているのでしょうか。さ行の s や，た行の t など，ほかの行についても，それぞれの左の文字がどんな音を表しているのかを考えてみましょう。

3 もうひとつのローマ字

ローマ字にはもうひとつ別の書き方があります。

は行	た行	さ行
ha	ta	sa
hi	chi	shi
fu	tsu	su
he	te	se
ho	to	so

違うところがあるのは「さ行」「た行」「は行」だけです（他は同じです）。

〈考えてみましょう〉

「さしすせそ」「たちつてと」「はひふへほ」をゆっくり発音しながら，(1) から (4) について考えてみましょう。

(1) 2 の五十音図と比べて違うところに〇をつけましょう。
(2) 3 の「さ行」で，なぜ「し」だけが sh となっているのかを考えてみましょう。
(3) 3 の「た行」で，なぜ「ち」が ch に，「つ」が ts になっているのかを考えてみましょう。
(4) 3 の「は行」で，なぜ「ふ」だけが f になっているのかを考えてみましょう。

4 ローマ字に挑戦

ローマ字でくだものの名前を書いてみましょう。
なお，ローマ字で「ん」は n と書きます。
例）「みかん」→ mikan

(1) もも   → _____
(2) かき   → _____
(3) すいか → _____
(4) なし   → _____
(5) レモン → _____

Unit 2 Lesson 7　ローマ字と発音（2）

（末岡敏明）

【学習活動の概要】

本時の学習

目標

① ふだん無意識に発音している母語（日本語）の発音に意識を向け，母語の調音（発音のしかた）と音声の関係について気づく。
② 自分の発音を意識してコントロールする体験をする。
③ ローマ字が基本的に「子音＋母音」という組み合わせになっていることに気づくとともに，文字と発音の関係に注目する。
④ ローマ字を媒介として，日本語と英語の音韻体系の違いを感じる。

本時の展開

① 口の動きだけで相手にことばを伝える活動によって，口の形と発音には関係があることに気づく。（復習）
② 濁音，半濁音，拗音，促音のローマ字表記を示し，それぞれがどのような子音と母音の組み合わせになっているか，また，どのような表記法になっているかを考える。
③ ローマ字は英語ではないということ，つまり，ローマ字表記の外来語（日本語）と英語とでは，発音も表記も異なるのだということに気づく。

言語活動の充実の工夫

○ 前時の授業と同様，この授業でもローマ字の表記をきっかけとして発音に注意を向ける授業を行う。音声学の授業ではないので，調音と発音に関して正確さを求める必要はないという点も前時と同様に留意したい。

○ 本時では母音よりも子音に注目する比重が大きくなる。さらに，濁音，半濁音，拗音，促音なども扱うので，前時以上に「口やのどのいろいろな場所を使っていろいろな音の出し方をする」ということが実感できるはずなので，とにかくできるだけ多くの子音を実際に発音させてみるとよい。日常生活の中では出さないような発音のしかたをすることになるので，児童たちは発音すること自体に興味を持って取り組むはずである。

○ 授業では，実際に発音を試みながら，児童に発音の仕方を説明させたり，指導者が説明したりすることになるが，音の中には「観察しやすい音」と「観察しにくい音」，あるいは，「ことばで説明しやすい音」と「ことばでは説明しにくい音」とがあるという点は留意しておくべきである。例えば，「ぱ行」のｐの音と「ば行」のｂの音との共通点は「どちらも両唇を使う」ということであることは観察しやすいし説明もしやすい。しかし，ｐの音とｂの音の違いを説明するのは意外に難しい。同様に，「さ行」のｓの音と「ざ行」のｚの音の違いを説明するのも難しいだろう。しかし，難しくはあっても，ぜひ児童にその説明を求めて欲しい。そして，児童がどのような説明をしても（たとえ内容的に間違っていても）それを良しとして授業を進めるべきである。音の違いを探るために児童は繰り返しそれぞれの音を発音し，自分の発音を観察しているはずである。その行為こそがこの授業の目的であり，音声学的な正解を求めているのではないからである。ちなみに，ｐとｂの違いやｓとｚの違いを理解させるには，発音の際にのどに手を当てさせればよい。濁音に相当するｂやｚを発音するときには声帯が震えるので，のどに手を当てると声帯の震えが感じ取れるからである。

解　説

　五十音図をローマ字で表記すると，五十音図が母音ごとと子音ごとに整理したものであることがわかります。では，母音を「あいうえお」と並べた「母音の順番」には意味があるのしょうか。また，「(あ)かさたな…」と並べた「子音の順番」には意味があるのでしょうか。母音の順番に関しては，「意味がある」と述べるにとどめて，詳しい説明は音声学の専門書に譲るとし，ここでは子音の順番について概略を述べます。

　「ア段」は「あかさたなはまやらわ」となっていますが，「あ」には子音がないので省き，また後述する理由で「やらわ」は後で検討することとし，とりあえず「かさたなはま」を検討してみます。そこで，まずは「か」のkの音を発音してみます。すると，kの音は口の奥の方で発音されるのがわかります。次に，最後の「ま」のmの音を発音してみる。mは両唇を使うので，口の一番先の部分で発音されることになります。「か(k)」が口の奥で「ま(m)」が口の先なので，「かさたなはま」という順番は口の中の発音の位置の順番なのではないかという予想が成り立ちます。そこで，「かさたなはま」の子音の部分を順番に発音して確認してみるのですが，ここでひとつ注意すべきことがあります。かつての日本語では「は」は「ぱ」と発音されていました。そこで，「かさたなはま」ではなくて，「かさたなぱま」の子音，つまり，k s t n p mを発音してみます。すると，予想通り，これらの子音は口の奥から先の位置に向かって並んでいることがわかります（最後のpとmはどちらも両唇を使うので，どちらも同じ位置だということになります）。

　最初に「やらわ」を外しましたが，「や行」のy，「ら行」のr，「わ行」のwは「半母音」と呼ばれ，子音とは異なる性質を持っています。そこで，半母音だけを別グループとして発音を確認すると，y → r → wという順番で発音の位置が口の奥から口の先に向かって並んでいることがわかります。つまり，「(あ)かさたなはまやらわ」という順番は全体を通して「口の中の発音の位置」という観点で順番が決まっているということなのです。

　次に，「が」「ざ」「だ」「ば」の「濁音」について考えてみましょう。例えば，「さ」に濁点がつくと「ざ」になりますが，この濁点は何を表しているのでしょうか。「さ」の子音sを発音するとsssssと息を出すような音になります。また，「ず」の子音zを発音するとzzzzzという音になります。喉に手を当ててsssss zzzzz sssss zzzzzと交互に発音するとzzzzzのときだけ喉が震えていることがわかります。喉が震えている，というのは，声帯が震えているのであり，sの音に声帯の震えを加えるとzの音になるということなのです。つまり，「濁音」につける「濁点」は「声帯を震わせる」ということを表しているのです。これが理解できると，例えば，なぜ「ま」には濁点がつかないのかがわかります。「ま」の子音mを喉に手を当てながらmmmmmのように発音すると声帯が震えていることがわかります。つまり，「ま」の子音mははじめから声帯が震えているので「声帯を震わせる」という意味の濁点をつける理由がないのです。

　次に，授業の中で取り上げる「ローマ字と英語」の問題について触れておきます。「ブック」というカタカナ語をローマ字で表記するとbukkuとなります。一方，「本」を意味する英語はbookです。bukkuとbookでは全体の発音が大きく異なりますが，日本語と英語の発音の違いが特徴的にあらわれているのは，bukkuの最後がuという母音で終わっているのに対して，英語のbookはkという子音で終わっているという点です。また，「テスト」をローマ字で表記するとtesutoだが，本来の英語はtestです。これも，tesutoには語末にoという母音が入っている点が英語のtestとは異なるのですが，その他に，ローマ字ではtesutoが「子音・母音・子音・母音・子音・母音」，つまり「子音・母音」の繰り返しという構造になっているのに対して，英語のtestの語末には，-stという子音の連続がある，という違いがありま

す。ローマ字と英語を比較すると，日本語と英語の発音上の特徴が見えてくるのです。

　以上，ひらがなをローマ字で表記すると，ひらがなだけでは見えてこなかったような問題が次々と姿を見せてくることがわかります。ローマ字の学習は，母語である日本語の発音について再確認するための強い動機となりうると同時に，それが英語などの外国語の発音を学習する際にも大きな力となるのです。

※「キオスク（KIOSK）」の名称と表記について
　「キヨスク（kiosk）」とは，主にJRグループの駅構内にある小型売店名で，1973年，それまでの「鉄道弘済会売店」からのイメージチェンジを図るためにその名が付けられました。kiosk はトルコ語の köşk（東屋（あずまや））に由来する英語で，それを日本語の「清く」「気安く」をかけて「キヨスク」と読ませました。1987年，旧国鉄が分割・民営化され，旅客鉄道会社6社が誕生したと同時に，「財団法人鉄道弘済会」からキヨスク事業が分離・独立し，それぞれ北海道・東日本・東海・西日本・四国・九州のエリア毎にグループ会社化されました。その際，東日本エリアでは表記を大文字のKIOSKとし，さらに2007年に読み方が「キヨスク」から「キオスク」に変更されました。

◆授業の展開（1時間版）◆

時間	学習内容		●指導上の留意点
	児童の活動	指導者の活動	◎評価規準（方法）
導入 15分	①『声の無い伝言ゲーム』を行う。 ②ゲームをやってみて，気付いたことを発表する。 例）「正しい答えも間違った答えも字の数は同じ」「『うま』と『くま』のように少しだけ違うことば」など。 ローマ字の音や表記を通して、日本語と英語の違いを考えてみよう。	・『声の無い伝言ゲーム』を行う。ゲームの内容は前回と同じ。 ・児童の発表を聞き，活動のまとめを行う。 本時では特に「どんな間違いが出たか」という点について自由に意見を言わせる。	◎口の動きと発音の関わりについて観察し，気付きを深める。（行動観察） ●伝言ゲームの形式ではなくても同様の活動はできる。例えば，ジェスチャーゲームのように，グループの代表が口を動かして，メンバーが正解を出すまでの時間を競うような方法もある。
展開1 10分	・ワークシート①のローマ字の表記と音（口の形など）を考える。 ・考えた意見を発表する。	・ワークシートを配布し，「①ローマ字の五十音図（続き）」で，ローマ字の復習をする。 それから，＜考えてみよう＞を考えさせる。	●「どんな音？」と問われてもどう答えたらいいかわからないようであれば，「口のどの部分を使った音？」と問い直してもよい。 例）「ぱ」は一回口を閉じて発音する，など。
展開2 5分	・ワークシート②の「っ」の表し方を考える。 ・考えた意見を発表する。	・ワークシートの「②「っ」をローマ字でどう表すか」の＜考えてみよう＞を考えさせる。	
展開3 10分	・ワークシート③のローマ字と英語の違いを考える。 ・考えた意見を発表する。	・ワークシートの「③ローマ字と英語」を使って，左右の表記のどちらがローマ字でどちらが英語なのかを考えさせる。 ・最初に，「ヒント」に書かれているように，とりあえずローマ字だと思って読んでみて，読めればローマ字で，うまく読めなければ英語だということを確認する。	◎ローマ字は英語ではないということを，ローマ字を通しながら日本語と英語のしくみや表記・発音の違いなどに気づく。（ワークシート点検，行動観察） ●答え合わせが終わったところで，実際に児童にローマ字と英語を発音させるとよい。
まとめ 6分	・今日学んだことを振り返る。	・授業を振り返る。	●次時への意欲につながるように，具体的に児童の良かった点を評価する。

準備する物：ワークシート，ローマ字の五十音図

◆授業の展開（15分版）◆

時間	児童の活動	指導者の活動	●指導上の留意点 ◎評価規準（方法）
導入 5分	前回学習したローマ字の復習も兼ねて、ワークシート①を考える。	・ワークシートを配布し、ローマ字の復習と①に取り組ませる。	●「口のどの部分を使った音？」など、児童の助けとなる問いかけを工夫する。
展開 5分	ローマ字の音や表記を通して、日本語と英語の違いを考えてみよう。		
	ワークシート④のローマ字と英語の違いを考える。 ・答え合わせが終わったら、実際にローマ字と英語を発音してみる。	ワークシート④を使って、左右の表記のどちらがローマ字でどちらが英語なのかを考えさせる。 ・最初に「ヒント」に書かれているように、取りあえずローマ字だと思って読んでみて、読めればローマ字で、うまく読めなければ英語だということを確認する。	◎ローマ字は英語ではないということを、ローマ字を通しながら、日本語と英語のしくみや表記・発音の違いなどに気づかせる（ワークシート点検、行動観察）
まとめ 3分	・学習して気づいたことを振り返る。 ・気づいたことを発表する。	・今日学習したことを振り返る。 ・児童に気づいたことを発表させる。	

ローマ字って何だろう？（2）

| 年 | 組 | 番 | 名前 |

1 ローマ字の五十音図（続き）

まず，前回習ったローマ字のおさらいをしましょう。

わ行	ら行	や行	ま行	は行	な行	た行	さ行	か行	あ行
wa	ra	ya	ma	ha	na	ta	sa	ka	a
	ri		mi	hi	ni	chi	shi	ki	i
	ru	yu	mu	fu	nu	tsu	su	ku	u
	re		me	he	ne	te	se	ke	e
wo	ro	yo	mo	ho	no	to	so	ko	o

さらに「が行」「ざ行」などもローマ字で書けるようになりましょう。

ぱ行	ば行	だ行	ざ行	が行
pa	ba	da	za	ga
pi	bi	ji	ji	gi
pu	bu	zu	zu	gu
pe	be	de	ze	ge
po	bo	do	zo	go

〈考えてみましょう〉
(1)「が行」のgがどんな音を表しているのか，考えてみましょう。
(2)「ざ行」のzとjがそれぞれどんな音を表しているのか，考えてみましょう。
(3)「だ行」のdとjとzがそれぞれどんな音を表しているのか，考えてみましょう。
(4)「ば行」のbがどんな音を表しているのか，考えてみましょう。
(5)「ぱ行」のpがどんな音を表しているのか，考えてみましょう。

2 「っ」をローマ字でどう表しますか。

小さな「っ」をローマ字で書くときには次のようにします。

・「さき」は saki，「さっき」は sakki
・「もと」は moto，「もっと」は motto
・「とさ」は tosa，「とっさ」は tossa

〈考えてみよう〉どうすれば「っ」をローマ字で表すことができるのでしょうか。

3 ローマ字と英語

　ローマ字と英語は同じ文字を使いますが，ローマ字は英語ではありません（日本語です）。例えば，「ストップ」をローマ字で書くと sutoppu です。英語では stop と書きます。
　さて，次の (1) から (5) は，どちらがローマ字でどちらが英語でしょうか。

　　ヒント：とりあえずローマ字だと思って読んでみましょう。ローマ字として読めたら，それはローマ字です。

(1)　ブック　　　：　bukku　　　book
(2)　テスト　　　：　test　　　　tesuto
(3)　カップ　　　：　cut　　　　kappu
(4)　チャンス　　：　chansu　　　chance
(5)　ピクニック　：　picnic　　　pikunikku

コラム　英語における"音読み"と"訓読み"

日本の漢字には，基本的に音読みと訓読みがあります。（ちなみに，中国や韓国などでは漢字に「訓読み」はありません。）

山
- さん …音：中国での読み方を基にした漢字の読み方
- やま …訓：漢字をその意味にあたる日本語の読み方で読むこと，その読み方

山を例にとると，「さん」（連濁を起こすと「ざん」）と読むのが音で，山という漢字の昔の中国での発音を基にした読み方です。音体系の違いから中国での発音をそのまま取り入れることができず，当時の日本語の音体系で可能な範囲で原音に近い音にしたものです。（中国語でも日本語でも借入後に発音の変化があったので，現在の発音を比べると似ていないものも少なくありませんが。）

「さん」に対して，山を「やま」と読むのが訓です。訓は中国語での漢字の意味を考え，その意味に近い語を当てはめて，その語の発音を当てたものです。音・訓と言うと文字について言うことが多いですが，今日（きょう），昨日（きのう），二十歳（はたち），梅雨（つゆ），土産（みやげ），河豚（ふぐ），五月雨（さみだれ），子子（ぼうふら），美味しい（おいしい），相応しい（ふさわしい）のように，熟字単位で訓読みを当てる熟字訓もあります。

漢字の音・訓は一般化して言うと，「借入元の言語での読み方（表音的），その読み方を用いること」と「同等の意味を表す借入先の言語の表現を読みとしてあてること，その読み方（表語的）」ということになります。音・訓をこう解釈するならば，英語にも"訓読み"があることになります。例えば，etc. は et cetera の略ですが，etc. を元々のラテン語の句 "et cetera [ètsétərə]" として読めば"音読み"したことになり，"and so forth" と読めば英語で"訓読み"したことになります。

英語の「訓読」の例
- etc.　（< et cetera）　"and so on/forth"
- viz.　（< videlicet）　"namely"
- No.　（< numero）　"number"

このように，語や句の単位で見ると，英語にも漢字の音読み・訓読みに似た読み分けがあることになります。

最近では日本語の文章でもよく使われる &（アンパサンド　ampersand）は，元々 and の意味のラテン語 ET を続け書きしたものです（&&&）が，これを "et" と読めば"音読み"，"and" 読めば"訓読み"と考えることもできます。ちなみに，昔は et (and) を表す記号として ⁊ も使われていて，古英語や中英語の写本でも確認できます。上に挙げた viz. の元の videlicet には z の文字はありませんが，これは，vi より後ろを省略し，最後に付けた et を表す記号 ⁊ が z に似ていたため，代わりに z が用いられるようになったものだそうです。[videlicet → vi⁊ → viz.]（参考：http://en.wikipedia.org/wiki/Viz.）

（大名　力）

Unit 2 Lesson 8 母音と子音

（窪薗晴夫）

【学習活動の概要】

本時の学習

目標

　ことばの音（言語音）はtやsのような子音（しいん）と，a, i, u, e, oなどの母音（ぼいん）に大別できる。英語のアルファベットはそれぞれの音（子音，母音）に対応する文字であるのに対し，日本語のかな文字（ひらがな，カタカナ）は子音と母音を分けない。このユニットでは，日本語のかな文字が表す音が，子音と母音を組み合わせてできていることを気づくことにより（例えば「た」＝t＋a），ことばの音に対する理解を深める。あわせて，日本語で用いられる2種類のローマ字（訓令式とヘボン式）の違いや，日本語の音声変化，日本語と英語の発音の違いにも気づく。

本時の展開

① 日本語のかな文字とローマ字を比較することにより，日本語の「音」が子音と母音からできていることを理解する。

② ローマ字に訓令式（日本語の体系に沿ったもの）とヘボン式（英語流の表記で，一般に普及しているもの）の2種類があり，両者に若干の違いがあることを理解する。

③ 「ひとつ」から「ふたつ」，「上がる」から「上げる」のように，子音をそのままにして母音だけを入れ替えて新しい語を作り出されるプロセスがあることを学び，ローマ字表記によってそのプロセスの理解が深まることを知る。

④ 単語と単語が結合してより大きな単語（複合語）ができる際に，子音が変化する現象（連濁：うみ＋かめ→うみがめ）や母音が変化する現象（かぜ＋くるま→かざぐるま）があることを理解する。

⑤ 英語ではbook [buk]のように子音で終わる単語が珍しくなく，一方日本語では，ブック（bukku）のように母音で終わるのが普通である。この違いを，英語のつづり字と日本語のローマ字を比較することにより理解する。

言語活動の充実の工夫

○ 児童や先生の氏名や地元の地名などを使って，ローマ字にヘボン式（一般に普及している表記）と訓令式の2通りがあることに気づく。

○ 訓令式のローマ字を使うと，「ひとつ」と「ふたつ」，「みっつ」と「むっつ」などの関連性が見えてくることに気づく。

○ 「うみ＋かめ→うみがめ」や「かぜ＋くるま→かざぐるま」などの身近な現象が，子音や母音の変化を伴っていることに気づく。

解　説

「か」や「せ」のようにかな文字1文字で表される日本語の「音」は，それ以上分解できないように思われがちですが，多くの場合，子音と母音の結合体です。このことを，五十音図やローマ字を使って理解させることは，外国語の学習，とりわけ日本語と英語の発音の違いを理解する上で重要です。また，子音や母音の変化は連濁（うみ＋かめ→うみがめ）や他の日本語の現象に現れます。これらのことに気づかせることは，日常生活で使っていることばに対する観察力を高めることにつながります。

以下に，母音と子音について解説します。

1. 英語のアルファベットと日本語のかな文字は異なる文字体系です。アルファベットは基本的に子音や母音の1つ1つに対する文字であるのに対して，かな文字は子音＋母音のまとまりに対して1文字を付与するのが原則で，しかも文字を見ただけで子音と母音がわかるわけではありません。例えば ten（十）という語は英語，日本語のいずれでも子音＋母音＋子音という3つの音からできていますが，英語では3文字，日本語では2文字で表されます。

英語：ｔｅｎ　　　日本語：てん

2. 五十音図を見てわかるように，日本語も他の言語と同じように子音と母音の組み合わせで音や単語が作られています。このことは，日本語をローマ字で表記してみるとよくわかります。例えば名古屋は nagoya，岡山は okayama というように，子音と母音の組み合わせで表記されます。「た」はｔとａが組み合わさり（つまりタ行のア段），「さ」はｓとａが組み合わさっています（つまりサ行のア段）。ア行の音は例外的に母音（a, i, u, e, o）だけからなり，また「ん」は子音（n）だけからなります。

3. 日本語のローマ字表記は大きく分けて訓令式とヘボン式の2種類があり，前者は日本語の音体系に即した表記法，後者は英語流に表した表記法です。両者はほとんどの場合に同じ表記となりますが，「し，ち，つ，ふ，しゃ，しゅ，しぇ，しょ，ちゃ，ちゅ，ちぇ，ちょ，じゃ，じゅ，じぇ，じょ」や，長音（－），撥音（ん）などの表記が異なります（ヘボン式では母音の長さは表さず，また撥音の「ん」は m, p, b の音の前では n ではなく m となります）。

訓令式：Sinzyuku（新宿），Sinbasi（新橋），tuti（土），Hukusima（福島），Sinzyoo（新庄），Satoo（佐藤），Kantoo（関東），Tookyoo（東京）

ヘボン式：Shinjuku, Shimbashi, tsuchi, Fukushima, Shinjo, Sato, Kanto, Tokyo

4. 日本語では母音だけ変えることにより，1つの単語から関連する単語を作ることがあります。4つ－8つなどの数字（数詞）は倍数の法則に従い，1つ（hitotu）と2つ（hutatu），3つ（mittu）と6つ（muttu），4つ（yottu）と8つ（yattu）のように，子音の枠を固定したまま，ある数字の母音を入れ替えるだけで，その数字の倍数ができあがります。「上がる―上げる」などは自動詞（…が○○する）と他動詞（…を○○する）の交替です。

1つ（hitotu）―2つ（hutatu），2つ（hutatu）―二十（hatati），3つ（mittu）―6つ（muttu），4つ（yottu）―8つ（yattu）；上がる（agaru）―上げる（ageru），下がる（sagaru）―下げる（sageru），曲がる（magaru）―曲げる（mageru），座る（suwaru）―据える（sueru）。

5. 日本語では単語と単語が結合して複合語となる（例：おんせん＋まんじゅう→おんせんまんじゅう）際に，後ろの単語の語頭が清音から濁音に変わることがあります。これを「連濁」といいますが，これは母音をそのままにして，子音だけを変える現象です。

うみ (umi) ＋ かめ (kame) → うみがめ (umi-game)

くろ (kuro) ＋ さとう (satoo) → くろざとう (kuro-zatoo)

6. 日本語では複合語が作られる際に，最初の単語の最後の母音が変化することもあります。

風 (kaze) ―風上 (kaza-kami), 風車 (kaza-guruma)

船 (hune) ―船乗り (huna-nori), 船着き場 (huna-tukiba), 船酔い (huna-yoi)

金 (kane) ―金物 (kana-mono), 金具 (kana-gu)

7. 日本語は撥音の「ん」で終わる場合を除き，子音で終わる単語はありませんが，英語には子音で終わる単語が数多くあります。同じ発音のように見えても，英語では子音で終わっています（母音が入っていない）。

英語：book, top, dog, tent,

日本語：bukku（本），toppu（トップ），dogu（ドッグ），tento（テント）

〔参考文献〕

大津由紀雄・窪薗晴夫（2008）『ことばの力を育む』慶應義塾大学出版会.

窪薗晴夫（2011）『数字とことばの不思議な話』岩波ジュニア新書.

◆授業の展開（1時間版）◆

時間	学習内容 児童の活動	学習内容 指導者の活動	●指導上の留意点 ◎評価規準（方法）
導入 7分	・かな文字の五十音図を縦や横に順に読んでみる。 ・今日のめあてを知る。 母音と子音について知ろう。	・縦に読むことから、「か」と「き」が同じカ行であり[k]という子音を共有していることに気づかせる。 ・横に読むことから「か」と「さ」が同じア段であり、[a]という母音を共有していることに気づかせる。 ・[a]などを母音、[k]などを子音ということを確認して、今日のめあてを知らせる。	●五十音図を使ってかな文字の構成に興味を持たせる。
展開1 5分	・ローマ字の五十音図を見て、母音と子音で構成されていることに気づく。 ・ワークシート①のかな文字をローマ字で書く。	・ワークシート①のかな文字をローマ字で書かせる。 ・かな文字とローマ字の対応関係から、かな文字が子音（k、sなど）と母音（a、i、u、e、o）を含んでいることに気づかせる。	◎ローマ字の表記に興味を持っている。（ワークシート点検、行動観察）
展開2 5分	・ワークシート② ・ローマ字表記に訓令式とヘボン式の2種類があり、違いがあることに気づく。	・「福島（Hukusima, Fukushima），千葉（Tiba, Chiba）」などの人名・地名を使って、ローマ字に訓令式とヘボン式があることを説明する。特に「し，ち，つ，ふ，じゃ，じゅ，じょ」などの表記，母音の長さの表記，撥音（ん）の表記が異なることを解説する。	◎訓令式とヘボン式に興味を持っている。（ワークシート点検、行動観察）
展開3 5分	・③で「ひとつ」と「ふたつ」などのペアが同じ子音を持ち、母音によって区別されていることに気づく。	・「1－2」「3－6」「4－8」の数字の読み方（和語読み（訓読み））は、母音を変えることによって関連する単語が作り出されていることを解説する。	◎母音の変化に興味を持っている。（行動観察）
展開4 5分	・③で「上がる―上げる」のように母音によって区別されている自動詞―他動詞のペアを、自分で（あるいはペアやグループで）考える。	・「上がる―上げる」「下がる―下げる」などの自動詞と他動詞のペアにも同様の音の仕組みがあることを理解させる。また他の例を考えさせる（必要に応じてグループごとに話し合いを持たせる）。	◎自動詞と他動詞のペアを見つけようとしている。（行動観察）
展開5 5分	・ワークシート④で複合語において音（子音と母音）がどのように変化しているかを考える。 ・他の例を考える。	・Aのグループについては、後ろの要素の最初の子音が変わることを解説する。 ・Bのグループについては、前の要素の最後の母音が変わることを解説する。 ・他にどのような例があるか、必要に応じてグループごとに話し合って考えさせる。	◎複合語の変化に興味を持っている。（ワークシート点検、行動観察）
展開6 5分	・英語の発音（音源）を聞いて、日本語と英語の違いを考える。 ・ワークシート⑤で、英語が子音で終わっていても、日本語は母音で終わることに気づく。	・英語の発音（音源）を聞かせて、日本語と英語の発音の違いに気づかせる。 ・英語のつづり字と日本語のローマ字表記を比較して、子音で終わる英語と母音で終わる日本語の違いに気づかせる。	◎日本語と英語の発音の違いに気づこうとしている。（ワークシート点検、行動観察）
まとめ 8分	・本時の学びを振り返る。 ・本時の学びについて交流する。	・本時の学びを書かせて、交流させる。 ・学びの内容を評価してコメントを述べる。	◎本時の学びを振り返っている。

準備する物：ワークシート，音源，かな文字の五十音図，ローマ字の五十音図

◆授業の展開(15分版)◆

①

時間	児童の活動	指導者の活動	●指導上の留意点 ◎評価規準(方法)
導入 1分	・かな文字の五十音図を縦や横に順に読む。 ・今日のめあてを知る。 母音と子音について知ろう。	・縦に読むことから、「か」と「き」が同じカ行であり [k] という子音を共有していることに気づかせる。 ・横に読むことから「か」と「さ」が同じア段であり、[a] という母音を共有していることに気づかせる。 ・[a] などを母音、[k] などを子音ということを確認して、今日のめあてを知らせる。	●五十音図を使ってかな文字の構成に興味を持たせる。
展開1 4分	・ローマ字の五十音図を見て、母音と子音で構成されていることに気づく。 ・ワークシート①のかな文字をローマ字で書く。(二つ)	・ワークシート①のかな文字をローマ字で書かせる。 ・かな文字とローマ字の対応関係から、かな文字が子音(k, s など)と母音(a, i, u, e, o)を含んでいることに気づかせる。	◎ローマ字の表記に興味を持っている。(ワークシート点検、行動観察)
展開2 4分	・ワークシート②のかな文字をローマ字で書く。(2つ) ・ローマ字表記に訓令式とヘボン式の2種類があり、違いがあることに気づく。	・「福島(Hukusima, Fukushima)、千葉(Tiba, Chiba)」などの人名・地名を使って、ローマ字に訓令式とヘボン式があることを説明する。訓令式とヘボン式で、特に「し、ち、つ、ふ、じゃ、じゅ、じょ」などの表記、母音の長さの表記、撥音(ん)の表記が異なることを解説する。	◎訓令式とヘボン式に興味を持っている。(ワークシート点検、行動観察)
展開3 3分	・ワークシート③で「ひとつ」と「ふたつ」などのペアが同じ子音を持ち、母音によって区別されていることに気づく。	・「1-2」「3-6」「4-8」の数字の読み方(和語読み(訓読み))は、母音を変えることによって関連する単語が作り出されていることを解説する。	◎母音の変化に興味を持っている。(ワークシート点検、行動観察)
まとめ 3分	・本時の学びを振り返る。 ・本時の学びについて交流する。	・本時の学びを書かせる。 ・学びの内容を評価してコメントを述べる。	◎本時の学びを振り返っている。

②

時間	児童の活動	指導者の活動	●指導上の留意点 ◎評価規準（方法）
導入 1分	・かな文字の五十音図を縦や横に順に読む。 ・今日のめあてを知る。 　母音と子音について知ろう。	・「か」と「き」が同じカ行であり [k] という子音を共有していること，「か」と「さ」が同じア段であり，[a] という母音を共有していることに気づかせる。 ・[a] などを母音，[k] などを子音ということを確認して，今日のめあてを知らせる。	●かな文字の五十音図の構成に興味を持たせる。
展開1 5分	・ワークシート4で複合語において音（子音と母音）がどのように変化しているかを考える。 ・他の例を考える。	・A のグループについては，後ろの要素の最初の子音が変わることを B のグループについては，前の要素の最後の母音が変わることを解説する。 ・他にどのような例があるか考えさせる。	◎複合語の変化に興味を持っている。（ワークシート点検，行動観察）
展開2 5分	・ワークシート5で，英語が子音で終わっていても，日本語は母音で終わることに気づく。	・英語のつづり字と日本語のローマ字表記を比較して，子音で終わる英語と母音で終わる日本語の違いに気づかせる。	◎日本語と英語の発音の違いに気づこうとしている。（ワークシート点検，行動観察）
まとめ 3分	・本時の学びを振り返る。 ・本時の学びについて交流する。	・本時の学びを書かせる。 ・学びの内容を評価してコメントを述べる。	◎本時の学びを振り返っている。

母音と子音について知ろう

年　　　組　　　番　名前

1　次の地名をローマ字で書いて，かな文字が表す「音」が子音と母音からできていることを確かめよう（ただしア行の音には子音がありません）。

① 青森（あおもり）
② 岩手（いわて）
③ 秋田（あきた）
④ 宮城（みやぎ）
⑤ 山形（やまがた）

2　自分の名前を2種類のローマ字（訓令式とヘボン式）で書いてみましょう。次に1～10の地名を，ローマ字で書くとどうなるでしょう。下線部に注意して訓令式とヘボン式のリストから答えを選んでみましょう。

A．自分の名前（姓）　　　　　　（名）
　　訓令式：
　　ヘボン式：

B．1．福島（ふくしま）　2．栃木（とちぎ）　3．群馬（ぐんま）
　　4．千葉（ちば）　5．新宿（しんじゅく）　6．土浦（つちうら）
　　7．新橋（しんばし）　8．新庄（しんじょう）　9．東京（とうきょう）
　　10．関東（かんとう）

訓令式リスト
　あ．Tiba　　　い．Sinbasi　　う．Kantoo　　え．Sinzyoo　　お．Totigi
　か．Hukusima　き．Tookyoo　く．Tutiura　　け．Gunma
　こ．Sinzyuku

ヘボン式リスト
　ア．Fukushima　イ．Tokyo　　ウ．Gumma　　エ．Tochigi
　オ．Chiba　　　カ．Shimbashi　キ．Tsuchiura　ク．Shinjo
　ケ．Shinjuku　　コ．Kanto

Unit 2 —— 83

3 次の単語を訓令式のローマ字で書いて，何が変わるか考えてみよう。また「上がる―上げる」「下がる」－「下がる」のようなペアをもっと考えてみましょう。

1. ひとつ（1）―ふたつ（2）
2. みっつ（3）―むっつ（6）
3. よっつ（4）―やっつ（8）
4. ふたつ（2）―はたち（20）
5. あがる（上がる）―あげる（上げる）
6. さがる（下がる）―さげる（下げる）

4 日本語で単語と単語がくっついて大きな単語が作られるとき，音が変わることがあります。次の単語をひらがなとローマ字で書いて，A，Bのグループごとに音がどのように変わるか考えてみましょう。またA，Bのグループごとに，他の例を考えてみましょう。

A．海＋亀 → 海亀
　　甘＋酒 → 甘酒
　　文庫＋本 → 文庫本
　　本＋棚 → 本棚

B．風＋車 → 風車
　　船＋乗り → 船乗り
　　金＋物 → 金物
　　酒＋屋 → 酒屋

5 次の単語は英語から日本語に入った外来語です。ローマ字で書いてみましょう。また英語のつづり字と発音を参考にして，日本語と英語の発音の違いを確かめ，それぞれ発音してみましょう。［音声ダウンロード］

1. キャット（英語 cat）
2. トップ（英語 top）
3. ドッグ（英語 dog）
4. テント（英語 tent）
5. スタンプ（英語 stamp）
6. バット（英語 bat）

Unit 2　Lesson 9　韻 律

(窪薗晴夫)

【学習活動の概要】

本時の学習

目標
① 話しことばではアクセント，イントネーション，ポーズなどの韻律（プロソディー）が重要な役割を果たすことに気づく。
② 方言（地域）によってアクセントの違いがあることに気づく。

本時の展開
① ことばにアクセントやイントネーションがあり，アクセントやイントネーションによって意味が変わることがあることを理解する。
② 方言（地域）によってアクセントの違いがあることを知り，ことばの多様性に気づく。
③ 文字で書いたら同じでも，読み方（ポーズの置き方や強調する単語の場所）によって複数の意味が出てくる表現があることを理解する。読み方次第では意味が逆になったり，発話の状況が変わってしまう表現もあることに気づく。

言語活動の充実の工夫

○ 同音異義語を発音する作業を通して，自分のアクセントに気づかせる。またグループ内で単語の読み方を比較させることによって，アクセントに個人差（バリエーション）があることにも気づかせる。
○ アクセントやイントネーション，ポーズによって同音異義語（文）が区別されることに気づかせる。
○ グループで発音を調べる作業を通して，友だちと協調しながら作業を進めることができるようにする。

解　説

アクセントは単語の発音に見られる特徴で，日本語では音の高低となって現れます。イントネーションも音の高低ですがこれは複数の単語が連なったときに現れる文の特徴です。ポーズ（間）もまた，文の中で現れる特徴です。アクセントについては地域差も大きいため，方言に対する理解が必要となります。

以下に，日本語の韻律特徴を解説します。

1. アクセントは単語に備わった発音特徴であり，しばしば単語と単語を区別する働きを持つ。ただし，区別するかしないか，あるいはどう発音するかは，方言によって異なる（‾の部分を高く発音する）。[音源]

東京	大阪	鹿児島
こんにちは	こんにちは	こんにちは
あめ（雨）	あめ	あめ
あめ（飴）	あめ	あめ
はし（橋）	はし	はし
はし（箸）	はし	はし
はし（端）	はし	はし
はる（春）	はる	はる
なつ（夏）	なつ	なつ
くも（蜘蛛）	くも	くも
くも（雲）	くも	くも
せんせい（先生）	せんせい	せんせい
あつい（暑い）	あつい	あつか
あつい（厚い）	あつい	あつか

2. アクセントを1つにまとめて発音するか，2語に分けて発音するかによって，意味が区別されることも多い。[音源]

〈1語にまとめる〉	〈2語に分ける〉
孫悟空	孫・悟空
朝ごはんを食べる。	朝，ご飯を食べる。
申しました。	もう，しました。
（調子が）よくなる	よく（そう）なる。
	よく（楽器が）鳴る。
アンナ大学に行きたい。	あんな大学に行きたい。
（猫を）つまみ出して。	（ビールの）つまみ，出して。
日本文学協会	日本　文学協会

3. ポーズを入れるか入れないかという違いによって，あるいはどこにポーズを入れるかによって意味が異なってくる文もある（読点＝ポーズ）。[音源]

  a. 織田信長は死んで，いません。（＝もう死んでいる）
    織田信成は死んでいません。（＝まだ生きている）
  b. 太郎と，花子のお母さん（花子のお母さんと太郎の二人）
    太郎と花子のお母さん（太郎と花子は兄妹で，そのお母さん）
  c. あの人に，気をつけろと言った。（＝「気をつけろ」とあの人に言った）
    あの人に気をつけろ，と言った。（＝「あの人に気をつけろ」と誰かに言った）
  d. 警官は，自転車に乗って逃げる犯人を追いかけた。（自転車に乗っているのは犯人）
    警官は自転車に乗って，逃げる犯人を追いかけた。（自転車に乗っているのは警官）

4. どこを強調するかによって，意味やニュアンスが変わる文もある（下線部＝強調）。[音源]

  a. ただの水 （＝ジュースやお酒ではなく，単なる水）
    ただの水 （＝無料の水）
  b. あなたは何が好きですか？——私はサッカーが好きです。
    では，あなたは？——私もサッカーが好きです。

  英語でも，どこを強調するかによって意味が変わることがある。
   Who likes soccer?（サッカーが好きなのは誰ですか？）
    ——I like soccer.（サッカーが好きなのは私です）
   What do you like?（あなたが好きなのは何？）
    ——I like soccer.（私が好きなのはサッカーです）
   Thank you.（ありがとう）——Thank you.（いえ，こちらこそありがとう）
   Excuse me.（すみません）——Excuse me.（いえ，こちらこそ失礼しました）

5. 文の最後（終助詞）を高く読むか低く読むかで意味や状況が変わる文もある。[音源]

  a. （これ，もらってくれない？）
    いいよ。（＝もらってあげる）
    いいよ。（＝いらない）
  b. 入らないでよ。（まだ入っていない人に対して注意する時）
    入らないでよ。（もう入ってしまった人に対して注意する時）

〔参考文献〕
大津由紀雄・窪薗晴夫（2008）『ことばの力を育む』慶應義塾大学出版会．
窪薗晴夫（2011）「ことばの曖昧性と方言」大津由紀雄（編）『ことばワークショップ』開拓社．pp. 47-88.

◆授業の展開（1時間版）◆

時間	学習内容		●指導上の留意点 ◎評価規準（方法）
	児童の活動	指導者の活動	
導入 10分	・同音異義語の単語を読む。 　あめ（雨）/あめ（飴） 　はし（箸）/はし（橋） ・同音異義語を発音する。 　（ワークシート①） ・方言によるアクセントのちがいを知る。 ・東京，大阪，鹿児島の発音を聞く。（音源） ・今日のめあてを知る。 アクセントやポーズ（区切り），イントネーションの秘密を探って，「話しことば博士」になろう。	・同音異義語の単語を提示し，今日の活動への興味をもたせる。 ・アクセントを意識して同音異義語の単語を発音させる。（ワークシート①） ・東京，大阪，鹿児島の発音（音源）を聞かせる。 ・自分のアクセントがどの方言の発音に近いか考えさせる。 ・今日のめあてを知らせる。	●アクセントが地域によって異なることを知り，ことばの多様性に気づかせるようにする。 ◎地域によってアクセントの違いがあることに気づく。（行動観察） ●簡単な例を挙げ，アクセントなどの用語の説明をする。
展開1 10分	・区切り方による意味のちがいを考える。（ワークシート②） 　（1）孫悟空 　（2）朝ご飯を食べる。 ・区切り方を区別して，2つの意味を考える。（ワークシート③）	・区切り方によって複数の意味が出る文を読ませる。（ワークシート②） ・区切り方の違いによって出た複数の意味の確認をする。 ・どのように区切れば，二つの意味が出るか考えさせる。（ワークシート③） ・区切り方の違いによって出た複数の意味の確認をする。	●考えた複数の意味について，ペアやグループで話し合う場をもたせる。 ◎区切り方と発音によって意味の違いが出ることに気づく。（行動観察）
展開2 20分	・強調のちがいによる意味のちがいを考える。（ワークシート④） 　飲んだのはただの 　水だった ・英語の場合における強調の場所のちがいによる意味のちがいを知る。	・二通りの読み方で，意味やニュアンスを区別させる。 ・英語の例を紹介する。 Who likes soccer? — I like soccer. （サッカーが好きなのは誰ですか？） （私です。） What do you like? — I like soccer. （あなたが好きなのは何ですか？） （サッカーです。）	◎強調する場所によって複数の意味が出たり，ニュアンスが異なることに気づく。（行動観察） ●ことばに対する感受性と多様性への理解を深める。

まとめ 5分	・ワークシートの中から一つを選び，音読をする。 ・今日学んだことを発表する。	・学習で気付いたことをまとめさせる。 ・児童が気付いたことを発表させる。	◎正確にことばを話すためには，アクセントやポーズ（区切り），イントネーションが重要な役割を果たしていることに気づく。（行動観察） ●次時の意欲につながるように，具体的に児童の良かった点を評価する。

準備する物：ワークシート，音源

◆授業の展開（15分版）◆

①

時間	学習内容		●指導上の留意点 ◎評価規準（方法）
	児童の活動	指導者の活動	
導入 2分	・知っている同音異義語を発表する。 ・同音異義語の単語を読む。（ワークシート①） ・東京，大阪，鹿児島の発音を聞く。 ・今日のめあてを知る。	・同音異義語の単語を発音させる。（ワークシート①） ・東京，大阪，鹿児島の発音（音源）を聞かせ，自分のアクセントがどの方言の発音に近いか考えさせる。 ・今日のめあてを知らせる。	●アクセントが地域によって異なることを知り，ことばの多様性に気づかせるようにする。
	アクセントやポーズ（区切り），イントネーションの秘密を探って，「話しことば博士」になろう。		
展開 10分	・区切り方によって，複数の意味が出る文を読む。（ワークシート②③） ・アクセントやポーズ（区切り）について気づいたことを発表させる。	・区切り方によって出た複数の意味を考えさせ，それぞれの意味の確認をする。（ワークシート②③） ・児童同士の気づきを交流させる。	◎区切り方と発音によって意味の違いが出ることに気づく。（行動観察） ◎積極的に意見交換している。（行動観察）
まとめ 3分	・学習して気づいたことをまとめる。 ・気づいたことの発表をする。	・学習して気づいたことをまとめさせる。 ・児童が気づいたことを発表させる。	◎正確にことばを話すためには，アクセントやポーズ（区切り），イントネーションが重要な役割を果たしていることに気づく。（行動観察）

②

時間	学習内容		●指導上の留意点 ◎評価規準（方法）
	児童の活動	指導者の活動	
導入 2分	・強調する部分を変えた文を聞く。 ・強調部分の違いによって出た二通りの意味を考える。 ・今日のめあてを知る。 アクセントやポーズ（区切り），イントネーションの秘密を探って，「話しことば博士」になろう。	・強調する部分を変えた文を聞かせる。 ・強調部分の違いによって出た二通りの意味の確認をする。 ・今日のめあてを知らせる。	●強調する場所によって複数の意味が出たり，ニュアンスが異なることに気づかせるようにする。
展開 10分	・強調する部分を変えた文を読む。 （ワークシート4） ・文末の高低の差に違いをつけて文を読む。 （ワークシート5）	・強調部分や文末の高低の発音の差の違いによって出た複数の意味を考えさせ，それぞれの意味の確認をする。（ワークシート4 5） ・児童同士の気づきを交流させる。	◎強調する場所や文末の発音の差によって複数の意味が出たり，ニュアンスが異なることに気づく。（行動観察）
まとめ 3分	・学習して気づいたことをまとめる。 ・気づいたことの発表をする。	・学習して気づいたことをまとめさせる。 ・児童が気づいたことを発表させる。	◎伝えたいことを正確に伝えるためには，強調する場所，発音の仕方を意識することの大切さに気づく。（行動観察）

【こんな活動にもチャレンジ！】

| 展開
10分 | ・発音の高低のちがいによる意味のちがいを考える。
（ワークシート5）
花子：太郎君，これもらってくれないかな？
太郎：いいよ。
　　　いいよ。

・文末の「よ」を高く言った時と低く言った時の，それぞれの意味や状況を考える。 | ・文末の「よ」の発音が高い場合と低い場合で意味や状況がどのように変わるか考えさせる。

・文末の「よ」を高く言った時と低く言った時の，それぞれの意味や状況の確認をする。 | ●意味や状況の違いについて，ペアやグループで話し合う場をもたせる。

◎文の最後を高く言うか低く言うかによって，意味や状況が変わることに気づく。（行動観察） |

アクセントやポーズについて知ろう

```
年    組    番  名前
```

1 次のことばを自分のふだんのアクセント（音の高さ）で発音してみましょう。その発音を東京，大阪，鹿児島の発音（音源）と比べてみましょう。自分の発音は東京，大阪，鹿児島のどこの発音に一番近いでしょう。[音声ダウンロード]

① こんにちは　② あめ（雨）　③ あめ（飴）　④ はし（橋）
⑤ はし（箸）　⑥ はし（端）　⑦ はる（春）　⑧ なつ（夏）
⑨ くも（蜘蛛）　⑩ くも（雲）　⑪ せんせい（先生）　⑫ あつい（暑い）
⑬ あつい（厚い）

2 次の表現には読み方（区切り方）によって二つの意味（⑤は三つの意味）が出てきます。発音に気をつけて意味を区別してみましょう（下線部はヒント）。[音声ダウンロード]

① 孫悟空
② 朝ご飯を食べる？
③ 私はもうしました。
④ あんな大学に行ってみたい。
⑤ あそこに行くと，よくなるんです。

3 次の文は読み方（区切り方）によって二つの意味が出てきます。二通りの発音で意味を区別してみましょう（（　）はヒント）。[音声ダウンロード]

① お父さんはアメリカに行っていません。（お父さんは今どこにいる？）
② 太郎と花子のお母さんが来た。（来たのは何人？）
③ あの人に気をつけてと言った。（誰に言った？）
④ こわい目のおばけを見た。（こわいのは何？）
⑤ 白い犬の小屋が見えた。（白いのは何？）
⑥ 図書館にある本を運んだ。（（どこから）どこに運んだ？）
⑦ 警官は自転車に乗って逃げる犯人を追いかけた。（自転車に乗っていたのは誰？）

4 次の表現（下線部）はどこを強調するかによって，二通りの意味やニュアンスが出てきます。二通りの読み方で意味やニュアンスを区別してみましょう（（　）はヒント）。[音声ダウンロード]

A. 日本語
① 飲んだのはただの水だった。（水にすぎない／無料の水）
② 私はサッカーが好きです。（あなたが好きなのは何？／太郎君はサッカーが嫌いだけどあなたは？）

B. 英語
英語でも，どこを強調するかによって意味やニュアンスが変わることがあります。
（下線部＝強調するところ）

Who likes soccer?（サッカーが好きなのは誰ですか？）
——I like soccer.（サッカーが好きなのは私です）
What do you like?（あなたが好きなのは何？）
——I like soccer.（私が好きなのはサッカーです）
Thank you.（ありがとう）——Thank you.（いえ，こちらこそありがとう）
Excuse me.（すみません）——Excuse me.（いえ，こちらこそ失礼しました）

5 次の表現は最後の「よ」を高く発音するか（よ̄），低く発音するか（よ̲）で，意味や状況が違ってきます。二通りに読み分けて，意味の違いを考えてみましょう。

① 花子さん：　太郎君，これ，もらってくれない？
　　太郎君：　　いいよ̄。
　　　　　　　　いいよ̲。
② 勝手に部屋に入らないでよ̄。
　　勝手に部屋に入らないでよ̲。

Unit 2 Lesson 10 オノマトペ

(末岡敏明)

【学習活動の概要】

本時の学習

目標

① ことばの「音」としてのおもしろさに気づく。
② ことばにおけるオノマトペの役割に気づく。
③ 同じ音でも言語によってとらえ方が異なることに気づく。

本時の展開

① 聞こえてくるいろいろな音（例えば，黒板をたたく音）をことばで表現する。
② オノマトペをたくさん集め，その特徴に気づく。
③ オノマトペの役割を考える。
④ 自分でオノマトペを作る。
⑤ オノマトペをたくさん使った物語を作る。
⑥ 英語のオノマトペに触れ，日本語のオノマトペとの違いに気づき，言語によってオノマトペが異なることを理解する。

言語活動の充実の工夫

○ 私たちの日常生活はオノマトペがあふれている。例えば，「ドキドキする」などという表現をごく当たり前に使っており，それが特別な表現だというような意識はない。母語の体系に組み込まれたオノマトペを，全く無意識のうちに用いているのである。

○ 無意識に用いているため，「ドキドキする」という表現と「心臓が鳴っている」という表現とではどのように異なるのか，あるいは，「ドキドキする」と言うのと「ドッキンドッキンする」と言うのとではどのようにイメージが異なるのか，などということは考えたこともないだろう。考えたことがないのに，これらの表現をきちんと使い分けているのである。

○ そこで，本時の授業では，まずオノマトペの存在を意識させる（気づかせる）ことから始める。ひとたびオノマトペの存在を意識するようになれば，児童はもともとオノマトペを自在に操っているのであるから，興味を持って課題に取り組むことができるはずである。

○ ただし，「何でもいいから音を表すことばを言ってごらん」というような漠然とした投げかけでは児童から多くのものを引き出すことはできない。「雨が降る音を言ってごらん」「物が転がる音を言ってごらん」などのように焦点を絞ったところからはじめて，少しずつ話題を広げていくとよい。日本語のオノマトペは「ドキドキ」のような既成のものにとどまらず，自分で新たに作り出すことができるという特徴がある。児童は，新しくことばを作るという楽しい経験をすることも可能なのである。

解　説

　「オノマトペ」はギリシア語を語源とするフランス語です。本来は「どんどん（と戸をたたく）」や「わんわん（と犬が鳴く）」のような自然界の音を模して造られたことば（擬音語・擬声語）を指しますが、「にこにこ（笑う）」や「ぴかぴか（光る）」のような音ではない事物の様子を表すことば（擬態語）も含めるのがふつうです。なお、本時の授業案では「オノマトペ」という用語は用いず、「音のことば」という言い方をしていますが、子供から「音ではないことば（擬態語）」が出てきても、特にそれを区別する必要はないでしょう（あえて、擬音語・擬声語と擬態語を区別すること自体を活動とすることも可能です）。

　オノマトペは自然音を言語音に単純に移し替えただけのように見えますが、じつは、言語の音韻体系や文法体系に深く結びつき、様々なパターンや規則性を備えています（つまり、デタラメなものではないということです）。

　例えば、音韻的なパターンとしては「反復：かたかた、ごろごろ」「～っ：ぱっ、ぽきっ」「～ん：ぽん、ぽきん」「～り：きらり、ぷつり」「～っ～：すっく、どっか」「～っ～り：にっこり、ぷっつり」「～ん～り：ぼんやり、こんがり」などがあります。

　また、文法的な観点からは「そのままで動詞を修飾する：よちよち歩く、ざあざあ降る」「『～に』の形で状態を表す：びしょびしょに濡れる、ばらばらに分解する」「『～する』の形で動詞になる：そわそわする、うっとりする」などの特徴があります。

　「身振り」「ジェスチャー」「ボディ・ランゲージ」といったものはそれぞれの文化特有のものであり、世界共通ではないですが、そのことを理解していない人は意外に多いようです。同様に、オノマトペは声帯模写的に真似た音ではなくて、あくまで言語の一部なので、同じ音を表現する場合でも、それぞれの言語によって表現の仕方が異なります。例えば、水がはねる音は日本語では「ばしゃっ」のように表すことが多いですが、英語では splash と表します。ここで面白いのは、たしかに「ばしゃっ」と splash とではことばとしての音（発音）は全く異なりますが、splash という音も、そう言われて聞いてみれば日本人にも水がはねる音のように聞こえるということです。同じように、日本語では犬の鳴き声を「わんわん」と表し、英語では bowwow と表現しますが、実際に bowwow という発音を聞いてみると日本人の耳にも犬の鳴き声のように聞こえます。ある音を外国語ではどのように表現するのか、という問題は非常に興味深く、児童たちも大いに興味を持つはずです。

〔参考文献〕

小野正弘（2009）『オノマトペがあるから日本語は楽しい　擬音語・擬態語の豊かな世界』平凡社．

田守育啓（2002）『オノマトペ　擬音・擬態語をたのしむ』岩波書店．

◆授業の展開（1時間版）◆

時間	学習内容 児童の活動	学習内容 指導者の活動	●指導上の留意点 ◎評価規準（方法）
導入 4分	・聞こえてきた音をことばで表現したり，発表したりする。	・指導者が手をたたいたり，黒板をたたいたりして，いろいろな音を出す。その音をことばで表現するとどうなるかを児童達に考えさせ，今日の学習への興味を持たせる。	◎日本語の中には，身近にいろいろなオノマトペがあることに気付く。（行動観察）
	オノマトペの面白さに触れながら、英語と日本語の表現の違いについて知ろう。		
展開1 5分	・聞こえた音について考え，自分で表現してワークシート①に書いてみる。・書いたことばを発表する。	・ワークシートを配布し，①の聞こえてきた音をことばで表現する（書く）ように指示する（ワークシートには書く欄が5つある）。出す音は，ピンポン玉，ビー玉，ペットボトル，お金，などを用意して音を出してもよいし，教室にあるもの（黒板，机，ペンなど）を利用してもよい。	◎同じ音でも人によって表現が違うこと，そして，違ってはいるが似ているということを確認する。（行動観察）●児童の自由な発想を大事にする。
展開2 10分	・ワークシート②に音のことばをできるだけたくさん書く。グループワークの形態にすると，お互いに出したことばがヒントになって，より多くのことばが集まる。・書いた音のことばを発表する。	・ワークシート②をペアやグループで交流しながら考えさせ，ワークシートに書かせる。・音を表したことばを「音のことば」と呼ぶことにして，他にどのような音のことばがあるかを考えさせる。・書いた音ことばを発表させ，板書していく。発表されたことばを見て，さらに別の音ことばが思いつく児童がいるので，それをさらに加える。	●はじめはなかなか思いつかない場合もあるので，「雨が降る音」「風がふく音」などのように，範囲を限定したところから始める。◎「音のことばがあるほうが様子がよくわかる」ということは，「音のことばを変えれば違った雰囲気の場面になる」のだということに気付く。（行動観察）
展開3 12分	・ワークシート③を使って，ペアやグループで交流しながら，オノマトペの音の働きについて考えてみる。・自分の意見を発表する。・自分のお話を作り，発表する。	・ワークシートの③を使って，まず，音のことばのない(1)と音のことばのある(2)を読ませ，その違いを考えさせる。・(3)を使って，自分の好きな音のことばを入れたお話を作らせる。	●聞こえたように自由に書くように励ます。
展開4 10分	・動物の鳴き声を聞いて，どんな動物か考えてワークシート④に書く。	・できた作品を発表させる。	◎オノマトペを通して，言語によって音のことばが異なることと，一方で異なってはいるがイメージは似ていることに気づく。（ワークシート点検，行動観察）
まとめ 4分	・今日の振り返りをする。	・今日の振り返る。	

◆授業の展開（15分版）◆

①

時間	学習内容		●指導上の留意点 ◎評価規準（方法）
	児童の活動	指導者の活動	
導入 6分	・聞こえてきた音をことばで表現したり，ワークシート①に書いてみる。 ・自分の書いたことばを発表する。	・指導者が手をたたいたり，黒板をたたいたりして，いろいろな音を出す。その音をことばで表現するとどうなるかを児童に考えさせ，今日の学習への興味を持たせる。 ・ワークシートを配布し，児童に記入・発表させる。	◎日本語の中には，身近にいろいろなオノマトペがあることに気づかせる。（行動観察）
展開 7分	オノマトペの面白さに触れてみよう。 ワークシート③の桃太郎のお話について，ペアやグループで交流しながら，自分で作ってみる。	・ワークシート③の桃太郎のお話を児童に自由に作らせ，発表させる。	◎「音の言葉がある方が様子がよく分かる」ということに気づかせ，また，「音の言葉を変えれば違った雰囲気の場面になる」ということにも気づかせる。（行動観察）
まとめ 2分	・今日学んだことを振り返る。 ・気づいたことを発表する。	・今日学んだことを振り返る。 ・児童に気づいたことを発表させる。	

②

時間	学習内容		●指導上の留意点／◎評価規準（方法）
	児童の活動	指導者の活動	
導入 6分	・ワークシート②に，ペアやグループで交流しながら音のことばを出来るだけたくさん書く。 ・書いたことばを発表する。	・ワークシート②を使って，音のことばを考えさせ，記入させる。 ・書いたことばを発表させ，いろんなことばで交流する	◎同じ音でも人によって表現が違うこと，そして違ってはいるが似ているということを確認する。（行動観察）
展開 7分	オノマトペの面白さに触れながら、日本語と英語の表現の違いについて知ろう。 ・動物の鳴き声を聞いて，どんな動物の鳴き声かワークシート⑤に書き，発表する。	・ワークシート⑤を使い，(1)～(10)の鳴き声を聞かせ，それぞれがどの動物の鳴き声か考えさせる。 ・ワークシート⑤と⑥を使って，日本語と英語の音の表現の違いを考え，発表させる。	◎日本語と英語のオノマトペの違いを通して，言語によって音のことばが異なること，一方で，異なってはいるがイメージは似ていることに気づかせる。（行動観察）
まとめ 2分	・今日学んだことを振り返る。 ・気づいたことを発表する。	・今日学んだことを振り返る。 ・児童に気づいたことを発表させる。	

それってどんな音？

年　　　組　　　番　名前

1　聞こえてくる音をことばで表してみましょう。

(1)

(2)

(3)

(4)

(5)

2　音を表すことばをたくさん集めてみましょう。

　　　例えば，雨の降る音 ...
　　　　　　風のふく音 ...
　　　　　　その他 ...

3　桃太郎のお話について考えみましょう。

　まず，(1)と(2)にはどんな違いがありますか。音のことばの働きを考えてみましょう。

(1)　おばあさんが川で洗濯をしていると，川上から大きな桃が流れてきました。おばあさんがその桃を家に持ち帰り，包丁で切ろうとしたら，桃はひとりでに割れて，中から男の子が泣きながら出てきました。

(2)　おばあさんが川でジャブジャブと洗濯をしていると，川上から大きな桃がドンブラコドンブラコと流れてきました。おばあさんがその桃を家に持ち帰り，包丁で切ろうとしたら，桃はひとりでにパックリと割れ，中から男の子がオギャーオギャーと泣きながら出てきました。

　次に，自分で好きな音のことばを入れて桃太郎のお話を作ってみましょう。

(3)　おばあさんが川で（　　　　　）と洗濯をしていると，川上から大きな桃が（　　　　　）と流れてきました。おばあさんがその桃を家に持ち帰り，包丁で切ろうとしたら，桃はひとりでに（　　　　　）と割れ，中から男の子が（　　　　　）と泣きながら出てきました。

4 英語では動物の鳴き声を次のように表します。それぞれ，何の動物の鳴き声なのかを考えてみましょう。

(1) meow _____
(2) bowwow _____
(3) moo _____
(4) baa _____
(5) oink _____
(6) neigh _____
(7) quack _____
(8) squeak _____
(9) chirp _____
(10) cock-a-doodle-doo _____

5 上の3と4で日本語と英語の音のことばを比べてどんなことを感じましたか？

Unit 3 文法

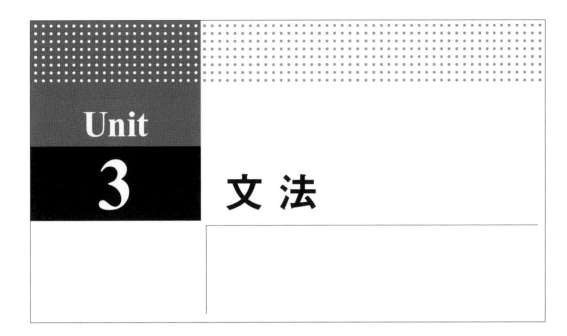

Unit 3

1 単元名	文法
2 単元の目標	普段はなかなか意識することのない「ことばの構造」に目を向け、分析することによって「ことばへの意識」を高める。
3 指導事項と学習指導要領の関連	

【第10節 外国語】
・「目標 (1) 外国語の音声や文字，語彙，表現，文構造，言語の働きなどについて，日本語と外国語の違いに気付き，これらの知識を理解するとともに，読むこと，書くことに慣れ親しみ，聞くこと，読むこと，話すこと，書くことによる実際のコミュニケーションにおいて活用できる基礎的な技能を身に付けるようにする。(2) コミュニケーションを行う目的や場面，状況などに応じて，身近で簡単な事柄について，聞いたり話したりするとともに，音声で十分に慣れ親しんだ外国語の語彙や基本的な表現を推測しながら読んだり語順を意識しながら書いたりして，自分の考えや気持ちなどを伝え合うことができる基礎的な力を養う。」
・「3 指導計画の作成と内容の取扱い (2) ウ (ア) 児童が日本語と英語の語順等の違いや，関連のある文や文構造のまとまりを認識できるようにするために，効果的な指導ができるように工夫すること。(イ) 文法の用語や用法の指導に偏ることがないように配慮して，言語活動と効果的に関連付けて指導すること」

4 主な学習活動

	学習活動	学習活動に関する指導上の留意点
Lesson 11 複合と連濁	・名詞＋名詞の複合語の特徴を知る。 ・２つの単語が結びつくとき、２つ目の最初の音が変化することがあることを知る。 ・連濁に見られる法則について考える。 ・他の言語の複合語について知る。	・算数の世界と比較させ、ことばの世界の特性に興味・関心を持たせる。 ・理解を促すために、ことばと絵を合わせて示すとよい。
Lesson 12 接辞	・語構成、特に、接辞について知る。 ・グループで、接辞について調べさせる。 ・外国語の接辞について調べ、特徴を考える。	・日本語や英語について、語の構成から意味を考える。
Lesson 13 句構造	・いくつかの単語を使って文を作る場合、単語の並べ方（語順）には決まりがあることを理解する。 ・文の中で使われている単語同士は、いくつかの小さなまとまり（句）を作っていることを理解する。 ・さらに、それぞれの句がどのような関係にあるのか（句構造）を考える。	・語順が変わると、意味が分からなくなってしまったり、異なる意味になってしまったりすることから、文を作る際に語順がとても重要な役割を果たしていることを理解させる。 ・単語同士の関係はすべて同じなのではないということを理解させる。 ・それぞれの小さなまとまり（句）が、さらに大きなまとまりを作って文ができていることを理解させる。
Lesson 14 埋め込み文と等位接続	・文をつなげる２つの方法、横に並べる方法と縦に重ねる方法を絵の説明という実例に基づいて体感していく。 ・それぞれの方法で作られる「山」のかたちで意味が違ってくることに気づく。はじめは「と」と「の」で結ぶ語の並びの違い、次に教師が提示する動作のつながりから文と文の横と縦のつながりを考える。 ・埋め込み文という複雑な構造を理解し、自分で同じタイプの文を創作してみる。	・絵の説明などを通して、語と文、それぞれ単位は違っても、並べて長いまとまりを作っていく方法があること、そして、そのまとまりはいくらでも長くできることに気づかせる。 ・文の中に文を埋め込むという複雑な構造を、埋め込む文の数を１つずつ増やしていって理解を助ける。 ・初めは何を言っているかわかりにくいけれどよく考えるとわかる、という文理解の気づきを促す。最後に児童に埋め込み文を創作させてみる。
Lesson 15 あいまい性	・あいまい文を観察して、１つの表現が２通りに理解できることに気づく。 ・あいまいな表現をあいまいでな表現に書き直す。 ・自分の力であいまいな表現を考える。 ・英語の表現にも同様のあいまい性があることを理解する。	・ことばで２通りの意味を伝えることが難しい場合は、絵や写真など視覚的な補助を加える。 ・音声で区別できることに気付いた生徒がいた場合は、それも取り上げると良い。 ・個人での創作が難しい場合は、ペアやグループで、または指導者がヒントを与えるのも良い。 ・英語の細かい文法規則等には立ち入らない。

Unit 3 Lesson 11 複合と連濁

（五十嵐美加・大津由紀雄）

[学習活動の概要]

本時の学習

目標

① 複合語を形成する単語のうち，最後の単語が意味の点でその複合語の中核を成すということを知る。
② 複合語にみられる連濁という現象について知るとともに，連濁の法則について考える。
③ 複合語を通して，ことばのおもしろさや自分の持っている言語知識の豊かさに気づく。

本時の展開

① 名詞＋名詞の複合語について，前の単語と後ろの単語が入れ替わることで意味が変わることを知る。
② 2つの単語が結びつくとき，2つ目の最初の音が清音の場合はその音が濁音になる変化（連濁）があることを知る。
③ 連濁が起きる場合と起きない場合の違いについて考える。その上で，連濁にみられる法則について整理する。
④ 自分の持っている直感と連濁にみられる法則が一致することを確認する。
⑤ 他の言語の複合語に触れる。

言語活動の充実の工夫

○ 対話的な授業をこころがけ，ワークシートを埋めることよりもことばについて思考したり話し合ったりすることを優先させ，子どもたちが能動的な態度で授業に臨めるようにする。
○ 算数の足し算と単語同士の結びつき（複合）を比較させることで，複合の特性を際立たせ，複合に興味・関心を持たせる。
○ 他の言語の複合語にも触れることで，言語の多様性を知る機会をつくる。
○ 絵を用いることで「2つの単語（AとB）が結びついてABという複合語をつくるとき，ABはAの一種ではなく，Bの一種となる」という子どもたちの気づきをより明確なものへと導く。例の中に「みつばち」「はちみつ」というペアを含めておき，自然な形で「連濁」という現象に興味が湧くようにする。
○ 複合語をつくる際に，見たことも聞いたこともない組み合わせでも無意識に連濁のきまり（音読みは連濁が起きにくい）を適用してしまうことを体験させる。そのことにより，教えられたわけではないのに無意識に漢字の音読み（漢語）・訓読み（和語）を判別できることの不思議さと自分自身の言語知識の豊かさに気づかせる。
○ 学んだ複合のきまりと自分の直感が一致するという体験を通して，子どもたちの好奇心を刺激し，ことばへの気づきを育成する。

解　説

[導入] 算数の世界ではA+B＝B+Aという関係が成り立ちます。例えば，1+2も2+1も答えは同じ3です。では，言葉の世界ではどうでしょうか。例えば，「コロッケ+カレー」と「カレー+コロッケ」は同じでしょうか。違いますね。「コロッケカレー」はコロッケがのったカレーライスで，「カレーコロッケ」はカレー味のコロッケのことです。このように，日本語で2つの単語（AとB）が結びついてABという複合語をつくるとき，ABはAの一種ではなく，Bの一種となります。つまり，全体の意味（種類）は2つ目の言葉であるBが決めるわけです。日本語には複合語がたくさんあり，私たちは普段何気なく使っていますが，実はいくつかの法則性がみられます。しかし，その法則は日常生活ではほとんど意識されることはありません。その法則を探るのがこの授業の目標です。「ABはBの一種」というのもその法則の1つです。

[展開1] さて，複合という仕組みは日本語に限ったものではありません。他の言語の複合語についても少しみてみましょう。ワークシート2には4つの言語の複合語が出題されています。イタリア語では「魚+赤」が「金魚」の意味に，そしてタイ語では「水+みかん」が「オレンジジュース」の意味になります。日本語では「複合語ABはBの一種」という法則がありましたが，これらの言語では「複合語ABはAの一種」という法則が成り立つことがわかります。どうして日本語とは逆の関係が成り立つのでしょうか。答えはその言語の語順にあります。日本語では「大きな犬」「きれいな花」のように前の言葉が後ろの言葉を修飾します。英語，アイヌ語でも同じです。そのような語順の言語では複合語をつくるときも前の言葉が後ろの言葉を修飾するのです。これに対し，イタリア語やタイ語では，「大きな犬」のことを「犬+大きな」，「きれいな花」のことを「花+きれいな」と言います。後ろの言葉が前の言葉を修飾するのです。このような語順の言語では複合語でも後ろの言葉が前の言葉を修飾します。修飾語と被修飾語の位置関係は言語によって異なっていますが，言葉と言葉が結びつくシステム自体や語順の役割の重要性はどの言語にも共通しています。外国語を学ぶとき，ついつい母語とは異なった特徴（個別性）にばかり目が行きがちですが，母語と外国語の持つ共通の基盤（普遍性）も意識できなければ母語と外国語の関連付けがうまくいきません。英語をはじめとする外国語学習を効果的で豊かなものにするためにも，個別性と普遍性両方に対する「ことばへの気づき」を育成することが大切です。複合はその点で良いテーマと言えるでしょう。

[展開2] 日本語に戻って他の例もみてみましょう。「はちみつ」と「みつばち」。やはり，ABはBの一種という法則が確認できますね。さて，ここで不思議なことが起きているのに気づきます。後者の場合「みつはち」とはならずに，「みつばち」となっています。このように2つの言葉が結びついて複合語をつくりだすとき，もともと2つ目の最初の音が清音の場合はその音が濁音になる変化のことを「連濁」といいます。本棚（ほんだな），運動靴（うんどうぐつ），一番星（いちばんぼし）など，連濁を伴う複合語はよくみられます。

さて，ここで実験です。「酒」という漢字には「さけ」・「しゅ」という読み方があります。さて，実際には存在しませんが，「ひまわり酒」というお酒があったとしましょう。なんと読みますか？「ひまわりざけ」・「ひまわりしゅ」という答えが期待できます。では，「トマト心」はどうでしょう？　それぞれ「とまとごころ」・「とまとしん」という答えが期待できます。「ひまわりじゅ」「とまとじん」と読んでもよさそうなのに絶対そうは読みません。どういうときに「゛」がついて，どういうときに「゛」がつかないのでしょうか。「訓読みのときには『゛』がついて，音読みのときには『゛』がつかない」という意見が期待できます。子どもたちにとって「音読み」・「訓読み」という用語自体は難しいかもしれません。けれども，以上のような例を通じて自分たちの頭の中には音読みと訓読みを

108

区別する力がきちんと備わっていることを子どもたちに実感させましょう。そのことが自分の持っている言語知識の豊かさに気づくきっかけになります。ところで，授業の最初に考えた「コロッケカレー」や「カレーコロッケ」は「コロッケガレー」，「カレーゴロッケ」とはなりませんでしたね。他にも「ビデオカメラ」「めがねケース」などという例でも連濁は起きません。なぜでしょうか。「カレー」「コロッケ」「カメラ」「ケース」はカタカナで書いてあることからわかるように外来語です。さきほど訓読みの漢字は連濁するのに，音読みの漢字は連濁しにくいことを確認しました。訓読みは日本語に昔からある和語です。これに対して，音読みはもともと中国から入ってきた漢語です。和語に比べて外来語や漢語は連濁が起きにくいと言われています。

[展開3・4] では，次の実験に移りましょう。「土砂降り」は何と読みますか？ そう，「どしゃぶり」です。では，「土砂崩れ」はどうでしょうか。「どしゃぐずれ」とはなりません。「どしゃくずれ」です。「黄桜」・「黄さくらんぼ」のペアについても考えてみましょう。「黄桜」はお酒の名前ですが，「きざくら」と読みます。けれども，「黄ざくらんぼ」とはなりません。共通しているのはどういう法則でしょうか。最初から濁音を含む語が後ろにつく場合は連濁が起こらないという法則に気づきます。これについては，濁音が続くのを避けるために連濁が起こらないのだと考えられています。

[展開5] 次は，応用編の実験に移ります。「にせたぬきじる」と「にせだぬきじる」，この二つはよく似ていますが，意味が違いますよね。どのように違うのでしょうか。「にせたぬきじる」の方は「たぬきじるのニセモノ」で，「にせだぬきじる」の方は「たぬきのニセモノがいて，それで作った汁」というような答えが期待できます。では，どうして「にせたぬきじる」の方は「た」のところに連濁が起きないのでしょうか。それぞれの構造を図に書くとその答えがみえてきます。

図1　にせたぬきじる 　　　図2　にせだぬきじる

「にせたぬきじる」のほうは「にせ＋たぬきじる」となっています。つまり，先に「たぬき」と「しる」が結びついて「たぬきじる」という言葉になり（第1段階），それの前に「にせ」がくっついて（第2段階）できている言葉です。「たぬきじる」には先に濁音が含まれているので，連濁は起きません。一方，「にせだぬきじる」の方は「にせだぬき＋じる」となっています。つまり，先に「にせ」と「たぬき」が結びついて「にせだぬき」という言葉になり（第1段階），その後ろに「しる」がくっついて（第2段階）できている言葉です。「しる」には濁音が含まれていないので連濁が起きます。

```
図1　第1段階：たぬき ＋ しる → たぬきじる（連濁あり）
　　　第2段階：　　　　　　にせ ＋ たぬきじる → にせたぬきじる（連濁なし）
図2　第1段階：にせ ＋ たぬき → にせだぬき（連濁あり）
　　　第2段階：　　　　　　にせだぬき ＋ しる → にせだぬきじる（連濁あり）
```

〔参考文献〕

大津由紀雄・窪薗晴夫（2008）『ことばの力を育む』慶應義塾大学出版会.

大津由紀雄（1999）「ことばの実験室」佐藤敏彦（編）『挑戦！ 10歳の好奇心——5人の大学教授 VS 50人の小学4年生』pp. 31-70.

◆授業の展開（1時間版）◆

時間	学習内容		●指導上の留意点 ◎評価規準（方法）
	児童の活動	指導者の活動	
導入 7分	・1+2=2+1であることを確認する。 ・コロッケカレーとカレーコロッケの違いを考える（ワークシート①）。 ・<u>全体の意味（種類）は2つ目の言葉が決める（要点①）</u>ということに気づく。 ・今日のめあてを知る。要点①を書く。	・1+2=2+1であることを確認させる。 ・コロッケカレーとカレーコロッケの違いを考えさせる。 ・<u>全体の意味（種類）は2つ目の言葉が決める（要点①）</u>ということに気づかせる（ABはBの一種）。要点①を書かせる。 ・今日のめあてを知らせる。	●ペア・3～4名のグループをそれぞれ作っておく。 ●算数の世界と比較させることで言葉の世界の特性を際立たせ、興味・関心を持たせる。
	単語同士が結びつくときのきまりについて探ろう。		
展開1 3分	・他の言語の複合語に触れる（ワークシート②）。 ・ABはAの一種という言語もあることを知る。	・他の言語の複合語に触れさせる（馴染みのない言語については簡単に説明する）。 ・ABはBの一種というきまりがすべての言語に共通しているわけではないことを説明する。	◎他の言語にも興味を持っている（行動観察）。
展開2 6分	・ABはBの一種というきまりを確認し、連濁が起きる例に注目する。 ・連濁について知る。 ・教師が提示する例について考える（ワークシート③）。 ・<u>音読みの場合は連濁が起きにくい（要点②）</u>ことに気づく（連濁は和語にみられる現象であることを知る）。要点②を書く。	・他の例を示し、ABはBの一種というきまりを確認しつつ、連濁が起きる例に注目させる。 ・連濁について説明する。後ろにつく語が音読みの場合と訓読みの場合を比較させ、気づいたことはないか発問して答えさせる。 ・<u>音読みの場合は連濁が起きにくい（要点②）</u>ことを説明する（外来語にも連濁が起きにくいことについて触れる）。要点②を書かせる。	●はちみつ（みつばち）等の例を絵と合わせて示す。 ◎和語に比べて外来語や音読み（漢語）は連濁しにくいことに気づいている（ワークシート点検）。
展開3 5分	・教師が提示する例について考える（ワークシート④）。 ・<u>最初から濁音がある語が後ろにつく場合は連濁が起こらない（要点③）</u>ことに気づく。要点③を書く。	・ワークシート④の複合語について気づいたことはないか発問し、答えさせる。 ・濁音が続くのを避けるために連濁が起こらない（要点③）ことを確認させる。要点③を書かせる。	◎濁音を含む語が後ろにつく場合は連濁が起こらないことに気づいている（ワークシート点検）。
展開4 7分	・要点①・②・③についてペアで説明し合って理解確認をする（ワークシート⑤）。	・要点①・②・③についてペアで説明し合って理解確認をさせる。	◎自分の言葉で説明できている（行動観察）。
展開5 10分	・「にせだぬきじる」と「にせたぬきじる」の違いをグループで話し合って気づいたことを書く（ワークシート⑥）。	・「にせだぬきじる」と「にせたぬきじる」の違いを話し合わせて気づいたことを書かせる。	◎話し合いに積極的に参加している（行動観察）。

	・「にせたぬきじる」の方はなぜ「だぬき」とならないのかを考える。 ・学んだ複合の法則と自分の直感が一致していることに気づく。	・「にせたぬきじる」の方はなぜ「だぬき」とならないのかを考えさせる。 ・簡単な樹形図を板書して構造を整理し，複合の法則と子どもたち自身の直感が一致していることに気づかせる。	◎「にせだぬき＋じる」・「にせ＋たぬきじる」という構造に気づいている（ワークシート点検）。
まとめ 7分	・本時の学びを振り返る。	・本時の学びを書かせる。 ・学びの内容を評価してコメントを述べる。	◎本時の学びを振り返っている。

準備する物：ワークシート，絵

◆授業の展開（15分版）◆

①

時間	学習内容		●指導上の留意点 ◎評価規準（方法）
	児童の活動	指導者の活動	
導入 5分	・ワークシート①から全体の意味（種類）は2つ目の言葉が決める（要点①）ということに気づかせる（ABはBの一種）。 ・今日のめあてを知る。	・ワークシート①から全体の意味（種類）は2つ目の言葉が決める（要点①）ということに気づかせる（ABはBの一種）。 ・今日のめあてを知らせる。	●ペアを作っておく。
	単語同士が結びつくときのきまりについて探ろう。		
展開 7分	・ABはBの一種というきまりを確認し，連濁が起きる例に注目する。 ・連濁について知る。 ・教師が提示する例について考える（ワークシート③）。 ・音読みの場合は連濁が起きにくい（要点②）ことに気づく（連濁は和語にみられる現象であることを知る）。要点②を書く。	・他の例を示し，ABはBの一種というきまりを確認しつつ，連濁が起きる例に注目させる。 ・連濁について説明する。後ろにつく語が音読みの場合と訓読みの場合を比較させ，気づいたことはないか発問して答えさせる。 ・音読みの場合は連濁が起きにくい（要点②）ことを説明する（外来語にも連濁が起きにくいことについて触れる）。要点②を書かせる。	●はちみつ（みつばち）等の例を示す。 ◎訓読みに比べて音読みは連濁しにくいことに気づいている（ワークシート点検）。
まとめ 3分	・要点①・②についてペアで説明し合って理解確認をする（ワークシート⑤）。	・要点①・②についてペアで説明し合って理解確認をさせる。	◎自分の言葉で説明できている（行動観察）。

②

時間	学習内容		●指導上の留意点 ◎評価規準(方法)
	児童の活動	指導者の活動	
導入 5分	・ワークシート①から全体の意味(種類)は2つ目の言葉が決める(要点①)ということに気づかせる(ABはBの一種)。 ・今日のめあてを知る。	・ワークシート①から全体の意味(種類)は2つ目の言葉が決める(要点①)ということに気づかせる(ABはBの一種)。 ・今日のめあてを知らせる。	●ペアを作っておく。
	単語同士が結びつくときのきまりについて探ろう。		
展開 7分	・ABはBの一種というきまりを確認し、連濁が起きる例に注目する。 ・連濁について知る。 ・指導者が提示する例について考える(ワークシート④)。 ・最初から濁音がある語が後ろにつく場合は連濁が起きない(要点③)ことに気づく。要点③を書く。	・他の例を示し、ABはBの一種というきまりを確認しつつ、連濁が起きる例に注目させる。 ・連濁について説明する。 ・ワークシート④の複合語について気づいたことはないか発問し、答えさせる。 ・濁音が続くのを避けるために連濁が起こらない(要点③)ことを確認させる。要点③を書かせる。	●野球少年(少年野球)・はちみつ(みつばち)等の例を示す。 ◎濁音がある語が後ろにつく場合は連濁が起こらないことに気づいている(ワークシート点検)。
まとめ 3分	・要点①・③についてペアで説明し合って理解確認をする(ワークシート⑤)。	・要点①・③についてペアで説明し合って理解確認をさせる。	◎自分の言葉で説明できている(行動観察)。

二つ以上の単語が結びついてできる言葉

　　　年　　　組　　　番　名前

1　コロッケカレーとカレーコロッケ、それぞれを表す絵はどちらでしょうか。それぞれの絵の下にそれを表す言葉を書き込みましょう。

(A)　　　　　　　　　　　　　　(B)

|　　　　　　　　　　　　　　|　　　　　　　　　　　　　　|

要点①

2　次の複合語は、それぞれの言語でどのような意味になるでしょうか。右の□の中から選び、線で結びましょう。

① アイヌ語：目＋水
② イタリア語：魚＋赤
③ 英語：ベッド＋部屋
④ タイ語：水＋みかん

・オレンジジュース
・寝室
・金魚
・涙

3　先生が示した複合語の例について考えてみましょう。

（ひまわり＋酒、トマト＋心）

要点②

4 先生が示した複合語の例について考えてみましょう。

（土砂降り・土砂崩れ，黄桜・黄さくらんぼ）

```
要点③

```

5 要点①～③について理解したことを確認しましょう。

① 「野球少年」と「少年野球」という複合語の例を使って要点①についてペアの人に説明しましょう。
② 「うさぎ＋花」という複合語の例を使って要点②についてペアの人に説明しましょう。
③ 「北側・北風」という複合語の例を使って要点③についてペアの人に説明しましょう。

6 「にせたぬきじる」と「にせだぬきじる」，この二つの言葉について考えてみよう。

① この二つの言葉はよく似ていますが，意味が違います。どのように違うのか考えてそれぞれの意味を書きましょう。
　　a．にせたぬきじる

　　b．にせだぬきじる

② 「゛」のつき方の違いについて，学んだ複合のきまりをふまえて気づいたことを書きましょう。

Unit 3　Lesson 12　接　辞

（森山卓郎）

【学習活動の概要】

本時の学習

目標
① 接辞の学習を通して，日本語の単語には構成があることを知る。
② 外来語の語構成から，英語の単語にも構成があることを知る。
③ 語構成についての見方を得ることで，英語と日本語の語彙を豊かにする。

本時の展開（本時の授業は，【知る・体験する・考える】【評価する】で構成する）
① 語構成，特に接辞について知る。
② グループで接辞について調べる。
③ 英語など外国語の接辞について調べ，特徴を考える。

言語活動の充実の工夫

○ 一般に，外国語の学習では，語彙を定着させることが必須である。その際，語構成についての意識があれば，より深く広く語彙力を高めることができる。外国語と触れる際にも，こうした語構成という観点についても考えておくことは有意義である。これは日本語についての考察とも連携したことであり，日本語についての意識を高めることも重要なポイントになる。

○ したがって，ここでの学習では，子どもたち一人一人のもっている言語経験を素材にした学習が展開できる。みんなで自分が知っている言葉を思い出して意見交換したり，国語辞典で調べたりする活動が展開できるのである。その中で，言葉に対する感覚を養っていくことができ，話し合って考えを深めていくことができる。具体的には，言葉がどういう構成になっているかを話し合うこと，そして，調べたことを紹介しあうこと，説明したり質問したりすること，などを大切にしていきたい。活動の中で，単語の形など，適宜「書いたことを見せながら発表する」ことや，あるいは「町で見た看板などの資料」をもとにして話し合い活動をすることなど，様々なスタイルを考えたい。

○ 英語といっても，まずは日常接している英語の外来語を通して学習する。ここでは特に語構成について国語辞典などを利用して調べることも含む。社会生活ではアルファベットにも触れているので，適宜，文字にも意識づけをしておきたい。また，漢語の語構成について学ぶことを仲介として，中国語など他の言語の語構成についても興味関心を深めていくことも考えられる。

生産

生産者

作業

作業員

消防

消防士

解　説

1. 単語の分解

単語には組み立て（構造）があります。いろいろな語を見てみると，さらに小さな意味の単位に分解できることがあります。例えば，「おつまみ，楽しさ」などの言葉は，それぞれ，「お＋つまみ」「楽し＋さ」のように分解できます。このように，意味をもつ最小の単位を考えれば，それは，「単語」よりもさらに小さな単位になることがあります。もちろん，全て単語にそういった分解ができるわけではなくて，例えば，「手，朝」のように，それ以上分解できない語もあります。

2. 語幹と接頭辞

「おつまみ」のように，「お～」という形は，単語の頭に位置して，それ自体は中心的な意味を表しません。このように，単語の頭にくっつく成分を接頭辞と呼びます。その次の部分，すなわち，接頭辞がくっつく中心の部分は語幹と呼ばれます。和語の場合も漢語の場合もあります。

　　おつまみ＝お（接頭辞）＋つまみ（語幹）
　　　　　　　　　　　　　　　　和語の場合
　　再利用＝再（接頭辞）＋利用（語幹）
　　　　　　　　　　　　　　　　漢語の場合

英語でも同様で，"re＋cycle" は，接頭辞 "re" と語幹 "cycle" に分解することができます。

和語では，「か＋よわい」「ま＋夏」などがあります（「まっ赤」のように形が変わることもあります）。漢語では，「大＋成功」「前＋総理大臣」などがあります。「不～」「無～」などの漢語の接頭辞は否定を表すなど注意が必要です。ここでは接頭辞の "re" "non-" 外来語での（「リ～」「ノン～」）などを取りあげます。「リ～」には「リサイクル」などの言葉があり，「ノン～」には「ノンストップ」などの言葉があります。

3. 語幹と接尾辞

「楽し＋さ」の，「～さ」という形は，単語のうしろについて，それ自体は中心的な意味を表しません。このように，単語のうしろにくっつく成分を接尾辞と呼びます。接尾辞がくっつく対象となる中心の部分を語幹と呼びます。ただし，「3＋人＋様＋ずつ」のように，接尾辞が重ねて使われることもあります。いろいろな意味のものがあり，敬意を表す「～様」「～君」，複数を表す「～たち」「～ら」なども接尾辞です。また，和語のものも漢語のものもあります。

　　楽しがる＝楽し（語幹）＋がる（接尾辞）
　　　　　　　　　　　　　　　　和語の場合
　　重要性＝重要（語幹）＋性（接尾辞）
　　　　　　　　　　　　　　　　漢語の場合

接尾辞の用法の中で，品詞性を変えるものもあります。例えば，「楽しい」は形容詞ですが，「楽しさ」は名詞ですし，「楽しすぎる」は全体として動詞です。同じく，「世界」は名詞ですが，「的」がついた「世界的」は，「世界的な～」というような形容動詞語幹です。

ここでは，人を表す接尾辞である，"-er" や「者」について取りあげます。"-ian" も，人を表します。

4. ここでの学びから

日常触れる事がある単語にも「構造」があるということを知ることで，言葉の意味と形について考えるようにさせます。

s/he is a ～ . という文型を導入し，teacher, pianist などの職業に関する語カードと共に紹介したり，What is his/her job? (What does she/he do? も可) のような疑問文と共に示したりする展開も考えられます。she, he などの使い分けの学習にもなります。

◆授業の展開(1時間版)◆

時間	学習内容		●指導上の留意点 ◎評価規準(方法)
	児童の活動	指導者の活動	
導入 7分	・ワークシート①で音源を聞いたり，表記を見たりして，何か(er)がくっついていることに気づく。 ・今日のめあてを知る。 日本語や外国のことばの形について考えよう。	・「すること」「する人」について，それぞれの意味を紹介し，音や形で気がつくことを見つけさせる。 ・comedian などの他の例についても紹介してもよい。 ・今日のめあてを知らせる。	◎英語の er などの「ことばの構造」に興味をもっている。(行動観察)
展開1 10分	・ワークシート②で日本語の「〜する人」の言い方で共通することを見つける。	・ワークシート②で「〜者」や「〜員」は日本語で人を表していることに気づかせる。 ・他にどんな言葉があるかを考えさせる。こちらからヒントを出す方が現実的だが，国語辞典を利用してもよい。	◎日本語のことばの構造を考えている。(ワークシート点検，行動観察)
展開2 10分	・ワークシート③で re がつくことばについて考える。(ペアやグループ) ・re に「再び(〜する)」という意味があることを見つける。 ・ペアやグループで「リ」のつく外来語を調べる。適宜国語辞典も参照する。 ・調べたことを別のグループと交流する。 ・「リアル」「リング」などの最初には「リ」という言葉があるが，「リ〜」という接頭辞ではないことを確かめる。	・わからないことばでも，構成を考えるとその意味が想像できることに気づかせる。 ・「リサイクル，リユース」などの意味を紹介し，語の構成と意味について考えさせる。 ・リセット，リバウンド，リカバー，リフォームなどの言葉を適宜紹介する。 ・ただし，切りはなしたりして，最初に「リ」がある言葉の全てがこうした意味と言えるかどうかも確かめさせる。	◎ re がつくことばについて考えている。(ワークシート点検，行動観察) ●英語でも日本語でも語の構成から意味を考えさせたい。 「リ re +〜」という構造であることに注意させ，単に「リ」が付く言葉でないことも押さえたい。
展開3 10分	・ワークシート④で「ノン〜」ということばを集める。(ペアやグループ) ・考えたことを交流する。	・ノンアルコール飲料，ノンストップなど，「ノン〜」の例を紹介する。ナンセンス nonsense なども紹介してよい。	◎「ノン〜」について考えている。(ワークシート点検，行動観察)
まとめ 8分	・本時の学びを振り返る。全体として知らなかった言葉でも，部分の意味から，その意味が類推できることがあることを知る。 ・語には構成があることを知る。 ・本時の学びについて交流する。 ・国語辞典や外来語に関心を持つ。	・本時の学びを書かせて，まとめる。また，自分が学んだ言葉をお互いに教え合うなどして，交流させる。 ・学びの内容を評価してコメントを述べる。	◎本時の学びを振り返っている。 ◎日本語のことばの構造と意味を考えている。

準備する物:ワークシート，音源

◆授業の展開（15分版）◆

①

時間	学習内容		●指導上の留意点 ◎評価規準（方法）
	児童の活動	指導者の活動	
導入 3分	・ワークシート①で音源を聞いたり表記を見たりして、接尾辞（er）がくっついていることに気づく。ピッチャー、キャッチャー、プレイヤーなど身近な言葉に関心を持つ。 日本語や外国のことばの形について考えよう1。	・「すること」「する人」について、それぞれの意味を紹介し、音や形で気がつくことを見つけさせる。 ・時間があればcomedianなどの他の例についても紹介する。 ・今日のめあてを知らせる。 ・②で日本語の語構成に気づかせ、外来語から英語の「する人」を紹介する。	◎英語のerなどの「ことばの構造」に興味をもっている。（行動観察） ◎日本語の語構成にも興味をもっている。
展開 9分	・ワークシート②で英語の職業を表す言葉を学ぶ。	・What is he/she? のような疑問文を教え、それにHe/She is a magician. といった答えを言う活動をし、職業を表す言葉を広げる。	◎ s/he is a ～．という文型の中で職業を表す言葉を理解して使えるか。
まとめ 3分	・本時の学びを振り返る。 ・本時の学びについて交流する。	・本時の学びを書かせて、交流させる。 ・学びの内容を評価してコメントを述べる。	◎本時の学びを振り返っている。

②

時間	学習内容		●指導上の留意点 ◎評価規準（方法）
	児童の活動	指導者の活動	
導入 6分	日本語や外国のことばの形について考えよう2。 ・ワークシート③でreがつくことばについて考える。（ペアやグループ） ・reに「再び（～する）」という意味があることを見つける。 ・「リ～」のつく外来語を調べて交流する。意味を考える。	・わからないことばでも、構成を考えるとその意味が想像できることに気づかせる。 ・「リサイクル、リユース」などの意味を紹介し、語の構成と意味について考えさせる。「リセット、リバウンド」などの言葉を適宜紹介してもよい。「リング」など、接辞でない場合は違うことにも触れる。	◎ reがつくことばについて考えている。（ワークシート、行動観察） ●英語でも日本語でも語の構成から意味を考えさせたい。「リ re＋～」という構造に注意させる（単に「リ」が付く言葉ではない）。
展開 6分	・ワークシート④で「ノン～」ということばを集め、意味を考えたり調べたりする。（ペアやグループ） ・考えたことを交流する。	・ノンアルコールビール（英語ではnon-alcoholic beer）、ノンストップノンフィクション、ノンバンクなどの例を紹介する。ナンセンスnonsenseなども紹介してよい。	◎「ノン～」ということばについて考えている。（ワークシート点検、行動観察）
まとめ 3分	・本時の学びを振り返る。 ・本時の学びについて交流する。	・本時の学びを書かせて、交流させる。 ・学びの内容を評価してコメントを述べる。	◎本時の学びを振り返っている。

「ことばの形」について考えよう

年　　組　　番　名前

1　意味と音を聞いて比べてみましょう。何か気づくことはありますか？

① teacher　　　　teach　　　　② catcher　　　　catch

③ driver　　　　drive　　　　④ player　　　　play

2　日本語の言葉を分解してみましょう。同じようなことがありますか？

意味の区切れは？「～する人」をほかにもあつめてみましょう。
- 者：生産者　保護者　消費者　教育者　…
- 員：相談員　作業員　乗務員　…
- 士：消防士　会計士　弁護士　…

> ほかにもこんな言葉がありますよ！「人」を表すのはどの部分かわかりますか？
>
> | piano | ピアノ | ピアニスト pianist |
> | science | 科学 | 科学者 scientist |
> | cello | チェロ | チェロの演奏家（チェリスト）cellist |
> | music | 音楽 | 音楽家 musician |
> | magic | 手品（マジック） | 手品師 magician |
> | comedy | （コメディ：喜劇） | コメディアン comedian |

dancer とはどんな意味か想像してみましょう。わかりますか。(dance はダンスですよ)

Unit 3——121

3 言葉には組み立てがあります。re がつくと，どんな意味かわかりますか？

① recycle　　　　　　　　cycle

② reuse　　　　　　　　　use

③ replay　　　　　　　　　play

4 日本語の言葉を分解してみましょう。同じようなことがありますか？

【例】 「ノン〜」という言葉を集めてみましょう。
　　　「ノンストップ」non-stop

Unit 3 Lesson 13 句構造

（内田菜穂美・大津由紀雄）

【学習活動の概要】

本時の学習

目標

　いくつかの単語を使って文を作る場合，単語の並べ方（語順）には決まりがあること，文の中で使われている単語同士はいくつかの小さなまとまり（句）を作っていることを理解する。さらに，それぞれの句がどのような関係にあるのか（句構造）を考える。

本時の展開

① 「太郎君」「が」「花子さん」「を」「追いかける」という5つの単語を並べ替えて，いくつかの文を作ってみる。
② 「太郎君が花子さんを追いかける」などは文として成立するが，「が太郎君追いかけるを花子さん」などは文として成立しないのはなぜか（文を成立させるためにはどのような決まりがあるのか）を考える。
③ 単語の並べ方（語順）には決まりがあるということを理解する。
④ 「太郎君が花子さんを追いかける」という文を3つのまとまりに分けてみる。
⑤ 文の中で使われている単語同士は，いくつかの小さなまとまり（句）を作っているということを理解する。
⑥ それぞれの句がどのような関係にあるのか（句構造）を，図を書く（山を形作る）ことによって理解する。
⑦ 他の日本語や英語の文についても，山を形作ることによって句構造を考えてみる。

言語活動の充実の工夫

○ 「ことばへの意識」を高めるには，普段私たちが無意識に使用していることばそのものに意識を向け，分析することによって，ことばを意識的に使う経験が重要である。そこで本時は，「語順」と「句構造」を児童の主な活動として設定した。

○ 語順
　文で使われている単語の並べ方（語順）には，決まりがあるということを意識させたい。語順が変わると，意味が分からなくなってしまったり，異なる意味になってしまったりすることから，文を作る際に語順がとても重要な役割を果たしていることを理解させたい。

○ 句構造
　文で使われている単語同士は，それぞれ小さなまとまり（句）を作っていて，その小さなまとまりが大きなまとまりを作って文ができているということを意識させたい。単語同士の関係はすべて同じなのではないということを知ることによって，普段自分が使っている文において単語同士がどのような関係にあるのかを考えるきっかけとしてほしい。

解　説

文には成り立ち（構造）があります。ここでは「語順」「句構造」を取り上げ，文を成り立たせる基本的な事柄について整理していきます。

1．語順

「太郎君」「が」「花子さん」「を」「追いかける」という5つの単語をそのまま並べると，「太郎君が花子さんを追いかける。」という文になります。同じ5つの単語を使っても，「が太郎君追いかけるを花子さん」という並べ方をすると，文にはなりません。この5つの単語からできる文としては，以下の①～④の文が挙げられます（①と②，③と④がそれぞれ同じ意味）。単語の並べる順番のことを「語順」と言います。

① 太郎君が花子さんを追いかける。
② 花子さんを太郎君が追いかける。
③ 花子さんが太郎君を追いかける。
④ 太郎君を花子さんが追いかける。

さて，①～④は文として成立するのに対して，「が太郎君追いかけるを花子さん」が文として成立しないのはなぜでしょうか。児童たちと一緒に語順のルールについて考えてみましょう。例えば，以下のような意見が出てくるかもしれません。

・「太郎君」と「花子さん」のそれぞれの後に「が」や「を」が続く。
・「追いかける」が最後にくる。

2．句構造

「太郎君が花子さんを追いかける。」という文は，「太郎君」「が」「花子さん」「を」「追いかける」という5つの単語から成り立っています。では，この5つの単語がそれぞれどのような関係性にあるのかを考えてみましょう。「が」はその前にある「太郎君」とも「花子さん」ともつながっていますが，みなさんは「が」と「花子さん」の結びつきよりも，「太郎君」と「が」の結びつきの方が強いと感じるのではないでしょうか。このことは，以下の2つのことからも証明できます。

1つ目は，「太郎君が花子さんを追いかける。」という文の意味をほとんど変えずに並び替えをする場合（「花子さんを太郎君が追いかける。」）に，「太郎君」と「が」の結びつきは切れないということです。「花子さん」と「を」の結びつきに関しても同じように考えることができ，「太郎君」と「が」，「花子さん」と「を」の結びつきが強いということが分かります。

2つ目は，太郎君が追いかけたことが明らかな場合，日本語では「花子さんを追いかける。」と言うことができ，この時，「太郎君」だけが省略されるのではなく，「太郎君」と「が」が一緒に省略されるということです。また，花子さんを追いかけたことが明らかな場合，「太郎君が追いかける。」と言うことができ，「花子さん」と「を」が一緒に省略されます。このことからも，「太郎君」と「が」，「花子さん」と「を」の結びつきがそれぞれ強いことが理解できます。

以上のことから，「太郎君が花子さんを追いかける。」という文は，「太郎君が」「花子さんを」「追いかける」という3つのまとまり（句）から成り立っている文であると言えます（前述の語順は，この句構造を反映させたものです）。いくつかの単語が結びついて句をつくることを分かりやすくするために，例えば「太郎君が」は①のように表すことがあります。さらに，文全体としては，②のように表すことができます。山のような形をしているので，ここではこの作業を「山を形作る」と言うことにします。

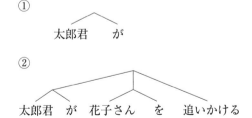

授業では取り上げていませんが，例えば「太郎君が元気な花子さんを追いかける。」というように「花子さん」を修飾する言葉がある場合，

以下のような山を形作ることができます。

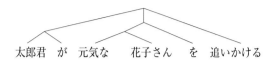

4 ① 次郎君が自転車で出かける。

「次郎君」「が」「自転車」「で」「出かける」という単語からできているこの文は，「次郎君が」「自転車で」「出かける」という3つのまとまりから成り立っています。

4 ② 私が花子さんにケーキを渡す。

「私」「が」「花子さん」「に」「ケーキ」「を」「渡す」という単語からできているこの文は，「私が」「花子さんに」「ケーキを」「渡す」という4つのまとまりから成り立っています。

5 ① I like my dog.

"I" "like" "my" "dog" という単語からできているこの文は，"I（私は）" "like（好きだ）" "my dog（私の犬を）" という3つのまとまりから成り立っています。

5 ② Your father reads the book.

"Your" "father" "reads" "the" "book" という単語からできているこの文は，"Your father（あなたのお父さんは）" "reads（読む）" "the book（その本を）" という3つのまとまりから成り立っています。

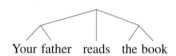

〔参考文献〕

大津由紀雄・窪薗晴夫（2008）『ことばの力を育む』慶應義塾大学出版会．

大津由紀雄（編）（2009）『はじめて学ぶ言語学——ことばの世界をさぐる17章』ミネルヴァ書房．

◆授業の展開（1時間版）◆

時間	学習内容		●指導上の留意点 ◎評価規準（方法）
	児童の活動	指導者の活動	
導入1 5分	・ワークシート①の単語を並び替えて，文を作る。	・ワークシート①の単語を並び替えて，文を作るように指示する。 ・作業が進んできたら，4通りの文が作れることを伝えてもよい。 ①「太郎君が花子さんを追いかける」 ②「花子さんを太郎君が追いかける」 ③「花子さんが太郎君を追いかける」 ④「太郎君を花子さんが追いかける」 ※①②が同じ意味，③④が同じ意味であることを確認する。 ・単語の並ぶ順番のことを「語順」ということを伝える。	◎できるだけたくさんの文を作ろうとしている。（ワークシート点検，行動観察）
導入2 5分	・ワークシート①でできた文を見ながら，語順にはどのような決まりがあるかを考える。（ワークシート②） ・語順が変わると，異なる意味になったり，意味が分からなくなったりすることを理解する。 ・今日のめあてを知る。 文の成り立ちを考えよう。	・「が太郎君追いかけるを花子さん」と黒板に書き，この文と自分たちが作った文との違いを比較して語順の決まりを書くように指示する（ワークシート②）。 ・今日のめあてを知らせる。	●ペアやグループで考えさせてもよい。 ◎語順の決まりについて興味を持って考えようとしている。（ワークシート点検，行動観察）
展開1 10分	・ワークシート③を使って，「太郎君が花子さんを追いかける」という文の単語同士のまとまりについて考える。 ・「太郎君が花子さんを追いかける」という文について，指導者と一緒に山を形作る。	・ワークシート③を使って，「太郎君が花子さんを追いかける」という文を3つのまとまりに分けるように指示する。 ・このようなまとまりのことを「句」ということを伝える。 ・「太郎君が」「花子さんを」「追いかける」と分けられることを確認し，この文では以下の山が形作られることを示す。 太郎君　が　花子さん　を　追いかける	◎単語同士のまとまりについて考えている。（ワークシート点検，行動観察） ◎文の構造について考えようとしている。（行動観察）
展開2 10分	・「太郎君が花子さんを追いかける」の文の山を参考に，ワークシート④の文の山を形作る。	・ワークシート④も，「太郎君が花子さんを追いかける」の時のように，単語と単語のまとまりを考えてから山を形作るように指示する。	●ワークシート④⑤は，ペアやグループでお互いに確認させるとよい。 ◎それぞれの文の山を形作ろうとしている。（ワークシート点検，行動観察）

時間	学習内容 児童の活動	学習内容 指導者の活動	●指導上の留意点 ◎評価規準（方法）
展開3 10分	・ワークシート⑤で，英語の文の山についても考えてみる。	・英語の場合は，日本語と違ってスペースがあるところが単語の区切れ目であることを確認する（ワークシート⑤）。	●英語は必要に応じて単語の意味を一緒に確認するとよい。 ◎英語の文でも山を形作ろうとしている。（ワークシート点検，行動観察）
まとめ 5分	・本時の学びを振り返る。 1. 文を作る際には，語順が重要な役割を果たしている。 2. 文に使われている単語同士は小さなまとまり（句）を作っている。 3. その小さなまとまりが，さらに大きなまとまりを作って文ができている。	・本時の学びを書かせて，交流させる。 ・学びの内容を評価してコメントを述べる。	◎本時の学びを振り返っている。（行動観察）

準備する物：ワークシート

◆授業の展開（15分版）◆

時間	学習内容 児童の活動	学習内容 指導者の活動	●指導上の留意点 ◎評価規準（方法）
導入 3分	・ワークシート③を使って，「太郎が花子を追いかける」という文の単語同士のまとまりについて考える。 ・今日のめあてを知る。 文の成り立ちを考えよう。	・ワークシート③を使って，「太郎君が花子さんを追いかける」という文を3つのまとまりに分けるように指示する。 ・このようなまとまりのことを「句」ということを伝える。 ・今日のめあてを知らせる。	◎単語同士のまとまりについて考えている。（ワークシート点検，行動観察）
展開1 3分	・「太郎君が花子さんを追いかける」という文について，指導者と一緒に山を形作る。	・「太郎君が」「花子さんを」「追いかける」と分けられることを確認し，この文では以下の山が形作られることを示す。 太郎君 が 花子さん を 追いかける	◎文の構造について考えようとしている。（行動観察）
展開2 6分	・「太郎君が花子さんを追いかける」の文の山を参考に，ワークシート④の山を形作る。	・ワークシート④も，「太郎君が花子さんを追いかける」の時のように，単語と単語のまとまりを考えてから山を形作るように指示する。	●ペアやグループでお互いに確認させるとよい。 ◎それぞれの文の山を形作ろうとしている。（ワークシート点検，行動観察）
まとめ 3分	・本時の学びを振り返る。	・本時の学びを書かせて，交流させる。 ・学びの内容を評価してコメントを述べる。	◎本時の学びを振り返っている。（行動観察）

文の成り立ちを考えよう

年　　組　　番　名前

1　「太郎君」・「花子さん」・「を」・「追いかける」・「が」を並べ替えて，できるだけたくさんの文を作ってみましょう。

2　文を作るための単語の並べ方には，どのような決まりがあるかを考えてみましょう。

3　「太郎君が花子さんを追いかける」という文を，3つのまとまりに分けてみましょう。

4 以下の日本語の文について,それぞれ山を形作ってみましょう。

① 次郎君が自転車で出かける。

② 私が花子さんにケーキを渡す。

5 以下の英語の文について,それぞれ山を形作ってみましょう。

① I like my dog.

② Your father reads the book. ※ Your…あなたの,the…その

コラム　古文と漢文そして英語

1. 古典

古典といえば，国語科の「伝統的言語文化」にあてはまることですから，英語の学習とは全く関係がないようにも思われがちです。しかし，いずれも言葉の問題という点で，一緒に考えると面白いこともあります。例えば，英語では，呼ばれて「今行くよ」というときに，"go" を使うのではなく，

　I'm coming!（来るよ）

のように "come" の方を使います。現代共通日本語とは視点の置き方が違うのです。しかし，古典では，この英語と同じような視点の歌があります。例えば，百人一首に，

　今来むと　言ひしばかりに
　　長月（ながつき）の
　有明（ありあけ）の月を
　　待ち出（い）でつるかな
　　　　　　　　　　　　素性法師（21番）

【意味】「今すぐに来ましょう（現代語風に言えば，「行きますよ」という感じ）」とあなたが言ったばかりに，九月（現代の暦ではだいたい十月）の有明の月（夜明けに出る月）が出るまで眠らずに待っていたことだ。

という歌があります（『古今集』691）。女性が男性の訪れを待っている歌です。

この「今来む」は，現代語で言えば，「今行くよ」という感じの表現です。現代共通語では，「今来るよ」とはあまり言いません。この歌では，「行く」「来る」の視点の取り方が，英語と同じなのです。こうした視点の取り方は現代の日本語の一部の方言にも見られます。

古典の和歌と英語に共通する見方があるというのは，おもしろいことではないでしょうか。

2. 漢文

漢文ももともとは中国の古典です。もとの漢字ばかりの文は「白文」と呼ばれますが，これに返り点と送り仮名などを打った「訓読文」，日本語の語順におきかえた「書き下し文」があります。一例を挙げましょう。

【白文】　　　己所不欲，勿施於人
【書き下し文】　己の欲せざる所は人に施すことなかれ
【意味】　　　自分が望まないことは，他人にやってはいけない。

「欲せざる」という表現は「欲しない」という否定の意味です。「勿」は「なかれ」と読み，禁止を表します。語源としては，「なく＋あれ」という形からきています。ここではその次の「施」を否定しますので，「施すことなかれ」と読み，「してはいけない」という意味になるのです。「於」は「於いて」と読むこともありますが，ここでは「施於人」を「人に施す」と読みます。

漢文そのものの語法を学習する場合，「読書」「就任」のように動詞の方が目的語（動きの対象）よりも前に置かれることや，「不足」のように否定する成分が最初にくるということをおさえておく必要があります。

これは英語の語順に少し似ています。例えば，「読書」は，"read a book" と同じ順番ですし，「～に於いて」も "at ～" などというのと同じ順番です。日本語では，

　「～が，～を，～スル」（いわゆる SOV 型）

という並び方ですが，漢文も英語も，

　「～が，～スル，～を」（いわゆる SVO 型）

という並び方です。

もちろん，漢文と英語とでは主語の表現の仕方や疑問文の作り方など，違うところもたくさんあります。共通点・相違点を考えるのも興味深いことです。
　　　　　　　　　　　　　　　　（森山卓郎）

Unit 3 Lesson 14 埋め込み文と等位接続

(寺尾 康)

【学習活動の概要】

本時の学習

目標

　語や文のつなげ方における代表的な2つの方法，等位接続（横並び型：それぞれの語や文が重なり合わず，対等の資格で配置される）と埋め込み（重ね型：ある語や文の内側に別の語や文が入り込んで上-下の関係を作りながらより大きな語や文になっていくもの）の存在を知り，そのしくみに気づくとともに，それらを意識的に利用し，様々な文構造を持った言語表現の創作を試みる。

本時の展開

① ウォーミングアップ：絵の描写遊び。ことば（語）を「と」でつなぐ，「の」でつなぐ。
② 語や句を横に並べることと重ねて並べることの違いを知る。
③ 指導者が示す例文やゲームを通して文を横に並べること，文を重ねて並べることの違いを知る。
④ 自分で山（解説において三角形で示されているまとまり。主語と述語をそなえた節。）が重なった構造の文を創作してみる。
⑤ 友達の作った文を鑑賞する。

言語活動の充実の工夫

○ 絵を用いたクイズ形式で文中のまとまり（語や句や節）の結びつけ方のうち重要な二つの方法，等位接続と埋め込みを自然に引き出す。まずは語レベルで，「○○と△△」，「○○の△△」の違いに気づかせる。

○ 文レベルでの並べ方のきっかけには指導者が示すモデルとなる文を用い，その聴き取りと分析から入る。複雑な文の構造をきちんと考えて自ら同様の文を作り出す努力をすることで，コミュニケーションへの意欲が高まることが期待される。文の構造と目の前の具体例を結びつけることで，抽象的な思考への入り口も合わせて提供する。

○ 周りの人や専門家が創作した作品（文）に触れることで，ことばのおもしろさや豊かさへの気づきを促す。

解　説

　人間言語の特徴の1つは，語，句（句については本書Lesson13を参照），文といったことばの単位をつなげて，無限に長い結びつきを作ることができることです。その方法は大きく分けて二通りあります。本レッスンの名称にもなっている単位を横並びに並べていく方法（等位接続）と，ある単位を別の単位の中に埋め込んで（重ねて）いくという方法です。両者が産み出す言語構造の違いは直感で明確にとらえることができます。ワークシート②の問題「服が赤いのは誰？」を参照しましょう。「と」で結ばれたメンバーは全員赤い服を着ているのに対し，「の」で結ばれた場合赤い服を着ているのは句の中で右端にくるメンバーとなります。こうしたヒントから2つの言語の構造への児童の気づきを引き出していきます。まず，等位接続は2つの要素を対等に結びつけるものです。日本語では「と」，「そして」，英語では"and"などで結ばれているまとまりがこれにあたります。そして，結ばれているメンバーはそれぞれ独立で，「横並び」の構造を作ります（「子どもと犬」，「子どもの犬」の違いに注意しましょう）。本ユニットでは，最初に「と」を用いて絵の中の語と語を結びつけるウォーミングアップから入ります。「○○と△△」という2つの語をつなぐところから始まって，どんなに長いつながりになってもその最後に「〜と□□」をつければ，たちどころにより長いつながり「○○と△△と□□」が現れます。このようなごく簡単な方法で，無限のつながりが可能であるという人間言語の重要な特徴の一つが経験できます。また，"Tom and Jerry"，"ladies and gentlemen"などの小学生でも知っているような表現を使えば，英語では"and"でつなぐのだということも紹介できます。さらに，単位が語から句や文に替わっても，横並びに無限の文をつなげることができます。次の図をみてください。「僕は朝パンを食べて」のあとに，「昼にラーメンを食べて」，「晩にトンカツを食べて…」と横並びにいくらでも文が続きます。

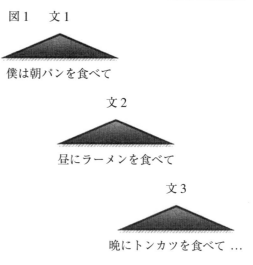

図1　文1
僕は朝パンを食べて

文2
昼にラーメンを食べて

文3
晩にトンカツを食べて …

　次に，埋め込みについて考えましょう。この型の特徴がわかりやすいのは「先生がパンダをみせた（文1）」という文（主文）の中に「パンダ」を修飾するための文「太郎が折り紙で作った（文2）」という別の文（従属文）を埋め込んで作る「先生が太郎が折り紙で作ったパンダをみせた」のような文構造です。この埋め込みも無限に行うことができます。そのパンダの材料となった折り紙は「次郎がもってきた（文3）」としましょう。すると「先生が太郎が次郎がもってきた折り紙で作ったパンダをみせた」ができます。わかりにくいですが文法的です。図2を参照してください。

図2

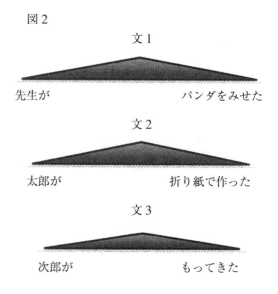

文1
先生が　　　　　　　　　　パンダをみせた

文2
太郎が　　　　　　　　　　折り紙で作った

文3
次郎が　　　　　　　　　　もってきた

ただ、このように文の中央に別の文が埋め込まれていく型は最初の導入が難しいので、教室ではワークシートにあるように文の前に文を重ねる型、「これは斉藤君が描いた山田君が描いた鈴木先生が描いたレモンキリンです」のような文から入るのが良いかもしれません。ちなみに「レモンキリン」は「レモンのような胴体をもった（あるいはレモンのような黄色の）キリン」で、「キリンのような縞模様をもったレモン」ではありません。Lesson 11 と 13 を参考にして下さい。例文は「鈴木先生が描いたレモンキリン」を山田君がまねて描こうとし、さらに山田君が描いた鈴木先生が描いたレモンキリンを齊藤君が描いたというものです。中央に埋め込まれている文よりも理解がしやすいかと思います。

授業の終盤に、児童たちに次のような傑作を示して、その文の構造を見抜く楽しみを体験させみてはいかがでしょうか。例えば次のような文です。

「どろぼうがコックさんがおまわりさんがしょうぼうしさんがだいくさんがたてたばかりの店から出した火事を消したホースをぬすんだのをつかまえた」（大津由紀雄『ことばのからくり』岩波書店）

一度聞いただけでは理解不能な文ですが、「どろぼうがコックさんがホースをぬすんだのをつかまえた」のような1つだけの埋め込み文からスタートし、店をたてたのは誰か？ 火事を出したのは誰か？ と追っていくとだんだん意味がわかってきます。さらに、チャレンジとしてこのような構造の文を児童に創作させてみるのも楽しいかもしれません。

最後に、時間的に余裕があれば英語にも埋め込み型の文は存在し、一見したところ日本語とよく似た形をとることも紹介してみてください。以下の文では下線がついた文の内側に二重下線がついた文が、さらにその内側に破線のついた文が埋め込まれています。この構造は1つ前の「どろぼうがコックさんが…」の文の構造に対応します。

The rat the cat the dog bit chased escaped
「犬が噛んだ猫が追いかけたネズミが逃げ出した」

本レッスンでは、等位接続と埋め込みについて考えてきました。人形のイメージで言えば、等位接続が「並んだこけし」であるのに対し、埋め込みは「（ロシア人形の）マトリョーシカ」となるでしょうか。イラストを参照してください。実はこのマトリョーシカ型の埋め込み構造を持てることこそ人間の知性の特徴だ、という説があります。とても壮大なテーマですが、私たちはことばの構造について興味を持つことでその検証の入り口に立つことができます。

〔参考文献〕
大津由紀雄・窪薗晴夫（2008）『ことばの力を育む』慶應義塾大学出版会．

◆授業の展開（1時間版）◆

時間	学習内容		●指導上の留意点 ◎評価規準（方法）
	児童の活動	指導者の活動	
導入 5分	・絵を見て「○○と△△…」と考えてみる。（ワークシート①） ・絵に描かれているもの以外のものも含めて考え，発表する。 ことばのつなげ方について考えてみよう。	・ワークシート①を行うよう指示し，「○○と△△」型の構造を引き出す。 ・「絵に描かれているものでないものも入れていいから，さっきより長い「と」でつないだ組み合わせを発表しよう。誰が一番長いかな」	●様々な絵を見せて語の等位接続を自然に引き出す。 ◎つなごうと思えばいくらでも長くなることに気づかせる。（行動観察） ●"Tom and Jerry"などの有名句を使って英語でも"and"でつなげる構造があることを紹介する。
展開1 5分	・絵を見て「○○の△△…」と考えてみる。（ワークシート②） ・絵に描かれているもの以外のものも含めてグループごとに考えをまとめ，絵を描いて発表する。（2つか3つのグループ）結果を児童間で評価し合う。 ・指導者の説明を聞く。	・ワークシート②のために準備された矢印付きの絵を見せて「これは何が描かれている？」と問い，より詳しい説明を求めながら「○○の△△」型の構造を引き出す。例えば「羽子板の羽根の黒い玉」，「山田くんの服のイニシャル」（イラスト2コマ目） ・「絵に描かれているものでないものも入れていいから，今より長い「の」でつないだ組み合わせを発表しよう。誰が一番長いかな」 ・「と」と「の」の違いは何だろうと問いかける。（塗り絵問題をヒントに）	◎「と」と同じように「の」も無限につなげられることに気づく。（行動観察・ワークシート点検） ●補足説明のため，こけしの絵とマトリョーシカの絵を本サイトからダウンロードしておく。
展開2 8分	・動作を並べて説明する課題を考える（ワークシート③）。横並び型構造の文を作ってみる。グループで結果を発表する。	・ワークシート③の動作を並べて説明する課題を行う。「～て～て～て」型の動作説明をしながら文を聞かせる。そのあと，横並びの文を作らせる。例文は注を参照。	●「～て」や「そして」で結ぶ構造を紹介する。例：「先生が絵を描いて色をぬって（そして）切り抜いたペンギン」
展開3 10分	・動作を重ねて描写する課題を考える（ワークシート④）。 ・指導者が示す動作と文をつなげて声に出しながら埋め込み型の文を作る。 ・グループでどんな構造かを話し合う。	・ワークシート④で動作を描写する課題を行う。 ・埋め込み型の動作描写をする。例えば，「これなんだ？」「これは胴体がレモンのキリンだから，レモンキリンです。先生が描いてきました」例文は次頁を参照。	◎文を重ねる際にポイントなる語を修飾する文をうまく作ろうとする。（行動観察・ワークシート点検）
まとめ 6分	・皆で言った文を書き写してみる。 ・各グループで埋め込み型の文を使って描写を試みる。グループごとに自分たちで作った作品を発表する。	・グループごとに埋め込み型の文を作る課題を行う。「みんなも今みたいな文を作ってみよう」 ・クラス全体の中から，例文を2つほど板書する。	●「と」より「の」の結びつきに似ているな，と気づかせたい。

	・まとめをかねて指導者が紹介する文を聞く。	・時間があれば英語でも同じ構造の埋め込み文があることを，ワークシートを参考に簡単な文を使って紹介する。	●机間指導を行い，つまずいているグループに支援を行う。 ●解説を参考に英語の例を準備しておく。

準備する物：ワークシート，絵（指導者はワークシート2のために，ある物の部分に矢印を付した絵を用意する。たとえば「羽子板の羽根の黒い玉に矢印を付したもの」）

・横並び型動作の描写例：「先生は昨日朝パンを食べて，昼にラーメンを食べて，晩にトンカツを食べました」

・重ね型動作の描写例：（絵を見せながら）「これは鈴木先生が描いたレモンキリンです」→（山田君を指名して絵を写させて）「これは山田君が描いた鈴木先生が描いたレモンキリンです」→（斉藤君を指名して絵を写させて）「これは斉藤君が描いた山田君が描いた鈴木先生が描いたレモンキリンです」

「レモンキリン」については寺尾康『言い間違いはどうして起こる？』岩波書店　16ページに載っている。「キリンレモン」と「レモンキリン」の違いは句構造の章の復習にもなります。）

・重ね型動作の描写もう1つの例：「これは大きなカブです」→「これは鈴木先生が引っ張った大きなカブです」→（山田君を前に呼んで）「これは山田君が引っ張った鈴木先生が引っ張った大きなカブです」→（斉藤君を前に呼んで）「これは斉藤君が引っ張った山田君が引っ張った鈴木先生が引っ張った大きなカブです」

◆授業の展開（15分版）◆

時間	学習内容		●指導上の留意点 ◎評価規準（方法）
	児童の活動	指導者の活動	
導入 4分	・どこが違っているのかグループ内で相談する。	・「と」でつなぐ文と「の」でつなぐ文の例を紹介する。教師がモデルとして示す。	●「と」と「の」で結びついている文の違いを提示する。
展開 9分	ことばのつなげ方について考えてみよう。		
	・「と」と「の」で結びついている文を，それぞれ作ってみよう（ワークシート③ ④） ・グループごとに相談し，文を作って発表する。 ・他グループが発表した文のタイプを答える。	・2つのタイプはどこが違っているか問う。違いがわかったら児童に自分たちで等位接続型（横並び型）と埋め込み型（重ね型）の文を作るよう指示を出す。 ・発表があった文を書き出し，どちらのタイプか尋ねる。	◎2つのタイプの違いについて意見交換している。〈行動観察〉 ◎構造の違いに気がつき，発表しようとしている。（行動観察・ワークシート点検）
まとめ 2分	・今日学んだことを振り返る。 ・気づいたことを発表する。	・今日学んだことを振り返る。 ・児童が気づいたことを発表させる。	◎埋め込み文の面白さに気がついている。（行動観察）

語や文を並べる，重ねる（埋め込む）

```
年　　組　　番　名前
```

1　語を並べてみましょう。

　① 絵には何が書かれていますか？
　② 自分でいろいろな語を並べて，「と」を使って結んでみましょう。
　③ 「と」を使って前の友達よりも長い文を作ってみましょう。

2　語を重ねてみましょう。

　① では，この絵に描かれているものは何ですか？
　② 自分でいろいろな語を並べて，「の」を使って結んでみましょう。
　③ 「の」を使って前の友達よりも長い文を作ってみましょう。

〈考えてみましょう〉
　「と」の結びつけと「の」の結びつけの違いは何か考えてみましょう。
　　ヒント：　次の a と b の様子を描いてみましょう。
　　　　　　a．花子と和美と優子の服が赤い
　　　　　　b．ジョンの妹の赤ちゃんの服が赤い
　　　　　服が赤いのは a では誰？ b では誰？

3　文を並べてみましょう。

　先生の動作と先生が言っていることの両方に注意してみましょう。

4 文を重ねて（埋め込んで）みましょう。

① これから先生が言う文をよく聞いて，覚えてみましょう。
② 先生と同じように長い文をつくってみましょう。
　こんな面白い文があるよ。自分でもつくってみましょう。

「どろぼうがコックさんがおまわりさんが消防士さんが店から出した火事を消したホースを盗んだのを捕まえた」
　火事を出したのはだれかな？　　　火事を消したのはだれかな？
　ホースを盗んだのはだれかな？　　捕まえたのはだれかな？

5 今日の授業のまとめ

　家でじっくり考えて，面白い文（長い文）をつくってみましょう。

Unit 3　Lesson 15　あいまい性

(永井　敦)

【学習活動の概要】

本時の学習

目標

　ことばには，その構造から生み出されるあいまい性があることを知り，その性質を生み出す仕組みに気づくとともに，それを利用してあいまい表現を考える。また，コミュニケーションにおいて，ことばのあいまい性を意識することの大切さを知る。

本時の展開

① 視覚のあいまい性を手がかりに，ことばのあいまい性について知る。
② あいまい表現をあいまいでない表現へと変える。
③ あいまい表現をグループで創作し，代表作をクラス全体で鑑賞する。
④ 英語にも日本語と同様にあいまい性があることを知る。
⑤ 本時の振り返りをする。

言語活動の充実の工夫

　ことばそのものへの意識を高めるには，普段我々が無意識的に使用していることばを対象化し，観察したり，分析したりする経験，そして，それらの観察や分析を通じて得られた理解をもとに，ことばを自覚的に使う経験が重要である。そこで本時では，前者に対応した活動として「あいまい性の除去」を，後者には「あいまい表現の創作」を児童の主な活動として設定した。

○あいまい性の除去

　あいまい性を持つ表現を，あいまいでない表現に変える。

(1)　修飾関係によるあいまい性を扱う場合
　　　例："きのう，おしゃれなメガネをかけたおじさんを見かけたよ。"
変更例：(a)　メガネをかけたおしゃれなおじさん（語順の変更）
　　　　(b)　おしゃれな，メガネをかけたおじさん（書き言葉では句読点，話し言葉では休止の付与）
　　　　(c)　ジャケットがおしゃれなメガネをかけたおじさん（情報の付け足し）

(2)　文法関係によるあいまい性（【解説】の2の(2)を参照）を扱う場合
　　　例："ポチは太郎が大好きな犬だよ。"
変更例：(a)　太郎を大好きな犬（助詞の変更）　(b)　太郎のことが大好きな（情報の付け足し）

○あいまい表現の創作

　まず，「あいまい性の除去」で扱ったあいまい表現をもとにしながら，グループであいまい表現を創作する。あいまい表現の一人での創作に困難を感じる場合は，他の児童および指導者と協力しながら課題に取り組む。特に困難を感じる児童には，語彙的あいまい性（【解説】の1を参照）についてまずは考えてみてもよい（一般に語彙的あいまい性は理解が容易であるとされているため）。次に，出来上がった作品をグループ内で鑑賞し，グループ代表としての作品を1つ選出する。最後に，クラス全体で各グループの代表作を鑑賞する。なお，鑑賞においては，指導者は児童からのコメントを積極的に引き出すように働きかけたい。

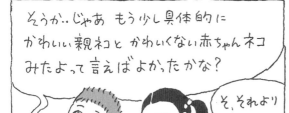

解　説

【言語材料の解説】

あいまい性とは，一般に，ある１つの表現（形式）に対し，２つ以上の意味（解釈）が与えられることを指します。そして，ことばのあいまい性は，全ての個別言語（日本語，英語，中国語など）が共通に持つとされる，とても興味深い特徴の１つです。

ことば活動の題材として，ことばのあいまい性を取り上げることの利点としては，以下の３つが考えられます。

(1) あいまい性自体がとても不思議な性質であり，ことばへの関心・興味を高めることができる。

(2) あいまい性の中には，ことばの「構造（仕組み）」が大きく関係するものがあり，それを利用することで，ことば（の構造）への意識を高めることができる。

(3) 他者への正確な情報伝達（狭義のコミュニケーション）において，ことばが持つあいまい性によって誤解が生じることに気づかせ，また，話したり書いたりする際には，ことばのあいまい性を意識しておくことの大切さを教えることができる。

以下に，本時で扱うことばのあいまい性の種類とその具体例を，英語の例も一部交えて紹介します。

まず，ことばのあいまい性として代表的なものに<u>語彙的あいまい性</u>（国語では一般に同音異義語として呼ばれています。）と<u>構造的あいまい性</u>の二種類があります。それぞれの具体例は以下をご覧ください。なお，本時では，特に構造的あいまい性を扱います。なぜなら，語彙的あいまい性は，国語の時間や他のレッスン（lesson 4「韻律」参照）でふれることが予想されますし，また，これまで構造的あいまい性は体系的に扱われたことがなかったということがあります。そして，45分の授業では，焦点を１つに絞った方が授業者にとって扱いやすく，また学習効果も高いと思われるからです。

1. 語彙的あいまい性

語彙的あいまい性とは，単語のレベルで生じるあいまい性を指します。例えば下のような例です。

　"あめ"（雨と飴），"のり"（糊と海苔），"bank"（銀行と岸），"bat"（コウモリ / バット）
　"やさしい"（易しいと優しい），"とる"（取ると撮る），など

語彙的なあいまい性はさらに２種類に分けることも可能です。その１つはアクセントによって区別ができるもの（例えば「あめ」），もう１つはその区別ができないもの（例えば「のり」）です。"のりを買ってきて。"のような文は，文脈が十分に与えられない限り，意味を区別することが全くできません。

2. 構造的あいまい性

構造的あいまい性とは，構造のレベルで生じるあいまい性を指します。構造とは要素同士の「関係」のことですが，ことば同士の関係の結び方によってあいまい性が生じます。以下では基本的にマンガやワークシートで提示している例を用いて解説していきます。

(1) 修飾関係によるあいまい性：修飾語がどの要素とまとまり（関係）を成すかによって生じるあいまい性

例1 かわいいネコの赤ちゃん
(意味A) かわいい親ネコ
　　　　⇒ [[かわいいネコ] の赤ちゃん]
(意味B) かわいい赤ちゃんネコ
　　　　⇒ [かわいい [ネコの赤ちゃん]]

例2 Tall boys and girls
(意味A) 男の子だけ背が高い
　　　　⇒ [[tall boys] and girls]
(意味B) 男の子も女の子も背が高い
　　　　⇒ [tall [boys and girls]]

例3 Japanese history teacher
(意味A) 「日本史」の先生（日本人とは限らない）
　　　　⇒ [Japanese history [teacher]]

（意味 B）「日本人」で歴史の先生（日本史とは限らない）
　　　　　⇒ [Japanese [history teacher]]

例4 自転車に乗って逃げた宇宙人を追いかけた
（意味 A）　自転車に乗って逃げた
　　　　　⇒ [[自転車に乗って逃げた宇宙人を] 追いかけた]
（意味 B）　自転車に乗って追いかけた
　　　　　⇒ [自転車に乗って [逃げた宇宙人を] 追いかけた]

(2) 文法関係によるあいまい性：文法関係（主語・目的語など）の理解の仕方によって生じるあいまい性

例5 そらくんはユリナちゃんが好き
（意味 A）　そらくんのことが好きなユリナちゃん
（意味 B）　ユリナちゃんのことが好きなそらくん

例6 ユリナちゃんに勝ってほしい。
（意味 A）（誰かが）ユリナちゃんに勝つ
（意味 B）　ユリナちゃんが（誰かに）勝つ

例7 お母さんの説得
（意味 A）　お母さんが（誰かを）説得する
（意味 B）（誰かが）お母さんを説得する

なお，ここで詳しく触れることはできませんが，言語学では，(2)のように表面的には同じ文（あいまい文）であっても文法関係の違いによって意味が異なる場合は，その背後にある構造は異なると考えられています。

3．その他のあいまい性

本時では扱っていませんが，以下のようなあいまい性もあります。適宜活用していただければと思います。

(1)「自分」のあいまい性：「自分」が誰を指すかによって生じるあいまい性

例8 太郎は花子が自分に対して怒っていると思っている
（意味 A）　花子が太郎に対して怒っている
（意味 B）　花子が花子自身に対して怒っている

(2) 否定に関するあいまい性：部分否定と全否定によるあいまい性

例9 宿題を全部やらなかったので怒られた。
（意味 A）　宿題に1つも（全く）手をつけなかった
（意味 B）　宿題を少しはやったが，完璧にはやっていない

4．あいまい性と「こころ」の仕組み

冒頭で，"あいまい性とは，一般に，ある1つの表現（形式）に対し，2つ以上の意味（解釈）が与えられることを指します。"と定義しましたが，実はこれは，ことばだけではなく，私たち人間の「視覚」のあいまい性にも当てはまります。有名な例では「ルビンの壺」（ある見方では壺に見えるが，ある見方では人の顔に見える絵。ワークシート①をご覧ください。）があります。このように，ことばと視覚（そしておそらくは他の感覚も）がともに"あいまい性"という性質を持つことは，ことばと視覚がどちらも私たち人間の「こころの働き」，つまり，認知の一種であることを示しています。そして，ことばが認知の1つであるという理解は，認知科学と呼ばれる学問領域で広く受け入れられています。さて，ことばと視覚のこの共通性を活用しない手はありません。それぞれ異なる角度からあいまい性という共通のテーマについて考えることで，「ことばの仕組み」だけでなく，「こころの仕組み」の不思議さ・興味深さを児童に気づかせ，子どもたちの知的好奇心・探究心を刺激してみてはいかがでしょうか。

〔参考文献〕

大津由紀雄・窪薗晴夫（2008）『ことばの力を育む』慶應義塾大学出版会．

大津由紀雄（編）（2009）『はじめて学ぶ言語学――ことばの世界をさぐる17章』ミネルヴァ書房．

大津由紀雄（編）（2011）『ことばワークショップ――言語を再発見する』開拓社．

◆授業の展開(1時間版)◆

時間	学習内容		●指導上の留意点
	児童の活動	指導者の活動	◎評価規準(方法)
導入1 4分	・ワークシート①の絵が2通り(壺の絵,向かい合った人の顔の絵)に見えることに気づく。	・ワークシート①の絵が何に見えるかを問いかける。 ・1つの表現が2通りに理解できることを「あいまい性」と呼ぶことを伝える。	
導入2 6分	・ワークシート②の例文に何通りかの意味があることに気づく。 ・今日のめあてを知る。 あいまい性について知ろう	・ワークシート②の①〜④にある例文を板書等で提示し,何か気づくことはないか問いかける。 ① a. かっこいい先生 　 b. かっこいい車 ② a. 新しい犬 　 b. 新しい名前 ③ a. 花子が太郎を好き 　 b. 太郎が花子を好き ④ a. 太郎が勝つことを期待 　 b. 太郎が負けることを期待 ・今日のめあてを知らせる。	◎1つの文に何通りかの意味があることに興味を持っている。(行動観察)
展開1 10分	・ワークシートの③で誤解のない表現を考える。 ・自分の行った工夫を自由に発表する。	・ワークシート③で②の①〜④の2つとれる意味のうち,どちらかの意味で,誤解のない表現を考えさせる。 ・どのように表現を変えたか,自由に発表させる。 ・他人への情報伝達では,時に曖昧性が問題を起こすことに気づかせる。	●曖昧性除去の方法の分類については「言語活動の充実の工夫」参照。 ●工夫のポイント(「語順の変更」など)をまとめさせても良い。 ◎意図が伝わりやすい文にしようとしている。(ワークシート点検,行動観察) ◎曖昧性の問題点について気づいている。(行動観察)
展開2 10分	・ワークシート④で曖昧な表現を考える。 ・グループで交流し代表作を選ぶ。 ・自分のグループの代表作を発表し,グループの代表作を鑑賞する。	・ワークシート④で,曖昧文をいくつか考えるよう指示する。 ・グループでの代表作を1つ選ぶよう指示する。	◎曖昧文を考えている。(ワークシート点検,行動観察)
展開3 10分	・ワークシート⑤で英語にも曖昧な表現があることを知る。	・ワークシート⑤を用いながら,英語の曖昧文の例を紹介し,どんな意味にとれるか想像させる(各単語の日本語の意味は与えてもよい)。 ・英語も日本語と同じ曖昧性を持つことを伝える。 ＜ボキャブラリー＞ tall＝背の高い,boys＝男の子(達),girls＝女の子(達),Japanese＝日本の,日本人の,history＝歴史,teacher＝先生	●英語と日本語の曖昧性の類似性を感覚的に理解させるため,括弧([ ])で図示するなど工夫する。板書例は「解説」の例を参照。 ●複数形のs等については,ここでは触れない。 ◎英語にも曖昧さがあることに興味を持っている。(行動観察)
まとめ 5分	・本時の学びを振り返る。 ・本時の学びについて交流する。	・本時の学びを書かせ,交流させる。 ・学びの内容を評価してコメントを述べる。	◎本時の学びを振り返っている。

準備する物:ワークシート

◆授業の展開（15分版）◆

①

時間	学習内容		●指導上の留意点 ◎評価規準（方法）
	児童の活動	指導者の活動	
導入 3分	・ワークシート①の例文に何通りかの意味があることに気づく。 ・今日のめあてを知る。 あいまい性について知ろう	・ワークシート①の①にある例文を板書等で提示し，何か気づくことはないか問いかける。 ① a. かっこいい先生 　 b. かっこいい車 ・今日のめあてを知らせる。	◎１つの文に何通りかの意味があることに興味を持っている。（行動観察）
展開1 6分	・ワークシートの②で誤解のない表現を考える。 ・自分の行った工夫を自由に発表する。	・ワークシート②で誤解のない表現を考えさせる。 ・どのように表現を変えたか，自由に発表させる。 ・他人への情報伝達では，時に曖昧性が問題を起こすことに気づかせる。	◎意図が伝わりやすい文にしようとしている。（ワークシート点検，行動観察） ◎曖昧性の問題点について気づいている。（行動観察）
展開2 3分	・ワークシート⑤で英語にも曖昧な表現があることを知る。	・英語の曖昧文の例を一つ紹介し，英語も日本語と同じ曖昧性を持つことを伝える。	◎英語にも曖昧さがあることに興味を持っている。（行動観察）
まとめ 3分	・本時の学びを振り返る。 ・本時の学びについて交流する。	・本時の学びを書かせて，交流させる。 ・学びの内容を評価してコメントを述べる。	◎本時の学びを振り返っている。

②

時間	学習内容		●指導上の留意点 ◎評価規準（方法）
	児童の活動	指導者の活動	
導入 1分	・ワークシート①の例文に何通りかの意味があることに気づく。 ・今日のめあてを知る。 あいまい性について知ろう	・ワークシート①の②にある例文を板書等で提示し，何か気づくことはないか問いかける。 ② a. 新しい犬 　 b. 新しい名前（例えば，今の犬の名前が格好悪いから，など） ・今日のめあてを知らせる。	◎１つの文に何通りかの意味があることに興味を持っている。（行動観察）
展開1 7分	・ワークシート③で曖昧な表現を考える。 ・グループで交流し代表作を選ぶ。 ・自分のグループの代表作を発表し，他のグループの代表作を鑑賞する。	・ワークシート③で，曖昧文をいくつか考えるよう指示する。 ・グループでの代表作を１つ選ぶよう指示する。	◎曖昧文を考えている。（ワークシート点検，行動観察）
展開2 3分	・ワークシート⑤で英語にも曖昧な表現があることを知る。	・英語の曖昧文の例を１つ紹介し，英語も日本語と同じ曖昧性を持つことを伝える。	◎英語にも曖昧さがあることに興味を持っている。（行動観察）
まとめ 4分	・本時の学びを振り返る。 ・本時の学びについて交流する。	・本時の学びを書かせて，交流させる。 ・学びの内容を評価してコメントを述べる。	◎本時の学びを振り返っている。

ことばのあいまい性について考えよう

年　　組　　番　名前

1　あいまい性ってなんでしょう。

次の絵は何に見えますか？

2　日本語のあいまい性について考えてみましょう。

次の①～④の文はどう読めますか？

[きのうのできごとについて話している場面]
①　"かっこいい先生の車をきのう見たよ。"

[家族と犬について話している場面]
②　"新しい犬の名前を考えてあげようよ。"

[花子について話している場面]
③　"花子は太郎が好きな女の子だよ。"

[テニスの試合について話している場面]
④　"明日は絶対，太郎に勝ってほしい。"

3 2の①〜④をごかいがない表現に変えてみましょう。

①

②

③

④

4 あいまいな表現を考えてみましょう！ 何個作ることができますか？

1.

2.

3.

4.

5.

5 英語のあいまい性についても考えてみましょう！ どんな意味になるかわかりますか？

tall boys and girls

(A)　tall boys and girls　　　　(B)　tall boys and girls

Japanese history teacher

(A)　Japanese history teacher　　　(B)　Japanese history teacher

Unit 4 言語生活

Unit 4

1 単元名 言語生活

2 単元の目標
毎日使っている言葉の中におもしろい現象や規則があることに気づく。
日本語と英語の違いに気づく。

3 学習指導要領との関連

【第10節 外国語】
・「目標（1）外国語の音声や文字，語彙，表現，文構造，言語の働きなどについて，日本語と外国語との違いに気付き，これらの知識を理解するとともに，読むこと，書くことに慣れ親しみ，聞くこと，読むこと，話すこと，書くことによる実際のコミュニケーションにおいて活用できる基礎的な技能を身に付けるようにする。（3）外国語の背景にある文化に対する理解を深め，他者に配慮しながら，主体的に外国語を用いてコミュニケーションを図ろうとする態度を養う。」
・「3 指導計画の作成と内容の取扱い（1）オ 言語活動で扱う題材は，児童の興味・関心に合ったものとし，国語科や音楽科，図画工作科など，他の教科等で児童が学習したことを活用したり，学校行事で扱う内容と関連付けたりするなどの工夫をすること。」

【第4章 外国語活動】
・「目標（1） 外国語を通して，言語や文化について体験的に理解を深め，日本語と外国語との音声の違い等に気付くとともに，外国語の音声や基本的な表現に慣れ親しむようにする。（3）外国語を通して，言語やその背景にある文化に対する理解を深め，相手に配慮しながら，主体的に外国語を用いてコミュニケーションを図ろうとする態度を養う。」
・「内容（1）イ 日本と外国の言語や文化について理解すること。」

4　主な学習活動

	学習活動	学習活動に関する指導上の留意点
Lesson 16 外来語	・「カード」,「かるた」,「カルテ」が同じ語源であること, 分野ごとに「得意な」国のことばがあること（例：音楽用語はイタリア語が多い）などを知り, 外来語からことばと文化, ことばの歴史の一部にふれる。 ・外来語と自国語が交換可能かを検討して外来語の存在価値に気づく。 ・外来語の取り入れを決めるのは誰だろうという難問に挑戦する。	・なぜ外来語は必要だったのだろうという観点を導入する。自国語と代用可能かを考えさせたり, 同語源でも異なる意味を持つ外来語があるのはなぜかを問いかけたりしながらことばと文化の一側面にふれる。 ・外来語を取り入れる主体は誰かを考えさせるわかりやすい例（例えば, お笑いタレントが笑いをとるために作る日本語と英語をごちゃ混ぜにした文など）を多く準備する。
Lesson 17 数え方 (数字と ことば)	・1～10を数え, 数字にも音読みと訓読みがあることを理解する。 ・人の数え方に「…にん」という規則が働いていることを学び, 1～2人が例外（訓読み）であることを知る。 ・助数詞「…本」の発音が, 前につく数字によって変わることに気づく。 ・「17」という数字の読み方が日本語と英語で違うことを理解する。	・ふだん何気なく使っている数字の読み方に音読みと訓読みの両方があることや, ことばの規則が働いていることに気づかせる。 ・数字の読み方に個人差や年齢差があることに気づかせる。 ・算数と国語の学習が関連していることに気づかせる。 ・数字の読み方（読む順序）が言語によって異なることに気づかせる。
Lesson 18 ことば遊び (早口ことば)	・日本語の早口ことばを言う。 ・日本語の早口ことばの特徴について考える。 ・英語の早口ことばを聞く。 ・英語の早口ことばの特徴について考える。	・日本語の早口ことばは, 同じ言葉や同じ音が繰り返されていることに着目させる。 ・英語の早口ことばにも挑戦させる。 ・調べ学習などを通して, 英語以外の外国語の早口ことばにもできるだけ多く触れさせる。
Lesson 19 ていねいな 表現	・日本語で, 普通の表現と丁寧な表現との違いに気づく。 ・英語にも, 日本語と同様, 表現上の気配りがあることを知る。	・日本語と英語に表現上の違いはあるが,「相手への配慮や気配り」を表す表現があることに着目させる。 ・普段の生活の中での自分自身のことばの選び方や表し方を振り返らせる。
Lesson 20 言い 間違い	・日常生活で出会う言い間違いを観察する。 ・言い間違いは様々な単位で生じることを実例を分析しながら知る。 ・言い間違いには様々なタイプがあることを実例を分析しながら知る。 ・日本語以外にも言い間違いは起こることを知る。 ・なぜ私たちは言い間違ってしまうのだろう, という難問に挑戦する。	・なるべく笑いが出るような面白い言い間違いを紹介する。 ・単位を考える時, 子音や母音, アルファベット, 語など前の Lesson が役立つことに気づかせる。 ・要素が交換されたり混合されたりという言い間違いの結果と頭の中の言葉の処理とが関連していることに気づかせる。 ・言い間違いを集めることで言葉への意識が高まることに注目する。

Unit 4　Lesson 16　外来語

（寺尾　康）

【学習活動の概要】

本時の学習

目標

① 外国語が日本語になった過程を通して，生活の中のことばと文化の関係に気づく。
② 外来語の果たす役割とその必要性について，例文に対して働いた言語直感をグループで話し合う。外来語が単なる和語や漢語の置き換えでないことに気づく。
③ 外来語（圧倒的に英語からの外来語が多い）を通して，将来の英語学習や外国語学習への感覚を養う。

本時の展開

① 外来語の原語の音の聴き取りをしてみる。（ウォーミングアップ）
② 語のリストから外来語ではないものを見つける作業をグループで行い，判断した理由とともに発表する。
③ 同じリストから同語源ながら異なった形で日本語に定着した外来語を見つける作業を行う。
④ 例文を用いて，外来語が有ると良い点を考え，発表する。ここから生活の中のことばの役割について学ぶ。
⑤ 自己評価を兼ねたまとめを行う。新たなことばを取り込む主体は話者自身であることに気づく。

言語活動の充実の工夫

○ 外来語とその背景にある文化について正しい知識をクイズ形式で確認する。
○ 言語学的に動機づけられた例文を題材にグループで話し合い，外来語はどんな役に立つのか，またなぜ外来語が必要なのか，について考えさせたい。
○ 補助教材を用いて原語の発音を聴かせる作業を行うことも含めて，国語科で学ぶ外来語とは異なる視点も提供したい。

解　説

　日本語は，古くから外国の文化・文物に触れるたびに衣を重ねてまとうようにそのことばを自らの語彙体系に取り込んできました。特にここ半世紀ほどは，英語からの語彙（例えば，アクセスやグッズなど）が圧倒的な勢いで数を増している一方で，最近では料理名や素材名などはその発祥国，原産国の発音に近い呼称が当然のように用いられ始めています（例えばサムゲタンやパエージャなど）。このような状況にあって，外来語は国際的な言語コミュニケーションへの最初の一歩として，またことばへの気づきを促す身近な材料として重要なテーマであると言えます。

　本レッスンは，まず音声面から，初めて外国語に接した先人の驚きを追体験することから始まります。外来語として生活にとけ込んでいて日本語風に発音され，レストランのメニューやスーパーマーケットなどでよくカタカナ表記を目にする食べ物は，もともとの言語ではどう発音されているのか実際に聴いて書き取ってみるというウォーミングアップを行います。日本語だと思っていた勘違いに気がつくほど似ているもの（イクラ）から微妙な違いの中にエキゾチックな発音が含まれているもの（エクレア），さらに音節数の違いから語の長さの感覚の違いにとまどうもの（ピーナッツバター）まで日本語と外国語の違いを様々な側面から感じることができるのではないでしょうか。

　続く展開部分では，与えられた語が外来語か否かを判断させる作業を通して，外来語の歴史的な側面の紹介を行います。ワークシートに掲げたリストの中には，判断するのが難しい語も多く含まれているので，「外来語は必ずカタカナで書くもの」，あるいは「日本の古い伝統と結びついているものは外来語ではない」といった素朴な基準で判断した児童にとっては驚きが大きいかもしれません。それを利用して，飛鳥・奈良時代から現代に至るまで，その時代を反映する形で外国から多くの語が層を成しながら日本語に取り込まれてきたことを知らせることを目指します。「茶」，「日本」などは古く中国から入ってきた語ですが，これらは漢語のグループに分類されることもあるので，ここでは外来語には含めません。ワークシートのリストにある語を中心に具体例をみてみましょう。「ダルマ」は古代インドから，「カルタ」，「天ぷら」は戦国時代に宣教師によってポルトガル語からもたらされたものです。「歌留多」や「天麩羅」のような漢字表記があるのでもともと日本語であったと思いやすいのですが，これらはまったくの当て字です。それでも違和感がないのは，日本語に取り入れられてから長い時間が経っている証拠といえます。また江戸時代には鎖国中であっても通商が開けていたオランダから科学用語，日用品名が入ってきました。例えば，「インク」，「ガラス」，「ゴム」などがこれにあたります。さらに江戸後期から明治にかけてはドイツ語から「カルテ」，「ガーゼ」などの医学用語が多く入ってきました。オノマトペのように聞こえる「ジグザグ」もドイツ語起源（Zの意味）の外来語です。フランス語は，料理用語の「ア・ラ・カルト」や「グラタン」などはもちろん，「リットル」，「メートル」など単位の呼称の起源にもなっています。変わったところでは，ノルマはロシア語，サウナはフィンランド語からきています。また「ド・レ・ミ…」の音階をはじめとして「ピアノ」，「アカペラ」など音楽用語はイタリア語の独壇場で，ルネサンス以降のイタリア文化の影響によります。「カード」，「ロケット」，「コンピュータ」，「スタミナ」は戦後押し寄せてきた英語からの外来語です。こうしてみると，その当時に，その分野で影響力があった国，先進的な役割を果たしていた国からの語がまとまって入ってきたこともわかります。外来語はそれぞれの国の「得意分野」を反映していると言えます。興味深い例を挙げればポルトガル語由来の「カルタ」，ドイツ語の「カルテ」，後に入ってくることになる英語の「カード」とフランス語の「カルト」は古くはヨーロッパで同一の語源を持ついわば兄弟語です。このことは，外来語が伝わった時代および文化的背景（もとの言語がどの分野で強い影響力を持つ

のか）を担っているという好例です。ここでもドイツ語は医学用語，フランス語は料理用語が「得意分野」であることが示されています。

ところで，英語由来に見える「ライフライン」は和製英語，つまり日本で作られたり意味が与えられたりした語なので外来語とは呼びにくいものです。もとは「命綱」の意味ですが，阪神・淡路大震災の頃から社会インフラの意味でマスコミに頻繁に登場するようになりました。（余談になりますが，筆者の同僚である英語母語話者は「ライフライン」と聞いてまず思い浮かぶのはテレビのクイズ番組に出演中の解答者がヒントを求めて知り合いにかける「電話」だそうです。ALTに和製英語への反応をきいてみると，おもしろいかもしれません。）「バトンタッチ」も同じく和製英語で，英語では baton change や baton pass といいます。ワークシートのリストの中では，「すばる」が唯一純粋に外来語ではない語であり，プレアデス星団の和名です。千年以上前の平安時代の書物に「ほしはすばる」という一節があることも児童に伝えてよいかもしれません。

では外来語はなぜ定着したのでしょうか。「必要だったから」の一言で終わりにしてしまわないで，もう少し詳しく考えてみましょう。もちろん「新しいものや考え方が入ってきたときにそれに対応した呼び名を用意する」という必要性はまずあげなければなりません。「ロボット」と「からくり機械」は異なるし，「やど」と「ホテル」を区別する際にも外来語は必要です。「デスクトップコンピュータ」を「卓上電子計算機」と呼ぶとなにやらレジのようなものを想像してしまいます。ここで外来語として英語になった日本語があることに目を向けると，外来語の必要性を逆の方向から認識することができます。古くは tatami, kimono は日本の伝統文化に根ざしたものであるし，少し前の karaoke などは日本発祥で適当な英訳がないものです。さらに otaku, manga など最近英語になった日本語は，「クールジャパン」とも呼ばれるアニメや漫画など日本発のサブカルチャーの世界的な広がりを反映しているので，日本語をそのまま取り入れるのが最も「しっくりくる」選択だったとみることができます。

2番目の要因として，日本語への定着には外来語がもたらす恩恵が一役かったと考えられることを例文で確かめてみましょう。ワークシートに示した例文「ソウゾウリョクが豊か」では漢字を見ない限りは「ソウゾウリョク」の部分はあいまいです。ここで，「イマジネーション」や「クリエイティブな力」と外来語を補助的に使うと，あいまい性を解消することができます。（あいまい性については Unit 3 Lesson 15 を参照のこと）

最後に，こうした外来語使用の決定は誰がするのか，についても考えてみましょう。先生が決めるものではないし（「明日から自転車のことを「バイク」と言いましょう」などと先生が決めても一斉にかわるものではありません），また児童一人で勝手に決められるものでもありません。例えば，「月に行きたい」を「ムーンにゴーしたい」などと急に言っても友達はわかってくれません。たくさんの話し手と聞き手との間で少しずつ決まっていくものなのだ，ということを理解しましょう。

昨今，外来語があふれ，不必要な言い換えで混乱が生じているという声もありますが，流行語・若者語としてすぐに消えていく外来語にも，必要性が認められて残っていく外来語にもそれぞれ理由があります。そして，その判断の担い手は他ならぬ私たち話し手・聞き手自身であることを忘れてはなりません。外来語は，歴史・文化的観点からみてもちろんのこと，現代の言語学的な観点からみても，和語，漢語，オノマトペとともに日本語を構成する語彙グループのバランスの中で確かな存在感を発揮しており，語を単位とすることばへの気づきの教材として絶好のものだといえます。

〔参考文献〕

大津由紀雄・窪薗晴夫（2008）『ことばの力を育む』慶應義塾大学出版会.

小松英雄（2001）『日本語の歴史』笠間書院.

寺澤盾（2008）『英語の歴史』中公新書.

堀井令以知（編）（1994）『外来語語源辞典』東京堂出版.

◆授業の展開（1時間版）◆

時間	学習内容 児童の活動	学習内容 指導者の活動	●指導上の留意点 ◎評価基準（方法）
導入 6分	・音源から流れてくる語を書き取ってみる。（ワークシート①） ・答えと感想を発表する。	・ワークシートを配り、①の今から聞こえてくる食べ物の名前を書き取るよう指示し、音源を流す。 ・①の答え合わせをする。	●児童の様子を見て流す回数を決める。 ◎初めて外国語にふれた昔の人の驚きを知ろうとする。（行動観察）
	日本語になっている外来語の役割や必要性について、その入ってきた歴史と共に考えてみよう。		
展開1 10分	・「外来語って何だろう？」少し考えてみる。 ・グループごとに、「外来語はどれだろう？」と考えてみる。（ワークシート②） ・話し合いの内容を発表する。 ・疑問があれば質問する。	・外来語の簡単な説明をする。 ・ワークシート②を行うよう指示する ・なぜ外来語と思ったか、を引き出しつつ、あがった答えを板書していく。 ・「実は答えは…」と告げた後の児童の反応も聞いていく。 ・児童の質問に答える。	●国語科での既習、未習を念頭におく。 ●机間指導しながら、声を拾っていく。 ●【解説】を参考に時代とともに日本語が異なる国、文化から外来語を取り入れていった過程を説明する。 ●樹形図にして板書するなど工夫する。
展開2 10分	・グループごとに、どうして外来語を使うのか考えてみる。（ワークシート③） ・ワークシート③①で言い換える語をグループで話し合う。 ・意見を発表する。	・指導者は発表の内容を整理しまとめる。 ・ワークシート③①をみながら、なぜ外来語が必要なのかを導入する。 ・日本語で言い換えるとどうなるか、考えさせる。 ・英語になった日本語もあることを紹介して外来語として採用することの必要性を確認させる。	◎なぜ外来語が必要なのか考える。（行動観察） ●新しいものや考えのなまえをつけるときには外来語は必要であること、英語でも、英語で言い表しにくいものは外来語で言うことを伝える。
展開3 8分	・グループごとにワークシートの③②に取り組む。 ・話し合いの内容を発表する。	・ワークシート③②を行うよう指示する ・発言を促す。 ・発表の要旨を黒板に書く。 ・答え合わせをしながら、なぜ外来語が必要なのか、③①とは違う理由をみつけさせる。 「外来語の使い方を決めるのは誰だろう？」	◎「日本語の得意分野」って何だろう？という問いかけを考える。（行動観察） ●【解説】を参考に例文を用いて、外来語を取り入れる主体は誰かを明らかにする。先生が決めるわけではない。また自分一人で「急にムーンにゴーしたい」と言っても通じない。また、ことばの使い手（話し手・聞き手）が少しずつ決めるのだということを理解させる。
展開4 5分	④に取り組む。 ・個人で「外来語の使い方を決めるのは誰だろう？」教師の示す例を参考に、自由に発言する。	・一人で勝手に言い換えることはできないし…先生が決めるものでもない… ・解説の例文を参考に外来語〔大きくはことばの変化〕を決める主体は話し手・聞き手全員であることを伝える。	
まとめ 5分	⑤でまとめをする。		

準備する物：ワークシート，Web上に置かれた音声サンプルを聞かせる機器，国語辞典

◆授業の展開（15分版）◆

時間	学習内容		●指導上の留意点 ◎評価規準（方法）
	児童の活動	指導者の活動	
導入 5分	・音源から流れてくる語を書きとってみる。（ワークシート①） ・書いたことばを発表する。	・ワークシートを配り，①の今から聞こえてくる食べ物の名前を書きとらせる。 ・児童の発表の後，答え合わせ。	◎初めて外国語にふれた昔の人の驚きを知ろうとする。（行動観察）
展開 8分	日本語になっている外来語の役割や必要性について，その入ってきた歴史と共に考えてみよう。		●国語科での既習・未習を念頭におく。
	・「外来語って何だろう？」と，少し考えてみる。 ・「外来語はどれだろう？」と考えて書く。（ワークシート②） ・自分の意見を発表する。	・外来語の簡単な説明をする。 ・ワークシート②を行わせ，なぜ外来語と思ったか，を引きだしつつ，答え合わせをし，内容を整理する。	●【解説】を参考に時代と共に日本語が異なる国，文化から外来語を取り入れていった過程を説明する。
まとめ 2分	・今日学んだことを振り返る。 ・気づいたことを発表する。	・今日学んだことを振り返る。 ・児童が気づいたことを発表させる。	

「外来語」について考えよう

```
年    組    番  名前
```

1 もともとの発音を聴いてみましょう。[音声ダウンロード]
   みんな食べ物の名前です。わかりますか？ どんなふうに聞こえましたか？

   ① (   ) エクレア
   ② (   ) イクラ
   ③ (   ) ワッフル
   ④ (   ) ビビンバ
   ⑤ (   ) ピーナッツバター

2 次の言葉のリストをよく見て質問に答えてください。

| 天ぷら　　サウナ　　ガーゼ　　ダルマ　　インク　　ロケット　　ドレミ |
| (ア・ラ・) カルト　　すばる　　ライフライン　　　　カルテ　　コンピュータ |
| セイウチ　　スタミナ　　カルタ　　ジグザグ　　ガラス　　バトンタッチ |

① 外来語でないものはどれだと思いますか？
   (   )
② それはなぜですか。
   (   )
③ 実はこのリストの中に「カード」という語と，兄弟にあたる語が3つ含まれています。
   その3つの語を探してみましょう。
   ※兄弟にあたる語とは，もともとは同じ1つの語だったものが時間をかけて変化して
   　別の言語の語になった語のことです。
   (   )(   )
   (   )
④ ③の答え合わせが終わったら，「カード」を含めてその4つの語が呼び方をかえて現代
   に残っている理由を考えてみましょう。
   (

)

3 どうして外来語を使うと思いますか？

　①　次の言葉をカタカナを使わずに言い換えてみましょう。
　　「ロボット」…「　　　　　　　」
　　「ホテル」…「　　　　　　　」
　　「コンピュータ」…「　　　　　　　　」　　どんな感じがしますか？

　　英語になっている日本語だってありますよ。
　　tatami（17世紀）　kimono（19世紀）　karaoke（20世紀）　otaku（20世紀）
　　manga（21世紀？）…
　　どんな分野の日本語が英語になっていると思いますか？

　②　ほかにも外来語は何か役に立つと思いますか？
　　次の会話では、なぜ言い直しをしているのでしょうか？
　　　「この画家はソウゾウリョクが豊かだ，あ，イマジネーションの方です。」

　　　「日本はカガクの分野に力を入れるべきです，あ，サイエンスの方です。」

　　・友達と相談したり先生にきいたりして、外来語で言い直しをしないとどんなことが
　　　起こるか考えてみましょう。

　　どうして外来語を使うのか，わかったことを書いてみましょう。

4 外来語の使い方を決めるのは誰だと思いますか？

5 今日の学習を通して気づいたことや考えたことを書きましょう。

　　気づいたこと

　　考えたこと

Unit 4 —— **163**

コラム　役割語

突然ですが，クイズを2つ出します。まず，つぎの文を見てください。

a. おお，そうじゃ，わしが知っておるんじゃ。
b. あら，そうよ，わたくしが知っておりますわ。
c. うん，そうだよ，ぼくが知ってるよ。
d. そやそや，わてが知ってまっせー。
e. うむ，さよう，せっしゃが存じております。

それぞれの文を話している人はどんな人でしょうか。次のリストから選んでみてください。

1 関西人　2 老人　3 男の子
4 武士　5 お嬢様

日本で育った日本語話者なら，このクイズはかなり簡単です。このクイズをとおして考えたかったことは，ある話し方と，それを話す人の人物像とが，深く関係しているのではないか，ということです。話し方というのは，自分のことを「おれ」というか「ぼく」というか，といったことばの選び方，「知ってる」というか「知っておる」というかといったことばの形の問題，声の出し方やテンポなど，音についての特徴などがあります。

人物像というのは，男か女かという性別，こどもか，若い人か，おとなか，老人かといった歳の違い，学生か，先生か，サラリーマンか，主婦かといった仕事・役割の種類，今の人か，昔の人かという時代のちがい，その他いろいろな人に関する分類のことを指します。キャラクターということばであらわされることもあります。

ある話し方を聞くと，それを話している人の人物像が頭に思い浮かべられるとき，あるいは，ある人物像を示されると，その人が話しそうな話し方が思い浮かべられるとき，その話し方のことを「役割語」とよぶことにします。役割語は，〈老人語〉，〈女ことば〉など，だいたい人物像（キャラクター）の名前でよぶことが多いです。

役割語のだいじな特徴として，「現実の世界では使われていないかもしれない話し方もふくまれている」という点があげられます。たとえば，ほんとうの老人は「わしは～じゃ。」のような〈老人語〉を話していませんよね。みなさんのまわりではどうですか？

〈老人語〉よりはもう少しリアルな感じのする，男性の話し方〈男ことば〉，女性の話し方〈女ことば〉についても考えてみましょう。これらは，一人称代名詞（ぼく・おれ vs. あたし等），文末の形（行くぜ・行くぞ vs. 行くわ・行くの等），命令の形（行け・行くな vs. 言って・行かないで等），感動詞（おい・こら vs. あら・まあ等）などによって特徴づけられます。これらの男女の話し方のちがいは，今から100年ちょっと前くらいの東京でできあがりました。

しかし，現実の男女の話し方を観察すると，このようなちがいは見つからないことが多いです。地方の方言ではもちろんですが，東京や東京の近くの地域でもそうです。現実には，男女の話し方のちがいはたいへん縮まっているといってもいいと思います。それにつれて，マンガやアニメなどでは，上に示した特徴でいうと，〈男ことば〉に相当する言葉づかいをする女性キャラクター（特に若い女性）がふえているようです。

けっきょく，役割語が力をはっきするのは，絵本，マンガ，アニメ，映画，昔話，小説などの「フィクション（＝物語）」の世界です。というのは，一度役割語ができあがっていると，その役割語を使って，キャラクターを瞬間的に受け手（読んでいる人や見ている人）にわからせることができるからです。みなさんも，フィクションを楽しむ際に，役割語のはたらきについても気を付けて観察してみてください。

（金水　敏）

Unit 4　Lesson 17　数え方（数字とことば）

（窪薗晴夫）

【学習活動の概要】

本時の学習

目標

　ふだん何気なく使っている数字の読み方には，いろいろなことばの規則が働いており，またそれらの規則には例外もある。さらに，数字の読み方には個人差や年齢差も見られる。これらのことに気づくことにより，ことばの仕組みや個人差に対する感受性と，日常生活に関する観察力を高める。また算数で習う数字を使ってことばの仕組みを教わることにより，教科横断的な言語力の育成を図る。さらに，多人数の発音を調べる作業を通じて，データを分析し集計する能力を高める。

本時の展開

① 数字にも音読みと訓読みがあることを理解し，1～10を両方の読み方で読めるようになる。英語には，このような複数の読みがないことを理解する。

② 1～10の読み方が，1から読むときと10からカウントダウンするときで変わることに気づく。特に，4と7が音読みから訓読みに変わることに気づく。英語には，このような発音の変化がないことを理解する。

③ 同じ読み方の違いが，かけ算の発音にもあることを知る。

④ 人の数え方に「…にん」という規則が働いていることを学び，1～2人が例外（訓読み）であることを知る。

⑤ ペンなどを数えるときに使う助数詞「…本」の発音が，前につく数字によって「ほん，ぼん，ぽん」と変わることに気づく。英語には「…本」に対応する助数詞はないが，単数形と複数形の区別があることを知る。

⑥ 「17」という数字の読み方が日本語（10＋7）と英語（7＋10）で違うことを理解する。

言語活動の充実の工夫

○ 1から10まで数えたり，かけ算の九九を読んだりする作業を通して，自分の発音に見られる規則や例外に気づく。またグループ内で数字の読み方を比較することによって，発音に個人差（バリエーション）があることにも気づく。

○ グループで読み方を調べる作業を通じて，周りの人と協調しながら作業を進めることができるようにする。

○ 多人数の発音を調べる作業を通じて，データを分析し集計する能力を高める。

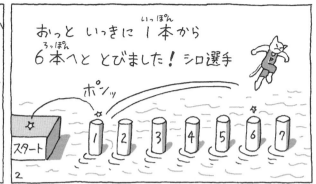

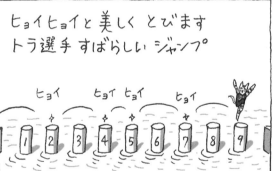

解　説

ふだん何気なく使っている数字の読み方には，いろいろな規則が働いており，またそれらの規則には例外もあります。また数字の読み方には個人差や年齢差も見られます。これらのことに気づかせることは，ことばの仕組みや個人差に対する感受性や，日常生活に関する観察力を高めることにつながります。また算数で習う数字を使ってことばの仕組みを教えることは，教科横断的な言語力の育成にも役立ちます。例えば1（いち）から10（じゅう）まで順番に読むときと，逆に10からカウントダウンした場合では，4と7と9の読み方が変わります。1から順に読むときはすべて音読みが現れますが，10から逆に読むときは4と7だけが例外的に訓読みに変わります。この読み方の変化は，かけ算の発音にも現れ，4×7＝28を九九で読むときと式として読むときとでは4と7の発音が変わります。以下に，日本語の人や物の数え方にかかわる規則と例外を解説します。

1．日本語の数字には漢字と同じように音読みと訓読みがあります。同じ数字（文字）に複数の読み方があるのは日本語の1つの特徴です。これに対し英語には同じ数字に1つの読み方しかありません。「ひとつ」「ふたつ」「ななつ」などの訓読みは「ひと」「ふた」「なな」などの語幹に「つ」という語尾がついた形です。4の訓読みには「よ」と「よん」の二通りがあり，4人の4は「よ」，4本の4は「よん」と発音されます。

 (1)　音読み：いち，に，さん，し，ご，ろく，しち，はち，く（きゅう），じゅう
 (2)　訓読み：ひとつ，ふたつ，みっつ，よっつ，いつつ，むっつ，ななつ，やっつ，ここのつ，とお
  cf.　英語：one, two, three, four, five, six, seven, eight, nine, ten

2．音読みの数え方には例外があります。1から10まで順に数えるときと，10から1まで逆に数えるときで発音が変わる数字があります。英語には，このような発音の変化はなく，1から10まで読んでも10から1へ逆に読んでも数字の読み方は変わりません（ただし，英語では単語や数字を列挙して読み上げる場合，最後の単語（数字）を除いて上昇調のイントネーションで発音されます）。［音源］

→　　　し　　しち　　く
1　2　3　4　5　6　7　8　9　10
　　　　よん　　　なな　きゅう　←

3．かけ算の発音にも九九で早く読むときと，式として丁寧に読んだときとで発音が変わる数字（4，7，9）と変わらない数字があります。

発音がかわらない場合：
2×5＝10　に・ご・じゅう
　　　　　に　かける　ご
　　　　　　は　じゅう
8×3＝24　はち・さん・にじゅうし
　　　　　はち　かける　さん
　　　　　　は　にじゅうし
発音がかわる場合：
4×7＝28　し・しち・にじゅうはち
　　　　　よん　かける　なな
　　　　　　は　にじゅうはち
3×9＝27　さん・く・にじゅうしち
　　　　　さん　かける　きゅう
　　　　　　は　にじゅうなな

4．人を数えるときは，1と2が「…り」の訓読み，3から「…にん」の音読みになります。3から規則が働き，数字が大きくなっても規則正しく読まれます。

1人（ひとり），2人（ふたり），3人（さんにん），4人（よにん），5人（ごにん）… 99人…，999人…

5．「本，匹，発，拍」のようにハ行音で始まる助数詞は，前につく数字によって発音が変わり

ます。例えば1本，2本，3本 … と数えるとき，同じ「本」でも「ぽん (pon)，ほん (hon)，ぼん (bon)」と発音が変わります。また3のときに，b となる助数詞（3本，3匹）と，p となる助数詞（3発，3拍）があります。

本（ぽん）　1, 6, 8, 10
本（ほん）　2, 4, 5, 7, 9
本（ぼん）　3

6. 日本語には数字に「… 本」のような助数詞が付くことがよくあります。英語にはこれに対応するものはありませんが，複数形の名詞には複数語尾 (-s) が付きます。

（日本語）　鉛筆が1本，2本，3本 …
（英語）　　one pencil, two pencils, three pencils …

7. 13 〜 19 の二桁の数は日本語と英語で一の位と十の位の数字の順序が異なります。

（日本語）　17 = 10 + 7（じゅう・なな）
（英語）　　17 = 7 + 10
　　　　　　(seventeen = seven + teen)
　　　　　　　(cf. teen は ten に由来します)

ちなみに，21 以上の数の場合は，順序が異なりません。

（日本語）　21 = 20 + 1（にじゅう・いち）
（英語）　　21 = 20 + 1
　　　　　　(twenty-one = twenty + one)

〔参考文献〕
大津由紀雄・窪薗晴夫（2008）『ことばの力を育む』慶應義塾大学出版会.
窪薗晴夫（2011）『数字とことばの不思議な話』岩波ジュニア新書，岩波書店.

◆授業の展開（1時間版）◆

時間	学習内容		●指導上の留意点 ◎評価規準（方法）
	児童の活動	指導者の活動	
導入 7分	・1〜10の数字を音読み（いち，に …）と訓読み（ひとつ，ふたつ）で数えて書いてみる（ワークシート①）。 ・数字にも音読みと訓読みがあることに気づく。 ・今日のめあてを知る。 　数字の読み方のひみつを見つけよう。	・1から10まで提示して，音読み（いち，に，さん …）と訓読み（ひとつ，ふたつ，みっつ …）で読ませ，数字にも漢字（上下：じょうげ，うえした）のような音読みと訓読みがあることに気づかせる。 ・今日のめあてを知らせる。	◎数字の二通りの読み方に興味を持っている。（行動観察）
展開1 6分	・1〜10を1から順に数える。それから10から1へカウントダウンする。（ワークシート②） ・数字に読みがなをつける。 ・英語で数字を読み（正順と逆順）日本語との違いに気づく。	・ワークシート②を使い，1〜10を正順と逆順で読ませる。 ・正順と逆順でどの数字の読み方が変わったか発表させる。 ・英語ではこのような読み方の変化が起こらないことに気づかせる。	◎日本語では正順と逆順で読み方に違いがあることを見つけようとしている。（行動観察） ◎日本語と英語の数字の読み方の違いに気づいている。（行動観察）
展開2 6分	・4〜5人のグループに分かれて，4と7と9の読み方がどのようになっているか集計する。（ワークシート③）	・4と7と9の読み方がどのようになっているか，クラス全体で集計する。	◎4と7と9の読み方に興味を持っている。（ワークシート分析，行動観察）
展開3 6分	・かけ算の九九を声に出して読む（ワークシート④）。 ・かけ算の九九を式にして丁寧に読む。 ・両方の読み方で，どの数字の読み方が変わり，どの数字の読み方が変わらないか考える。	・かけ算の九九の読み方にも，早く読むときと式にして読むときで発音が変わることに気づかせる。 ・グループやペアで発音を比較させることにより，発音（読み方）に個人差があることにも気づかせる。	◎九九の読み方に違いがあることに気づいている。（行動観察）
展開4 6分	・ワークシート⑤を見て，人間を1人から10人まで数えて，読みがなを書き，数え方（「人」の読み方）がどこで変わるか考える。	・ワークシート⑤に人の数え方（読みがな）を書かせて，「人」の読み方が3から変わることに気づかせる。 ・時間があればワークシート⑥を考えさせる。 ・ワークシート⑦で英語に「… 本」にあたる助数詞がないことを教える。	◎「人」（「本」）の読み方が変わることに興味を持っている。（ワークシート点検，行動観察）
展開5 6分	・ワークシート⑧英語と日本語で7と17を読み，違いに気づく。	・13〜19の読み方（語順，数字の並べ方）が，英語と日本語で異なることに気づかせる。	◎二桁の数字の読み方に興味を持っている。（ワークシート点検，行動観察）
まとめ 8分	・本時の学びを振り返る。 ・本時の学びについて交流する。	・本時の学びを書かせて，交流させる。 ・学びの内容を評価してコメントを述べる。	◎本時の学びを振り返っている。

準備する物：ワークシート

◆授業の展開(15分版)◆

①

時間	学習内容		●指導上の留意点 ◎評価規準(方法)
	児童の活動	指導者の活動	
導入 3分	・1〜10の数字を音読み(いち, に ...)と訓読み(ひとつ, ふたつ)で数えて書いてみる(ワークシート1)。 ・数字にも音読みと訓読みがあることに気づく。 ・今日のめあてを知る。 数字の読み方のひみつを見つけよう。	・1から10まで提示して, 音読み(いち, に, さん ...)と訓読み(ひとつ, ふたつ, みっつ ...)で読ませ数字にも漢字(上下:じょうげ, うえした)のような音読みと訓読みがあることに気づかせる。 ・今日のめあてを知らせる。	◎数字の二通りの読み方に興味を持っている。(行動観察)
展開1 9分	・1〜10を1から順に数える。それから10から1へカウントダウンする。 ・数字に読みがなをつける。 ・英語で数字を読み(正順と逆順)日本語との違いに気づく。	・ワークシート2を使い, 1〜10を正順と逆順で読ませ数字の読み方が変わることに気づかせる。 ・英語ではこのような読み方の変化が起こらないことに気づかせる。	◎日本語では正順と逆順で読み方に違いがあることを見つけようとしている。(行動観察) ◎日本語と英語の数字の読み方の違いに気づいている。(行動観察)
まとめ 3分	・本時の学びを振り返る。 ・本時の学びについて交流する。	・本時の学びを書かせて, 交流させる。 ・学びの内容を評価してコメントを述べる。	◎本時の学びを振り返っている。

②

時間	学習内容		●指導上の留意点 ◎評価規準(方法)
	児童の活動	指導者の活動	
展開1 6分	・ワークシート5を見て, 人間を1人から10人まで数えて, 読みがなを書き, 数え方(「人」の読み方)がどこで変わるか考える。 数え方のひみつを見つけよう。	・ワークシート5に人の数え方(読みがな)を書かせて,「人」の読み方が3から変わることに気づかせる。 ・時間があればワークシート6を考えさせる。 ・ワークシート7で英語に「... 本」にあたる助数詞がないことを教える。	◎「人」(「本」)の読み方が変わることに興味を持っている。(ワークシート点検, 行動観察)
展開2 6分	・ワークシート8英語と日本語で7と17を読み, 違いに気づく。	・13〜19の読み方(語順, 数字の並べ方)が, 英語と日本語で異なることに気づかせる。	◎二桁の数字の読み方に興味を持っている。(ワークシート点検, 行動観察)
まとめ 3分	・本時の学びを振り返る。 ・本時の学びについて交流する。	・本時の学びを書かせて, 交流させる。 ・学びの内容を評価してコメントを述べる。	◎本時の学びを振り返っている。

数字の発音について知ろう

年	組	番	名前

1　1〜10の読み方（自分の読み方を書いてみましょう）

1　2　3　4　5　6　7　8　9　10
いち, に, ____, ____, ____, ____, ____, ____, ____, ____

ひとつ, ふたつ, ____, ____, ____, ____, ____, ____, ____, ____

2　1から10まで続けて読み，その後，10から1までカウントダウンしてみましょう（自分の読み方をひらがなで書いてみましょう）。

① 1→10
いち
1　2　3　4　5　6　7　8　9　10

② 10→1
じゅう
10　9　8　7　6　5　4　3　2　1

③ 自分の読み方で，発音が変わる数字はどれでしょう。

④ 英語を1から10までと，10から1まで聞いてみましょう［音源］。発音が変わる数字があるでしょうか。

3　4, 7, 9はどの読み方が多いでしょう。クラス全体でまとめてみましょう。

	4		7		9	
	し	よん	しち	なな	く（う）	きゅう
1→10	人	人	人	人	人	人
10→1	人	人	人	人	人	人

4 かけ算の九九をさっと読むときと，式にしてていねいに読むときで，読み方が違う数字があります。自分の読み方を書いてみて，どの数字の読み方が違うか考えてみましょう。

   （例）　2 × 5 = 10　　に・ご・じゅう　　　に　かける　ご　は　じゅう
   　　　　3 × 9 = 27
   　　　　4 × 7 = 28
   　　　　6 × 8 = 48

5 人を1人から10人まで数えて，読みがなをつけましょう。「人」を「にん」と読むのはどこでしょう。

   1人，2人，3人，4人，5人，6人，7人，8人，9人，10人

6 1本〜10本に読みがなをつけてみましょう。次に「本」の読み方をもとに1本〜10本をA〜Cの3つのグループに分けてみましょう。

   1本，2本，3本，4本，5本，6本，7本，8本，9本，10本
   　Aグループ：　1本，
   　Bグループ：　2本，
   　Cグループ：　3本，

7 ペンを1本から10本まで英語で数えてみましょう。

8 7と17を日本語と英語で言ってみましょう。17は10と7からできていますが，どちらを先に言うでしょうか。

   　　　　　　　7　　　　　　17
   日本語：
   英語：

コラム　しりとり

「しりとり」は簡単な子供のことば遊びですが，よく観察してみると，案外日本語のおもしろい性質に気づかせてくれます。

しりとりの基本的なルールを整理してみましょう。

1. 一人のプレーヤーがものの名前＝"名詞"を一つ言う（この名詞を仮にAとしておきます）。
2. 次のプレーヤーが，Aの語末の"音"を語頭に持つ名詞Bを言う。
3. 以下，同様にプレーヤーを回していく。

プレーヤーは，二人以上なら何人でも可です。アウトになるのは以下の場合です。

a. 新しい名詞が言えなかったらアウト。
b. 既に出た名詞を再び言ったらアウト。
c. 語末に「ん」の付く名詞を言ったらアウト。

aとbは，新しい名詞が思いつかないので以前の名詞を言ってしまうと考えると根は同じと言えるでしょう。

まず，しりとりは日本語の"名詞"という品詞の特徴を教えてくれます。動詞だと「落ちる」「書く」のようにウ列音（特にル）のみになり，また形容詞だと「赤い」「悲しい」などイのみになるので，しりとりには向かないのです。またしりとりには人名・地名などの"固有名詞"は使えない，という規則が一般的なようです。さらに，こどもの遊びということもあって，"易しい"単語が好まれます。易しい単語というのは定義が難しいのですが，目に見えるもの，感じられるもの，生活に身近な具体物が中心ということです。「努力」「奉仕」「宗教」など抽象的な語彙（特に漢語）は避けられます。また「いす」「つくえ」はOKですが，「肘掛け椅子」「勉強机」などは細かすぎ，「家具」だと抽象的すぎる，というように，子供が認識しやすい概念のレベルがあることが分かります。このようなレベルを言語学者は「基本レベル・カテゴリー」と呼びます。基本レベル・カテゴリーの語彙を中心に構成される，子供が学びやすい語彙の総体をその言語の「基礎語彙」と呼ぶことができますが，しりとりは基礎語彙の名詞でプレーされると言うことができるでしょう。

次に，上に書いた"音"について詳しく見ていきましょう。この"音"は，だいたい仮名1字に対応し，音韻論で言う"モーラ（拍）"という概念に相当します（拗音は例外）。しりとりで難しいのは「ルビー」のような延ばす音，「紅茶」の「ちゃ」のような拗音です。延ばす音，拗音の処理についてはいくつかのルールが考えられますが，ここでは省略します。

さて，しりとりが行き詰まるのは，ンの付く言葉を言ってしまうか新しい名詞を思いつかないかということですが，これは日本語の名詞の特徴によります。Wiktionary日本語基礎語彙一覧というサイト*にある名詞680語を例に採ってみると，「ん」で終わる語は語数で54語，全体の第2位，約7.9％にも上ります。またラ行で終わる語は全体で88語，全体の12.9％にものぼるのに，逆にラ行で始まる語は12語，全体の1.8％しかありません（特にラルレは少ない）。つまりラ行で始まる語がすぐ底をついてしまって行き詰まるのです。これは，もともとの日本語（和語）が語頭にラ行を持たないという性質を持っているせいで，ラ行を語頭に持つのは漢語（中国語由来の単語）および外来語（中国語以外の外国語由来の単語）に限られます。しりとりをできるだけ長く続けようと思うと，どうすればいいか，あるいは相手を困らせるにはどうするか，考えてみて下さい。

*http://ja.wiktionary.org/wiki/%E3%82%AB%E3%83%86%E3%82%B4%E3%83%AA:%E5%9F%BA%E6%9C%AC%E8%AA%9E%E5%BD%99%E4%B8%80%E8%A6%A7

（金水　敏）

Unit 4 Lesson 18 ことば遊び（早口ことば）

（齋藤菊枝・佐藤　允）

【学習活動の概要】

本時の学習

目標

① ことば遊びの1つである早口ことばを取り上げて，実際に言ってみたり音声を聞いたりしてことばについて考える。
② 発音のしにくさや言い間違いの特徴についてグループで話し合う。
③ 早口ことばを通して，ことばのおもしろさや豊かさを知る。

本時の展開

① 早口ことばに慣れ親しむ。
② グループで早口ことばの特徴を話し合い，発表する。
　その際，発音しにくい箇所や言い間違いの起こりやすい箇所などを指摘し，その特徴を考える。
③ 外国語の早口ことばを聞き，実際にまねて声に出すなどして，その特徴を考える。
　限られた時間の中で早口ことばを何回言うことができるかなどゲームの要素を取り入れ，興味をもたせる工夫を考える。
④ 本時の活動を振り返る。

言語活動の充実の工夫

○ 学習指導要領には，言語や文化について「体験的に理解を深める」ことが示されている。本レッスンでは，児童にできる限りたくさんの早口ことばに挑戦させ，日本語や外国語がもつ音やリズムを体験してもらい，ことばの面白さや豊かさを感じてもらうことが重要である。日本語の早口ことばの例を取り上げたが，ペアやグループごとにどれくらい早く言うことができるかを競い合ったりタイムを計ったりするなどして，ゲームの要素を取り入れながら，楽しく早口ことばを体験できるようにする。

○ 外国語については，1つの例として英語の早口ことばを取り上げ，外国語にも早口ことばがあることを紹介することとした。学習指導要領に「英語の音声やリズムなどに慣れ親しむとともに，日本語との違いを知り，言葉の面白さや豊かさに気付くこと。」（第4章外国語活動第2,2内容（1）イ（ア））とあるように，ALTや指導者が見本を示し，児童はそれを何度も聞いたり音をまねたりするなどして，英語の音やリズムに慣れ親しませることが重要である。また，英語の早口ことばの例を1つ取り上げたが，可能な限り多くの英語の早口ことばを児童に示すとともに，英語以外の外国語にも早口ことばがあることにも触れ，さまざまな外国語に触れる機会を作ることも重要である。

○ 発話しづらかった部分や言い間違えた部分の特徴について，グループで意見交換させることで，自分の気づかなかった見方を知り，言語に対する理解を深めていくことも大切である。中でも，「同じ音が続くと言いにくい」「日本語の中でもアクセントの違う言葉がある」「外国語の早口ことばはおもしろい」など，音に対する意識を高められるようにする。

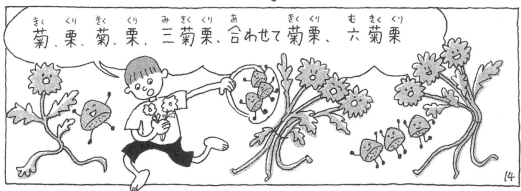

解　説

　ことばに対する意識を高めるという点において，まず発話の難しさや言い間違いに着目させることが重要です。同じ母音や子音が連続してあらわれると言い間違いが起こりやすいとされています。「同じ音」を発見させる方法として，例えば，早口ことばをローマ字で表記してみるとわかりやすいです。

　早口ことば①
　　「赤巻紙・青巻紙・黄巻紙」
　　→「akamakigami・aomakigami・kimakigami」
　早口ことば②
　　「カエルぴょこぴょこみぴょこぴょこあわせてぴょこぴょこむぴょこぴょこ」
　　→「kaerupyokopyokomipyokopyokoawasetepyokopyokomupyokopyoko」

　ローマ字で見ると，[a]（①）や [o]（②）といった同じ母音や〔k〕や〔m〕（①），[p]（②）など同じ子音が多用されていることがわかります。これが音韻的な誤りを誘発しているとされます。授業では，言いにくさや言い間違いが起こりやすいことを体験させた上で，「なぜそうなのか」について考えさせ，早口ことばのもつ音の特徴に注意を向けさせます。もう1つ，早口ことばを言いにくくさせている要因として，口の前の方で発音する音（[m]（①）[p]（②）は唇の音）と口の後ろの方で発音する音（[k] は舌が口の奥の柔らかい部分に密着する音）が交互にあらわれ，舌が前に後ろに大きく動くと間違いが生じやすくなることがあります。児童に実際にゆっくりと発音させて調音点を確かめさせてみるのも関心を高めることにつながります。

　また，どのような工夫をすれば早口ことばを早く言うことができるかなど，言いにくさや言い間違いを解消する方法を考えさせることも，ことばへの意識を高めることにつながります。例えば，意味を考えながら読むと読みやすさが大きく変わるということに気づかせます。

　早口ことば③
　　「きつつきつつくききずつくき」
　　→「キツツキつつく木傷つく木」
　　→「キツツキ，つつく木，傷つく木」
　早口ことば④
　　「まちのちずみまちがえみちまちがう」
　　→「町の地図見間違え道間違う」
　　→「町の地図，見間違え，道間違う」

　指導においては，言い間違いをしないで早く言う工夫として，カタカナや漢字による表記を提示したり句読点を用いて語の区切りを付けたりして，その有効性と文の意味を意識しながら発話することの重要性に気づかせることが大切です。

　一方，発音に意識を向けさせることも重要です。日本語には同音異義語が多く，ひらがなで表記しただけでは意味を判別できない言葉がたくさんあります。例えば，「はし」（早口ことば⑤）は，書きことばであれば，漢字により区別できますが，話しことばはアクセントによって「はし」という言葉のもつ複数の意味が区別されます。

　例）「はし」…書きことば＝「橋」と「箸」
　　　　　　　話しことば＝「はし̄（橋）」と「はし̄（箸）」
　　　　　　　（傍線（￣）の部分が高く発音される）
　　　　　　　（音の高さ＝［低高］［高低］）

　このことから，［低高］［高低］といったアクセントの違いで，相手に正しく理解してもらえることに気づかせます。

　さらに，同じ単語でも地域によって意味が異なることがあるように（例えば，「わい」という言葉は大阪では「自分」を指し，鹿児島では「おまえ」の意味で相手を指す），発音もまた地域（方言）によってしばしば異なることにも触れたいところです。例えば，「橋」は大阪と鹿児島では同じですが，東京は違います。

〔例：アクセントの地域差〕（ ̄部分が高く発音される）

東京	大阪	鹿児島
はし（橋）	はし	はし
はし（箸）	はし	はし
はし（端）	はし	はし
あめ（雨）	あめ	あめ
あめ（飴）	あめ	あめ

例で紹介したもの以外にも，日本語にはたくさんの方言があり，それぞれが違うアクセントをもっています。大切なことは，日本語にもいろいろな方言があり，「多様性」をもっているということです。指導では，英語の早口ことばを可能な限り体験してもらうとともに，英語以外の外国語にも早口ことばがあることを示し，言語の多様性について考えさせることが重要です。同時に，日本語の多様性にも簡単に触れ，自分とは違う発音（アクセント）を受け入れる寛容な態度をもつことがコミュニケーションにおいて重要であることを理解させます。こうした態度は学習指導要領が目指す「コミュニケーションを図る素地」につながります。

なお，関連する事項などについては，Unit 1 Lesson 2「方言」，Unit 2 Lesson 9「韻律」，Unit 4 Lesson 20「言い間違い」を参照して下さい。

〔参考文献〕

窪薗晴夫（2011）「ことばの曖昧性と方言」大津由紀雄（編）『ことばワークショップ』開拓社．pp. 47-88.

大津由紀雄・窪薗晴夫（2008）『ことばの力を育む』慶應義塾大学出版会．

寺尾康（2002）『言い間違いはどうして起こる？』岩波書店．

◆授業の展開（1時間版）◆

時間	学習内容		●指導上の留意点 ◎評価規準（方法）
	児童の活動	指導者の活動	
導入 8分	・早口ことばに挑戦する。 　例）赤巻紙青巻紙黄巻紙 ・知っている早口ことばを紹介し合って楽しむ。 ・今日のめあてを知る。	・身近な早口ことばを一つ紹介する。 ・速さや正確さを意識させたりして，早口ことばに親しませる。 ・今日のめあてを知らせる。	●うまく言えたことを賞賛したり，言えなかった部分に目を向けさせたりしながら，本時の授業への興味・関心を持たせる。
	早口ことばの秘密をさぐろう！ 　―早口ことばはうまく言えないからおもしろい！？―		
展開1 24分	・色々な種類の早口ことばに挑戦する。（ワークシート） ・早口ことばをうまく言えない理由を考える。 ・間違えずに早口ことばを言える方法を考える。	・短冊に色々な早口ことば（①〜⑤）を書いて紹介し，挑戦させる。（ワークシート） ・①〜⑤の早口ことばに共通することを考えさせ，早口ことばをうまく言えない理由を周りの児童と話し合わせる。 　□ 同じ単語が繰り返される。 　□ 同じ音が何回も出てくる。 ・言いにくいことが特徴の早口ことばを間違えずに言える方法を考えさせる。 　□ 句読点を打つ。 　□ 漢字やカタカナに直す。 　□ 間を入れる。 　□ アクセントの高低を意識する。	●ローマ字表記した早口ことばなどを提示し，ヒントを与える。 ●同音の連続した早口ことば，同音異義語の連続した早口ことばがあることを通して日本語の多様性にふれる。 ●出てきた方法を意識させ，再度早口ことばに挑戦させ，前回との違いに気づかせる。 ◎間違えずに言う方法を意識して早口ことばに取り組んでいる。（行動観察）
展開2 10分	・英語の早口ことばに挑戦する。 　例）She sells seashells by the seashore.（彼女は海岸で貝がらを売っている。）	・簡単な日本語訳と共に，指導者が英語の早口ことばを紹介する。 ・英語の早口ことばをできるだけ多く聞かせ，音をまねさせる。 ・日本語の早口ことばの特徴にあてはまることに気づかせる。	●音をたよりに，聞こえた通りに言ってみようと声かけをする。 ●指導者の後に続いて英語の早口ことばを言わせる。 ●指導者が左記以外の他の英語の早口ことばを言うなどして可能な限り体験させる。 ◎外国語の音やリズムを楽しんでいる。（行動観察）
まとめ 3分	・学習して気づいたことをまとめる。 ・気づいたことを発表する。	・今日学んだことをまとめさせ，発表させる。	◎早口ことばを通して，ことばのもつ音やリズムの豊かさを感じられたか。（行動観察，ワークシート点検） ●次時の意欲につながるように，具体的に児童の良かった点を評価する。

準備する物：ワークシート

◆授業の展開（15分版）◆

時間	学習内容		●指導上の留意点 ◎評価規準（方法）
	児童の活動	指導者の活動	
導入 3分	・紹介された早口ことばに挑戦する。 ・知っている早口ことばを紹介する。お互いに示された早口ことばを言い合う。 ・今日のめあてを知る。 早口ことばの秘密をさぐろう！ ―早口ことばはうまく言えないからおもしろい！？―	・早口ことばを一つ紹介する。 例）赤巻紙青巻紙黄巻紙	●うまく言えたことを賞賛したり，言えなかった部分に目を向けさせたりしながら，本時の授業への興味・関心を持たせる。
展開 10分	・色々な早口ことばに挑戦する。（ワークシート） ・早口ことばをうまく言えない理由を考える。 ・間違えずに早口ことばを言える方法を考える。 ・英語の早口ことばに挑戦する。 例）She sells seashells by the seashore.（彼女は海岸で貝がらを売っている。）	・①〜⑤の早口ことばに挑戦させる。（ワークシート） ・早口ことばをうまく言えない理由を考えさせる。 □ 同じ単語が繰り返される。 □ 同じ音が何回も出てくる。 ・早口ことばの特徴を生かし，間違えずに言える方法を考えさせる。 □ 句読点を打つ。 □ 漢字やカタカナに直す。 □ 間を入れる。 □ アクセントの高低を意識する。 ・英語の早口ことばを紹介する。 ・英語の早口ことばも日本語の早口ことばの特徴にあてはまることに気づかせる。	●出てきた方法を意識させ，再度早口ことばに挑戦させる。 ◎間違えずに言う方法を意識して，早口ことばに取り組んでいる。（行動観察） ●簡単に早口ことばの日本語訳を紹介する。 ●指導者の後に続いて英語の早口ことばを言わせる。 ◎外国語の音やリズムを楽しんでいる。（行動観察）
まとめ 2分	・学習して気づいたことをまとめる。 ・気づいたことを発表する。	・学習して気づいたことをまとめさせる。 ・気づいたことを発表させる。	◎早口ことばを通して，ことばのもつ音やリズムの豊かさを感じられたか。（行動観察，ワークシート点検）

「早口ことば」について考えよう

年　　組　　番　名前

1　早口ことばに挑戦(ちょうせん)してみましょう。

① 赤巻紙(あかまきがみ)青巻紙(あおまきがみ)黄巻紙(きまきがみ)

② カエルぴょこぴょこみぴょこぴょこあわせてぴょこぴょこむぴょこぴょこ

③ きつつきつつくききずつくき

④ まちのちずみまちがえみちまちがう

⑤ 端(はし)の箸(はし)　箸(はし)の端(はし)　橋(はし)の端(はし)　端(はし)の橋(はし)　箸(はし)の橋(はし)　橋(はし)の箸(はし)　端(はし)と橋(はし)と箸(はし)

2　早口ことばにはどのような特徴があると思いますか？

3　早口ことばを間違えずに早く言うためにはどのような工夫があると思いますか？

4　外国語の早口ことばを聞いて感じたことを書いてみましょう。

Unit 4　Lesson 19　ていねいな表現

(森山卓郎)

【学習活動の概要】

本時の学習

目標

　ここでは，「丁寧な表現」のメカニズムについて気づき，日本語を見直すとともに英語の発想についても知り，言葉の使い方のおもしろさを知る。
　具体的に名前を聞いて言い合う中で英語の表現に慣れる。

本時の展開

　相手の名前を聞く場合に，どう表現するかということを例としながら，言葉の使い方について考え，特に丁寧な表現とはどのような表現か，どのような表現の工夫が丁寧な表現を構成するか，を日本語と英語の双方を例にしながら考え，言葉を使用することの基本的な意識を高める。

① 日本語での丁寧な表現について考え，敬語のような「決まった表現」があることに気づく。
　ここでは，「ありがとう」と Thank you の違いを考える。

② 英語では日本語のような「決まった表現」はないが，英語にも表現上の気配りがいろいろあることを知る。
　Your name?　名前は？　（簡単な聞き方で便利だが，丁寧な言い方というわけではない。）
　What is your name?　名前は何ですか？　（詰問しているような感じになりあまり丁寧ではない）
　May I have your name, please?　名前を聞いてもいいですか？　（名前を聞くときによく使う）
のような表現を知る。

③ 英語でも日本語でも，日常生活で，「丁寧な言い方」に関する配慮ができるようにさせたい。

言語活動の充実の工夫

　日本語の表現も含めて考えることで，表現について自分の経験や考えを交換しあったり，調べたりすることができる。これは，言葉をいかに使うかということについて考えを深めることにつながる。英語を学ぶことで，丁寧な表現のあり方についての理解を深めることができる。
　さらに考えたことをもとにロールプレイなどをすることで，活動的に英語に慣れていくことも考えられる。ロールプレイでは，「名前を聞く→答える」という関係だけではなく，
　　Nice to meet you.
のような定型的な表現を加えることで，親しい関係を作ることの大切さも重視させたい。
　なお，ここでは触れていないが，発展としては，相手の名前がわかることで，呼びかけ表現を加えることが考えられる。最初に Thank you. という表現について考えたが，例えば同じ Thank you. でも，呼びかける表現を加えることで，
　　Thank you, Ms. Suzuki.　　鈴木先生ありがとうございます
のような丁寧な感じの言い方や，
　　Thank you, Yosuke.　　　陽介，ありがとう
のような親しい感じの言い方ができる。名前を知ることの意味は英語においては相対的に重要であるが，そうしたことへも気づかせたい。

解　説

1. 敬意と言葉の使い方

日本語では聞き手に対する丁寧な「言い方」として，まず文体の選び方があり，「です，ます，でございます」などの丁寧語があります。さらに，話題の中の人物について，尊敬語や謙譲語などを加えることもできます。（→コラム参照）。

先生がいらっしゃいます。　　尊敬語＋丁寧語
先生に差し上げます。　　　　謙譲語＋丁寧語

日本語では，聞き手との関係によって人の呼び方も変わります。聞き手のことも，自分のことも次のように変わります。

おまえ，あなた，君，きさま，おたく，／先生，課長，お客様　→　聞き手について
ぼく，わたし，おれ，／（先生：小学校で生徒に向って）→　話し手自身について

2. 敬語以外の表現上の気配り

例えばペンを貸してほしい時，

ペンを貸せ。　　　　　　　命令文
ペンを貸して下さい。　　　命令文

のような命令表現のほか，

ペンもっていますか？　　　　　　　疑問文
ペンを借りてもいいでしょうか？　　疑問文

のような疑問による表現があります。

3. 日本語のような「敬語」がない英語

英語の場合，「敬語」はありません。例えば，

ペンをお持ちでございますか？
ペンを持ってますか？
ペン持っている？

といった文はいずれも Do you have a pen? になります。

しかし，どのような言い方をするかで気配りを示すことは英語でもあります。例えばペンを借りるときに，

Give me a pen.

などは丁寧な感じになりません。

Please give me a pen.
ペンを貸して下さい。

のように please をつけることで丁寧にお願いをしているということが示されます。さらに，

May I borrow a pen?
ペンを借りてもいいですか？

のような聞き方で，疑問文として聞く方が丁寧にお願いをしている感じになります。ただし，丁寧な言い方といっても聞き手が損をするお願いの場合と，聞き手が得をすることを言うすずめの場合とでは表現が違うことにも注意します。

ここでは，相手の名前を聞く表現をとりあげます。

Your name?
名前は？
（簡単な聞き方で便利だが，丁寧な言い方というわけではない。）
What is your name?
名前は何ですか？
（詰問しているような感じになり，あまり丁寧ではない）
May I have your name, please?
名前を聞いてもいいですか？
（名前を聞くときによく使う）

4. 英語での人の表し方と呼びかけ

"you" も I も，いろいろな関係で使うことができます。基本的には，関係によって自分のことを呼び分けたりもしません。ただし，英語でも，Mister/Ms. のように呼びかける言葉をよく使って，それによって関係が示されることがあります。なお，Teacher は日本語の「先生」と違い，名前の前につけたり呼びかけたりしないので注意が必要です。

◆授業の展開（1時間版）◆

時間	学習内容		●指導上の留意点 ◎評価規準（方法）
	児童の活動	指導者の活動	
導入 4分	・「ありがとう」と「ありがとうございます」を比較し，普通の表現と丁寧な表現の違いに気づく。 ・英語の"Thank you."はどうかを考える。 （You は日本語ではどう言うかを考える） ・今日のめあてを知る。 ・英語には敬語がないということ，丁寧な表現とはどういったものかに興味をもつ。	・「ありがとう」と「ありがとうございます」を提示することにより，普通の表現と丁寧な表現があることに気づかせる。 ・英語での"Thank you."という言葉の「意味」を教える。英語では，呼びかけの表現を加えることで，丁寧な気持ちを表したり親しい気持ちを表したりできるが，それには名前がわからないといけない。そこで，今日のめあてとして，次に名前の聞き方を学ぶという関連づけをする。	◎日本語には，普通の表現と丁寧な表現があることに気づいている。（行動観察）
展開1 8分	・初めて会った人に名前を聞くときの言い方をたくさん考える。（1①） 　例　名前は？ 　　　お名前を教えていただいていいですか？ 　　　名前は何というの？	・英語での名前の聞き方を紹介する。 　Your name? 　What is your name? 　May I have your name, please? それぞれの説明をし，どれが丁寧かを考えさせる。 Please をつける場合についても触れる。	◎初めて会った人に名前を聞くときの言い方を考えている。（ワークシート点検，行動観察）
展開2 8分	・答え方の表現を知る。 　My name is Tanaka Kaoru. 　I am Tanaka Kaoru. 　Kaoru Tanaka という順も考えられる。後に Nice to meet you. を付け加える。 ・ペアになって名前を聞いて答える活動をする。	・答え方の表現を教える。 　My name is Tanaka Kaoru. 後に Nice to meet you. を付け加える。付け加えるとどんな気持ちがするかも考えさせる。 ・併せて Call me ～. のような表現に触れてもよい。 ・ペアになって名前を聞いて答える活動をする。	●「どういう気持ちでどのような表現を言うか」を考えているか。しっかりとやりとりができているか。（行動観察）
展開3 8分	・英語での名前の聞き方を知る。（3，4） ・丁寧な表現の英語の発想に触れる。 ・「名前」について「誰の」ということを日本語では言わなくてもいいが，英語では言う。	・「お名前」という尊敬語は英語にはないことなどを言ってもよい。 ・英語でも，「お名前を伺ってもいいでしょうか。」と言う方が間接的で丁寧になることを伝える。 ・「名前？」のような表現は丁寧ではないことは共通している。	◎英語にも普通の表現と丁寧な表現があることに気づいている。（行動観察） ◎初めて会った人に名前を聞くときの言い方を知ろうとしている。（行動観察）
展開4 8分	・ワークシート5を用いて，日本語と英語の丁寧な言い方を比べる。 ・ペアになって，名前を聞いたり答えたりする。 ・Thank you. のあとに呼びかけの言葉を加える言い方で言う。	・日本語にも英語にもタイプは違うが，丁寧な言い方があることに気づかせる。 ・違いや同じところを考えることに重点を置きたい。 ・名前を聞いたり答えたりすることの大切さを活動の中で気づかせたい。	◎日本語と英語の丁寧な言い方に興味を持ち，使えるようになっている。（ワークシート点検，行動観察）
まとめ 9分	・本時の学びを振り返る。 ・本時の学びについて交流する。	・本時の学びを書かせて，交流させる。 ・学びの内容を評価してコメントを述べる。	◎本時の学びを振り返っている。

準備する物：ワークシート

◆授業の展開（15分版）◆

①

時間	学習内容 児童の活動	学習内容 指導者の活動	●指導上の留意点 ◎評価規準（方法）
導入 2分	・「ありがとう」と「ありがとうございます」を比較し，普通の表現と丁寧な表現の違いに気づく。 ・今日のめあてを知る。	・「ありがとう」と「ありがとうございます」を提示することにより，普通の表現と丁寧な表現があることに気づかせる。① ・今日のめあてを知らせる。	◎普通の表現と丁寧な表現があることに気づいている。（行動観察）
展開1 10分	・初めて会った人に名前を聞くときの言い方をたくさん考える。 ・初めて会った人に名前を聞くときの言い方をたくさん考える。（①①） 例　お名前は何ですか？ 　　お名前を教えていただいていいですか？ 　　名前は何というの？ ・一番丁寧な表現について考える。（①②） ・ワークシート②で確認する。	・ワークシート②で確認する。 ・一番丁寧な表現は何かを考えさせ，以下のことに気づかせる。できれば英語には日本語のような敬語がないということを知らせる。 ①「名前」より「お名前」が丁寧（尊敬語） ②「教えていただく」が丁寧（謙譲語） ③「です」「ます」が丁寧（丁寧語） ・文型の選択すなわち，直接聞くのではなく，「聞いてもいいですか」のように言う方が間接的で丁寧 ・「すみませんが」「おそれいりますが」「もしよければ」のような言葉を付け加えるとさらに丁寧	◎初めて会った人に名前を聞くときの言い方を考えている。（行動観察） ●国語での学習と関連づける。「どういう気持ちでどのような表現を言うか」を考えさせたい。 ◎一番丁寧な言い方について考えている。（行動観察） ●英語には日本語のような敬語がないことを知らせる。
まとめ 3分	・本時の学びを振り返る。 ・交流する。	・本時の学びを書かせて，交流させる。 ・学びの内容を評価してコメントを述べる。	◎本時の学びを振り返っている。

②

時間	学習内容 児童の活動	学習内容 指導者の活動	●指導上の留意点 ◎評価規準（方法）
導入 4分	・英語での「Thank you.」と「Thank you very much.」を比較し，普通の表現と丁寧な表現の違いではないことに気づく。 ・今日のめあてを知る。	・「Thank you.」「Thank you very much.」を提示することにより，英語には，日本語のような普通の表現と丁寧な表現がないことに気づかせる。 ・今日のめあてを知らせる。	◎普通の表現と丁寧な表現があることに気づいている。（行動観察）
展開1 8分	・英語での名前の聞き方を知る。（③，④） ・丁寧な表現の英語の発想に触れる。 例・「誰の」ということを日本語では言わなくてもいいが英語では言うという違い ・「お名前」という尊敬語は英語にはないこと，英語でも，「お名前を伺ってもいいでしょうか。」と言う方が間接的で丁寧になること，「名前？」のような表	・英語での名前の聞き方を紹介する。（③，④） ・「あなたの名前」はYour nameということを知らせた上で，日本語では「あなたの」と言わないときが多いが，英語では，Yourという言葉は必要であることを説明する。 Your name? What is your name? May I have your name, please? それぞれの説明をし，どれが丁寧かを考えさせる。 ・違いや同じところを考えることに重点を置きたい。	◎英語にも普通の表現と丁寧な表現があることに気づいている。（ワークシート点検，行動観察） ◎初めて会った人に名前を聞くときの言い方を知ろうとしている。（行動観察） ◎「あなた」の使い方が英語と日本語では違う場合があることに興味を持っている。（観察）

188

	現は丁寧ではないことなどに気づく。 ・⑤を用い，日本語と英語の丁寧な言い方を比べる。		●文字よりもどういう「発想」での表現かを考えさせる。
まとめ 3分	・本時の学びを振り返る。交流する。	・本時の学びを書かせて，交流させる。 ・コメントを述べる。	◎本時の学びを振り返っている。

丁寧な表現について考えてみよう

```
年    組    番 名前
```

1 Thank you と「ありがとう」「ありがとうございます」を比べてみましょう。

① 日本語の「ありがとう」「ありがとうございます」はどんな相手に言う言葉かを話し合おう。

	英語	日本語
よく知らない先生に対して	Thank you.	
友達に対して	Thank you.	

② 英語の Thank you とは？
Thank：
you ：聞き手のこと（あなた，君，先生 …）
Thank you. は「　　　　　　　　　」のような意味になります。日本語のような敬語はありませんが，あとに呼びかけの言葉をつけると相手との関係がわかります。
  Thank you, Mr.Suzuki / Ms.Suzuki / Yosuke / Kumi.
Mr.（ミスター）は男性，Ms.（ミズ）は女性の大人につける丁寧な呼びかけの言葉です。親しい場合は下の名前で呼びかけます。

③ 日本語には敬語があります。英語には同じような敬語はあると思いますか？
英語でも Thank you, sir. Thank you, madam. のような言い方をすることはあります。Sir は大人の男性に対して，Madam は大人の女性に対してそれぞれ呼びかける表現で，相手に対して丁寧な気持ちで話すことを表します。しかし，「感謝する」「感謝します」のような表現の使い分けはありません。

2 英語で相手の名前を聞く言い方を考えてみましょう。

① 日本語で名前を聞くときはどんな聞き方をしますか？

② 英語での名前の聞き方のいろいろ
Your name?
What is your name?
May I have your name, please?

> Your name　：あなたの名前
> Your　あなたの
> Name　名前
> 英語では，誰の名前かを必ず言うよ。日本語では「名前は何ですか」とも言えるね。「お名前」という言い方もあるね。

→どの表現が丁寧な感じでしょう。

■ Your　　　name?　あなたの名前は？
　あなたの　名前

■ What is your name?　名前は何ですか？
　What　is　　　your　　　name?
　何　　です　あなたの　名前

■ May I have your name, please?　名前を教えてもらっていいですか？
　May　　　　I　have　your　　　name, please?
　〜してもいい　私　持つ　あなたの　名前　　お願いします・どうか

3　答え方の表現を学習しましょう。

① My name is Tanaka Kaoru.　私の名前はタナカカオルです。
　My　　name is　　Tanaka　Kaoru.
　私の　名前　　です　タナカ　　カオル

　I am Tanaka Kaoru.　私はタナカカオルです。
　I　　am　Tanaka　Kaoru.
　私　です　タナカ　　カオル
　★日本語の名前は，「山田　花子」のように，名字（姓）・名前」の順ですが，英語では，「トーマス　エジソン」"Thomas Edison" のように，「名前・名字（姓）」の順です。日本語の順でいうことも，Kaoru Tanaka のように英語の順で言うこともできます。

② Nice to meet you.（会えるのはいいことだ，のような意味。よろしく，に近い表現です）を付け加えることもできます。付け加えると，どんな気持ちがするだろう。

4　ペアになって名前を聞いたり，答えたりしてみましょう！

・ていねいな聞き方や簡単な聞き方など，いろいろな聞き方で名前を聞いてみましょう。
・名前を答える表現も使いましょう。
・ありがとう，と言うときにも，相手の名前を呼びかけることができます。言ってみましょう。

コラム 待遇表現——日本語と英語を比べると——

1. 日本語の「私」と英語の"I"

　日本語の「私」は英語の"I"と同じでしょうか。確かにどちらも「話し手」のことを指す言葉です。しかし，全く違うのは，日本語での表現の豊かさです。日本語では，

　　あたし，私，わたくし，俺，僕，…

のように，相手との関係や，文体などで，「話し手」自身のことでもいろいろに言い換えられます。これらのほか，相手との関係で，自分のことを，

　　お母さん，先生，

のように呼ぶこともあります。英語では，自分のことを「お母さん」「先生」などと言うことは一般的ではありません。

2. 日本語の「あなた」と英語の"you"

　聞き手に対してはどうでしょうか。日本語にも「あなた」のような言い方がありますが，多くの場合，自分との関係で，

　　先生，お客さん，「運転手さん」「店員さん」

のような言い方をします。このような言い方にも，人間関係が反映しています。例えば，日本語で，よく知っている先生に対して生徒が，「あなた」という言葉を使うとどうでしょうか。少し失礼に聞こえるのではないでしょうか。

　聞き手に対しては，ほかに，年齢によって，

　　おばあさん，おにいさん，

のような言い方をすることもあります。「おたく」のような言葉を使うこともあります。そもそも二人称の主語を省略することもよくあります。

　これに対して，英語「聞き手（二人称）」の言葉は"you"で，使い分けはありません。日本語を母語とする人の中には，友達でも先生でも英語では"you"になる，ということに違和感を覚えた人もあるのではないでしょ

うか。ただし，英語では，呼びかける言葉での使い分け重要で，それによって関係が表されることはあります。例えば"Mr."をつけるかどうかなどです。

3. 敬語

　日本語では，目上かどうかという人間関係が言葉に反映しています。敬語です。例えば，「話す」という言葉でも，「先生がお話しになる。」と表現すると，主語を高めることになります。「お～になる」「られる」などは尊敬語の表現です。「おっしゃる」のように別の言葉で言い換えられることもあります。

　一方，「私が先生にお話しする」では，話をする対象（相手）を高める「お～する」という謙譲語の表現がくっついています。これも「申し上げる」「お耳に入れる」などの別の言葉で言い換えられることがあります。尊敬語も謙譲語も，「話題の人」への敬語と言えます。

　さらに，これらに「です」「ます」をつけた言い方もできます。丁寧語と言いますが，この場合は聞き手に対しての敬語です。この話題の人が「聞き手」と同じという場合もあります。

　尊敬語や謙譲語に加えて丁寧語を使う場合次のような表現になります。

　　先生がお話になる→先生がお話になります。（尊敬語＋丁寧語）
　　私が先生にお話しする→私が先生にお話しします。（謙譲語＋丁寧語）

もちろん，そのまま丁寧語だけをつけて言うこともできます。

　　先生が話します／先生に話します。

のような表現です。

4. 敬語の分類

　いままで，敬語の分類と言えば，「尊敬語，謙譲語，丁寧語」という三分類でした。しか

し，文化審議会の「敬語の指針」(平成19年2月)という答申では，敬語の分類を五分類とする考え方が示されています。これは，専門的にはすでによく受け入れられていた考え方です。五分類というのは，「尊敬語，謙譲語Ⅰ，謙譲語Ⅱ(丁重語)，丁寧語，美化語」という分類です。

(1) 尊敬語
まず，「尊敬語」は，「相手側又は第三者の行為・ものごと・状態などについて，その人物を立てて述べるもの」です。「いらっしゃる・おっしゃる，お使いになる，御利用になる，読まれる，お名前，御住所，お忙しい」などで，従来と同じです。

(2) 謙譲語Ⅰ
次に「謙譲語」ですが，今回の「敬語の指針」では謙譲語Ⅰと謙譲語Ⅱとに分けられています。「謙譲語Ⅰ」は，(「伺う・申し上げる」型) は，「自分側から相手側又は第三者に向かう行為・ものごとなどについて，その向かう先の人物を立てて述べるもの」です。「伺う，申し上げる，お目に掛かる，差し上げる，お届けする，御案内する」などがあります。この謙譲語は，聞き手が目下の場合でも「(例えば弟を聞き手として，)僕が先生を御案内するよ」のように言えます。

(3) 丁寧語
次に，「丁寧語」は，「話や文章の相手に対して丁寧に述べるもの」です。「です，ます，ございます」があります。聞き手に対しての敬語なので，ふつうは独り言では使いません。

(4) 謙譲語Ⅱ(丁重語)
これに対して，「謙譲語Ⅱ(丁重語)」は，「自分側の行為・ものごとなどを，話や文章の相手に対して丁重に述べるもの」です。「参る，申す，いたす，おる」そして，「拙著」などが例に挙がっています。聞き手に対する敬語で，特に，ふつう「ます」とともに使われるということに注意が必要です。「致し(ま

す)，申し(ます)，参り(ます)」のように丁寧語と一体になっているのです。ですから，例えば，弟に，「明日僕が致します」と言うことはふつうありません。
また，「先生は何を致しますか？」のように言うと少し失礼ですが，このように，主語はふつう話し手側の人物で，少し低く待遇されるという特徴もあります。

(5) 美化語
「美化語」とは「ものごとを，美化して述べるもの」としての敬語です。敬語と言っても誰かを高く持ち上げるというわけではありません。例として，「お酒・お料理」などが挙げられます。例えば，「お酒は百薬の長なんだよ。」などと述べる場合の「お酒」は，「酒」という言い方と比較して，「ものごとを，美化して述べている」だけです。特に敬意の対象となる人物が話題にあるわけでもないし，聞きにいるわけでもありません。例えば「湯」といわないで「お湯」というように，言葉をきれいに言うだけの表現です。

5. 同じ形でも注意──「お手紙」の敬語──
実は，「お手紙」はどんな敬語？と聞かれると，返事に困ります。3種類，あるからです。
まず1つめに，「先生のお書きになったお手紙」では，主語の「先生」が高くなる表現です。ですから，これは「尊敬語」です。
しかし，相手に手紙を出す時，「先生に差し上げようと心を込めて書いたお手紙」などと言えば，「先生」は受け取り手と言えます。だとすれば，これは謙譲語(謙譲語Ⅰ)です。
一方，もう1つ「美化語」というものもあります。例えば「お正月」「お茶」などの「お」は，持ち主や受け取り手のことを高めているわけではなく，美しく言うだけの働きしかない敬語です。例えば，幼稚園などで「おてがみを，もってかえりましょう」と言う場合，これは美化語です。
このように，だれが，だれに，どんなふうに書いたかで，「お手紙」の敬語としての意

味はいろいろと変身するわけです。英語ではこのような表現はありません。

6. 敬語の使い方の注意点

日本語では、話題に出てくる人への敬語が、聞き手がだれであるかによって、使われたり使われなかったりします。例えば、聞き手がよその人であれば、「私のお母様」などと言うことはふつうありません。ふつうは「私の母」のような言い方をするのではないでしょうか。このように、聞き手によって言葉の選び方が変わることがあるのです。

「後輩が先輩に手紙をお渡しする」のような表現も同様です。例えば、聞き手が自分と同じであればいいのですが、聞き手が先生の場合は不適切です。聞き手がその「先輩」よりもさらに目上であれば、謙譲語を使うことはふつうありません。聞き手の関係によって相対的に敬語の使い方が変わるのです。

7. 敬意のある様々な表現と敬語

日本語において、敬語だけを使えば敬意が表されるわけではありません。ほかにも話し手の「敬意のある気配り」はいろいろな方法で表されます。例えば、「こちらの方」の「方」は「人」を表します。本来、方向を表す表現ですが、ものごとを取り上げる時に一種のほかす効果をもって使われ、「押しつけがましさ」を減らすのです。「こちら」も方向を表す表現で、「この」というよりも高めた表現になります。

お願いをするときに、「して下さい」だけではなくて、「していただけませんでしょうか」のような表現にするのも、押し付けないようにする点で、丁寧な表現です。

話題によって失礼になる場合もあります。例えば、目上の先生に向かって、

先生はこれがほしいですか？

などのように言えば失礼ではないでしょうか。願望のような立ち入ったことをそのまま聞くことになるからです。

8. 英語との違いで気を付けるべきこと

英語でも、例えば"please"をつけてお願いをする、とか、「〜してくれませんか」のように疑問文で頼んでみるといった表現の違いはあります。しかし、日本語のような敬語はありません。

（森山卓郎）

Unit 4　Lesson 20　言い間違い

（寺尾　康）

【学習活動の概要】

本時の学習

目標

① 自分が言おうと思っていたこと（意図したことば）と違うことをつい言ってしまう，日常生活に現れる言い間違いの観察を通して，ことばは分解可能な部品（ことばの単位）からなりたっていることを発見する。

② うっかり間違ったとはいえ，意図したことばと言い間違ったことばの間には規則性がある。その規則性は，私たちは頭の中でことばを組み立てている作業の規則性と関連があるのだ，という見方に気づく。

③ 英語をはじめとするどの外国語でも言い間違いは起こることを知り，将来の英語学習や外国語学習への意欲を高める。

④ 言い間違いをみつける作業を通じて，ことばをことばとして一段高いところから客観的にみる態度を身につける。

本時の展開

① 傑作の言い間違いを紹介する。（ウォーミングアップ）

② 児童が紹介した実例を分類しながら言い間違いのタイプについて導入を行う。

③ 様々な言い間違いにおける言おうとしたことば（母音や子音などことばのかけらと呼ぶべきものも含まれている）と間違ってしまったことばを見つける作業をグループで行い，ことばは分解可能な部品（ことばの単位）からなりたっていることを知る。

④ 英語，イタリア語など日本語以外にも言い間違いが生じることを紹介し，個別言語を超えた言語の共通性についてふれる。

⑤ なぜ言い間違ってしまうのだろう，という難問に挑戦し，ことばを使うことへの意識を高める。

⑥ 自分で言い間違いを集める宿題を出す。「話されていることばを外からながめる自分」がいないとなかなか難しい作業であるため，ことばそのものへの気づきの第一歩になろう。

言語活動の充実の工夫

○ 言い間違いには笑いを誘うような傑作もあるので，児童のことばへの関心を高めることができる。

○ 言い間違いは間違いといってもでたらめに起こるわけではなく，頭の中で組み立てられることばの部品を反映して規則的に起こるので，多くの実例を用意して，その規則性に自ら気づくようにさせたい。

○ 言い間違いで動くことばのかけらの発見は他のレッスンで学習する母音や子音といった要素の実在性の確認や，ローマ字表記の復習にも用いることができる。

解　説

　言い間違いは発話の意図からの故意にではない逸脱のことをいいます。それほど頻繁には起こらないものの「○○と言おうとしていたのに思わず△△と言ってしまった」という誰もが経験する日常的な言語現象です。この「思わず」のところが重要で，意識的に追うことができない，私たちの頭の中で行われていることばの組み立て作業の様子を垣間見せてくれる証拠資料であるといえます。言い間違いには，以下に示す通り様々なタイプがあり，いろいろな言語学的要素（児童には「ことばのかけら」と伝えてもよいかもしれません）が「動き」ます。（以下，言い間違いの部分は下線で，話者の意図はカッコで示します。）

(1)　あるかけらの代わりに別のかけらを言ってしまうタイプ。（代用タイプ）
　　a.「アラレちゃんってロケット？」（ロボット）← 語の代用
　　b.「選手には頭のさまる思いだった」（さがる）← 音の代用
　　c.「しずちゃんの多才ぶらで，フラダンスを踊れる」（ぶり）← 音の代用

(2)　あるかけらと別のかけらの場所が入れ代わってしまうタイプ
　　a.「アパートのある風呂はいいなあ」（風呂のあるアパートはいいなあ）← 語の交換
　　b.「ぶんぶくちゃまが」（ちゃがま）← 音の交換
　　c.「最近　ほんだよん」（読んだ本）← 語と動詞の語幹の交換

(3)　2つのかけら同士が混ざってしまうタイプ
　　a.「何をきて寝るのかな？」「ぱまき」（パジャマ＋ねまき）← 語と語の混成
　　b.「腹，へっこめてますね」（へこませて＋ひっこめて）← 語と語の混成

(4)　かけらが付け加えられてしまうタイプ
　　「全体にチーム打率がひくいのなかでこの選手は…」（低い中で）← 助詞「の」の付加

(5)　かけらが無くなってしまうタイプ
　　「青木となかじ＿の組」（なかじま）← 音の欠落

　言い間違う時に動く「ことばのかけら」は私たちの頭の中で行われることばの組み立て作業で使われる部品にあたり，それぞれのタイプは，その作業がどのように行われるのか（ふさわしい語や音を選んだり，それらを意味が通じる順に並べたりする仕事があるはずです）に対応すると考えられています。また言い間違いは，意図した形と，何らかの理由で間違った形との両方が明らかになっている現実的で扱いやすい教材であると同時に，しばしば笑いを伴うという一面も持つので，児童にことばへの気づきを促す身近な材料を提供してくれます。さらにその「ことばのかけら」は単なる「かけら」ではなく，きちんとした言語単位として分析することができるので，中学校の国語や英語の授業で行われる文法事項の説明に無理なく入っていける素地も養うことができます。

　言い間違いの分析は，上に記した間違いのタイプと生じるレベルとを組み合わせて分類するところから始まります。レベルというのは誤って動いた「ことばのかけら（要素）」が属する言語学的なレベルのことで，子音，母音といった音のレベル（本書 Lesson 8 参照）から語や文のレベル（本書 Unit 2, 3 参照）まで及びます。例えば，(1) の例はそれぞれある要素の代わりに別の要素を代用してしまった例ですが，(1a) は語そのものが別の語に取って代わられているのに対し，(1b)(1c) は音韻要素の代用で，それぞれ /ga/ と /ma/ の子音部分，/ri/ と /ra/ の母音部分の間で代用が起こっています。

　また (2) に示した例は要素の位置が交換されている例ですが，(2a) は語の交換，(2b) とワークシートの2例目「シャンツとパツ」は音の交換，(2c) は語と語幹の交換といえます。

　さらに，言い間違いでは，(3) のように2つの要素が混成されたり，(4) のように要素が付加されたり，(5) のように要素が欠落したりも

します。

　こうした言い間違いは、「間違い」ということばが与える印象に反して、規則性をもって整然と起こることが知られています。そのうちのいくつかを挙げてみましょう。子どもたちが出してくれる例にもその特徴が現れるかもしれません。(1a) とワークシート冒頭の「入学式-卒業式」で示した**語の代用は意味的に類似した語の間で生じる**（例えば (1a) は両方とも SF に出てくることが多いハイテクな道具）**だけでなく、音韻的にもよく似た語の間で生じる**（(1a) は語頭の音も、モーラ数（モーラは俳句の時に指を折る 1 単位分）も、アクセントも同じ 2 語間の代用）ことが確かめられています。これは頭（心）の中の辞書に貯蔵されている語彙を引き出してくる際に意味的、音韻的な手がかりなどが複合的に働いていることからきていると考えられます。もう少し例を足しておきましょう。「これは洗剤のせっけん」（宣伝）、「くちびるをつけるんですか」（くちべに）言い間違いに関わった 2 語はよく似ています。また、音韻的な言い間違いでは、(1b) や (2b) にみられるように、**母音部分が共通である要素間で誤りが生じやすい**といわれています。（言い間違いをローマ字表記すると規則性がみつかりやすいので授業中に調べてみると面白いと思います。Lesson 6, 7 でとりあげられているローマ字の復習にもなります。）例えば、「エベレーター」はエレベーターの言い間違いですが、この例は、「小さい頃、あなたもそう言ってたのよ」と親から聞かされている子どもが多いかもしれません。また、「シャンツとパツ（シャツとパンツ）」、「ワナナバニ（バナナワニ）」にみられるように、**2 語にまたがる音の交換は隣り合う語の対応する位置（例えば語頭同士）の音は交換されやすい**という傾向もあります。これらの場合は語の先頭の音同士が交換されています。これは、ことばの組み立て作業の中に準備された枠に音韻的な要素が並べられる段階があることを反映していると考えられています。(3) にあげた混成には、**意味的によく似た語同士で、かつモーラの数がほぼ同じ 2 語の間で起こりやすい**ことが知られています。（ちなみに「パジャマ」も「ねまき」も同じ 3 モーラ語です。）これは、語を選ぶ作業と音を枠に並べる作業の両方で、双子のようによく似た語がくっついてしまったまとまり（混成語）を間違いとしてはじけなかったことによるといわれています。もちろん、こうした規則性は同じタイプのすべての言い間違いに観察されるわけではありませんが、強い傾向が認められます。

　このような混成語と同じプロセスは、新しい語を造る時にも用いられます。例えば、商品名「カルピス」は「カルシウム」の前半部分と「サルピス」（美味とされる乳製品のサンスクリット語）の後半部分がくっついたもの、英語からの外来語、「ブランチ (brunch)」は、breakfast（朝食）の前半と lunch（昼食）の後半がくっついたものです。さらに、昔起こった (2b) のような音の交換がそのまま定着してしまった例もあります。「山茶花」と書いてなぜ「サンザカ」ではなく「サザンカ」なのだろう、といった疑問や発見につながるとおもしろいでしょう。

　言い間違いは日本語だけに起こるのではなく、世界中のどの言語にも起こります。ワークシートには英語、イタリア語の音交換の例を載せましたが、よくみると対応する位置にある音の交換（Tom and Jerry を Jom and Terry と間違えた）、共通の母音を持つ音の交換（filosofico を fisolofico と間違えた）など日本語の言い間違いと同じ特徴がみつかります。**私たち人間の頭の中にあることばの組み立て装置は言語が違っても同じものかもしれない**ということを窺わせます。

　授業の最後に、「なぜ言い間違いをしてしまうのだろう？」という難問に挑戦してみましょう。「すぐ近く」に「似たもの」があることは日常生活の失敗（隣にあったしょう油をソースと間違えた）でも経験することですが、言い間違いにも同じことがいえると気づくことができたら素晴らしいことだと思います。

　このように言い間違いは言語分析の楽しさだけでなく、私たちの言語がいかに整然としたものであるかも教えてくれます。最後に、子ども達に自分で言い間違いを集めてメモしてくる、という宿題を出してみてはどうでしょう。日常

会話を分析対象として一段高いところからみる，という視点を身につけることができれば，ことばへの気づき意識は一層高まるものと期待されます。

〔参考文献〕
寺尾康（2002）『言い間違いはどうして起こる？』，岩波書店.
糸井重里（2005）『言いまつがい』，新潮文庫.（同氏主宰のHP「ほぼ日刊イトイ新聞」のコンテンツ「言いまつがい」ではアーカイブで大量の言い間違いの実例をみることができる）

◆授業の展開（1時間版）◆

時間	学習内容 児童の活動	学習内容 指導者の活動	●指導上の留意点 ◎評価規準（方法）
導入 5分	・今までや最近してしまった言い間違いを発表し合う。 ・今日のめあてを知る。 言い間違いの秘密を探ろう！ ―言い間違いにも"きまり"がある！？	・最近してしまった言い間違いや教室で耳にした言い間違いを紹介する。 例）てぐさりでがんばった。 →てさぐりでがんばった ・今日のめあてを知らせる。	●言い間違いは誰にでも起ることに気づかせ，和やかな雰囲気で自由に発表させるようにする。 ・今日の活動への興味，関心を高める。 ・授業時提示用の言い間違いの実例は解説にある参考文献，HPから入手可能
展開1 25分	・言い間違いのきまりを探る。 ・出てきた言い間違いの仲間分けをする。（グループ活動） ・言い間違いの例を聞き，どのグループに入るか考える。（ワークシート③）	・思わずしてしまう言い間違いにも何かきまりはないか考えさせる。 ・それぞれどんなグループかを考えさせる。 ・児童が分類したグループについて，整理する。 A 別のものに置きかわりグループ B 入れ代わりグループ C 混ぜ混ぜグループ D くっつきグループ E なくなりグループ ・言い間違いの例を聞かせ，どのグループに入るか考えさせる。（ワークシート③） ・児童のした分類を整理し，同じグループ内での共通点にふれる。	●必要に応じて，例の補充をし，仲間分けをさせる。（ワークシート①②） ●グループの名称は，児童の発表を参考に，できるだけ児童の理解と思考にあったものにする。 ●言い間違いは，紙面上より会話の中で起こるものであるため，聞いて考える活動を大切にする。 ◎思わずしてしまう言い間違いにも，ことばを単位とする規則性があることに気づいた。（行動観察）
展開2 10分	・英語や外国語における言い間違いの例を聞く。 ・紹介された言い間違いが，どのグループか考える。	・言い間違いは，日本語だけに起こりうるものか質問をする。 ・どの言語においても起こることを知らせ，英語とイタリア語の言い間違いを紹介する。 Tom and Jerry → Jom and Terry 「なぜ言い間違いをしてしまうのだろう？」と問いかけてみる。それに対する子ども達の答えを積み上げていく。授業のポイントをはずさないよう整理していく。	◎日本語で見つけた言い間違いのきまりを，英語やイタリア語にもあてはめて分類しようとしている。（行動観察） ◎「似ているから」，「頭がごちゃごちゃする」，「早口言葉みたい」…子どもたちなりの意見をほめ，言葉の不思議を発見する面白さを共有する。
まとめ 5分	・学習して気づいたことをまとめる。 ・気づいたことの発表をする。	・今日学んだことを記入させ，発表をさせる。 ・次回までに，身近な言い間違い集めをさせる。（自分自身，友達，先生，テレビ）	◎言い間違いを通して，ことばのもつおもしろさや規則性に気づいた。（行動観察，ワークシート点検） ●人の頭の中の「ことば装置」の精密さやすばらしさについてふれる。 ●次時の意欲につながるように，具体的に児童の良かった点を評価する。

準備する物：ワークシート，Web 上に置かれた音声サンプルを聞かせる機器，国語辞典

◆授業の展開（15分版）◆

時間	学習内容		●指導上の留意点 ◎評価規準〈評価方法〉
	児童の活動	指導者の活動	
導入 2分	・経験した言い間違いを紹介し合う。 ・今日のめあてを知る。 言い間違いの秘密をさぐろう！ ―言い間違いにも"きまり"がある！？	・最近してしまった言い間違いを紹介する。 ・今日のめあてを知らせる。	●児童の発表を通して，誰もが思わずしてしまう言い間違いについての興味をもたせる。
展開 10分	・言い間違いの仲間分けをする。 ・それぞれがどんなグループか考える。	・児童の発表した言い間違いとワークシート③A～Cの言い間違いを聞かせ，グルーピングをさせる。 ・英語や他の言語においても言い間違いが起こることを伝え，英語とイタリア語の例を紹介する。	◎思わずしてしまう言い間違いにも，ことばを単位とする規則性があることに気づいた。（行動観察） ◎他の言語においても言い間違いが起こることに気づいた。（行動観察）
まとめ 3分	・学習して気づいたことをまとめる。 ・気づいたことの発表をする。	・学習して気づいたことをまとめさせる。 ・児童が気づいたことを発表させる。 ・今後してしまう言い間違いも，今日のきまりにあてはめて考えてみようと伝える。	◎言い間違いを通して，ことばのもつおもしろさや規則性に気づいた。（行動観察，ワークシート点検） ●人の頭の中の「ことば装置」の精密さやすばらしさについてふれる。

言い間違いの秘密をさぐる

年　　組　　番　名前

1　言い間違いの例をみてみましょう。

① ある小学校で本当にあった話，司会の教頭先生が
「新入生のみなさんこんにちは，ただいまから，××小学校の卒業式を行います」
と言ってしまったものだから，せっかくの式がもう台無し…
何て言おうとしたのかな？

② 修学旅行の準備に忙しいA子さん，
「お母さん，わたしのシャンツとパツはどこ？」
A子さんは何を探していたんでしょう？

自分で言ったり聞いたりしたことがある言い間違いを覚えていたら書いてみましょう。
（
　　　　　　　　　　　　　　　　　　　　　　　　　　　　　　　　　　　　　）

2　言い間違いは，いろいろな「ことばのかけら（単語や音）」が動いてしまって起こります。今，みんなが出してくれた言い間違いはどこが動いていると思いますか。

3　次の例の下線部をよくみてください。言い間違いのタイプを探してみましょう！

Aグループ
① 「アパートのある風呂はいいなあ」
② 「ながせばはない話しだよ」
③ 「ワナナバニ園て行ったことある？」
④ 「テビレを消してください」
⑤ 「けんたくさごをとって」

これらはすべて（　　　　　　　　　　　　　　　　　　　　）タイプです。
間違って動いているところは（　　　　　　　　　　　　　　　　　　　　）です。

B グループ
① 「眠くなると，まるでねずみがはったような字になる」（みみず）
② 「しずちゃんの多才ぶらでフラダンスを踊る」（ぶり）
③ 「アラレちゃんってロケット」（ロボット）
④ 「選手には頭のさまる思いだった」（下がる）

これらはすべて（　　　　　　　　　　　　　　　　　）タイプです。
①と③が似ているところは（　　　　　　　　　　　　　　　）です。
②と④が似ているところは（　　　　　　　　　　　　　　　　　　）です。

C グループ
① 「大学でべんきゅうしている。」
② 「家でちゃんとよくしゅうをする。」
③ 「かわいいねんこのぬいぐるみ」
④ 「寝るときに着るのは？」「ぱまき」

これらはすべて（　　　　　　　　　　　　　　　　　）タイプです。
それぞれの間違いに関係している2つの語が似ているところは（　　　　　　　　　　　　　　　　　　）です。

4　外国語の言い間違いはあると思いますか？

① Jom and Terry（英語：Tom and Jerry と言おうとして）
② fisolofoco（イタリア語：filosofico と言おうとして）

日本語の言い間違いと似ているところはありますか。
(　　　　　　　　　　　　　　　　　　　　　　　　　　　　　　　　　　　　)

5　なぜ言い間違いをしてしまうと思いますか，理由を考えてみましょう。

6　来週までに自分で言い間違いを集めてみましょう。

　　友達の会話やテレビ・ラジオ番組に耳をすましてみましょう。聞こえたらすぐメモしましょう。

Unit 5 言語技術

Unit 5

1 単元名　言語技術
2 単元の目標 　世界の国々で広く実施されている言語教育である「言語技術」(Language arts) の基本を学習し，思考や表現のスキルを身につける。
3 評価規準 【コミュニケーションへの関心・意欲・態度】 ・学習に積極的に参加し，友達と話し合ったり，自分の考えを発表したりできる。 【言語や文化に関する気づき】 ・方法論を知ることで，考え方や表現の仕方が変化することに気づいている。 ・積極的に学習した内容を用いて考え，表現の方法を探ろうとしている。
4 主な学習活動

	学習活動	学習活動に関する指導上の留意点
Lesson 21 問答ゲーム（対話の練習）	・問答ゲーム 　対話の練習	・設定した「問い」を用いて実施するように留意する。個人的な内容を用いて学習しないこと。 ・児童の気づきを重視する。 ・英語での主張方法と基本的に同じ型であることを意識させる。
Lesson 22 説明（空間配列）	・説明 　空間配列 [Space order/Spatial order] に基づく対象の描写	・児童の気づきを重視する。 ・説明しない。論理的に考察させつつ児童の考えを引き出す。

Lesson 23 分析	・分析 　絵の分析	・児童の気づきを重視する。 ・5W1Hを駆使して質問する。 　「なぜ」の質問に偏らないよう注意する。
Lesson 24 事実と意見	・事実と意見	・児童の気づきを重視する。 ・説明が長くならないようにする。
Lesson 25 パラグラフの構成	・作文 　パラグラフの構成	・「問答ゲーム」で行った口頭での構成を作文に落とさせる。この時，英語の作文の基本型を「パラグラフ」と呼ぶことを指導する。 ・「パラグラフ」の各構成部分は日本語にせず，英語の名称で指導し，その後の英語活動につなげる。

言語技術に関わる解説

1．言葉の教育の体系である言語技術

　言語技術（Language arts）とは，言葉を建設的，効果的に使いこなすための方法論の体系です。日本語の翻訳に「技術」という概念が与えられているため，「言語技術」は，単に言葉を使いこなすためのスキルを技術的に訓練するものとの誤った認識を持たれる傾向にあります。しかしながら言語技術という訳語の元となったLanguage artsとは，本来，話したり，書いたりするためのスキルから文学作品等の読解，物の考え方までを包括的に含んだ言葉の教育の体系であり，決して狭い意味での技術を獲得させるためのものではありません。

　言語技術（Language arts）の目的は，母語を自在に使いこなし，社会で自立して生活できる人間を育てることであり，同時に自国の文化に誇りを持つ教養ある人間を育成することです。そのために，情報の取り入れ方，ものの考え方，表現の仕方までを子供の発達段階に合わせて具体的，体系的に指導しようとするのが言語技術です。

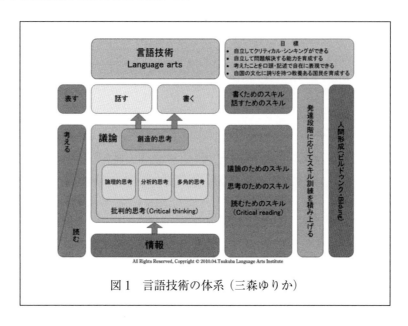

図1　言語技術の体系（三森ゆりか）

図1は，言語技術の体系をまとめたものです。図示したように，言語技術はその目標に向かって，言葉を核に置いて人間形成を目指して組まれたものです。まず，外から入ってくる情報に対して，それを聞き取り，読み取るための具体的な方法が指導されます。これは，クリティカル・リーディング（日本ではしばしば「批判的読書」と翻訳される）と呼ばれています。（Lesson 23 絵の分析参照）。このクリティカル・リーディングをするためには，クリティカル・シンキングと呼ばれる思考方法が必要となります。これは，情報に対して，論理的，分析的，多角的に考えるための具体的な手法です。

　対象に対して効率よくクリティカル・シンキングするには，一人で考えるよりも皆で考えた方が有効です。そこで，議論の方法が指導されることになります。議論するためにはそもそも他人と建設的な対話ができなくてはならないため，その手法が指導されることは言うまでもありません（Lesson 21 問答ゲーム参照）。また，対話をする際には人の話を誤解なく聞き取れるようにするために，事実と意見を区別する能力も求められます（Lesson 24 事実と意見参照）。この議論を用いた既存の情報に対するクリティカル・シンキングを経て，独自の考えを創造的に組み立てることが言語技術では重視されます。さらに，考えたことは，表現して他人と共有できなければ意味がありません。そのために指導されるのが，わかりやすい表現の方法です（Lesson 22 空間配列とLesson 25 パラグラフ参照）。言語技術ではこのように，情報に対して，論理的，分析的，多角的に考え，さらに考えたことを自在に話し，記述する能力を獲得させることがその目標とされているのです。

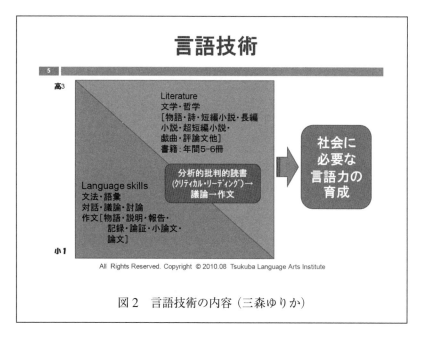

図2　言語技術の内容（三森ゆりか）

　もう1つ言語技術において重要なのが，教養ある社会人を育成することです。そのために多くの時間を割いて実施されるのが，文学作品のクリティカル・リーディングです。図2に示したように，小学校1年生から学校で指導される言語技術は，初等教育段階では言葉を操作するためのスキルが中心です。ところが，中等教育以上，つまり言葉を操作するための能力が児童生徒に獲得されたあとは，教養を育てるための文学作品の読解（クリティカル・リーディング）と議論しながら考えたことを小論文などの作文にまとめることが中心となります。文学の授業では，正解ではなく，自分自身で内容の本質を追究し，人間としての教養を育てることが奨励されます。ここで示した「Lesson 23 絵の分析」は，クリティカル・リーディングの能力を獲得

させるための第1段階として有効な方法です。絵の分析では，自分の考えを必ず絵の中にある証拠で支えて提示しなければなりません。ところが，事実に立脚して絵に描かれた内容を考えていくうちに，描かれていない事実にも気づかされることになります。文章を用いたクリティカル・リーディングでも同様に，最初は書かれた事実に基づいて自分の考えを組み立てつつ，徐々に行間に含まれた意味や背景に潜んだ情報の深い解釈に繋げて行きます。クリティカル・リーディングでは，互いに事実を確認し合いながら進めるため，相手の考えを検証し合いつつ，考えを共有し合いながら，深く建設的な議論を展開できます。

このように言語技術とは，言葉を操作するための方法を具体的に指導することを通して，最終的に，深く考え，考えたことを他人にわかりやすく提示するための手法を身につけた人間を育てるための教育です。型として獲得させたスキルが完全に身につくと，それはあたかも art のように血肉となって，自在に人間の中で生きた力として働くようになります。それが言語技術です。

2. 言語技術と外国語活動の関係

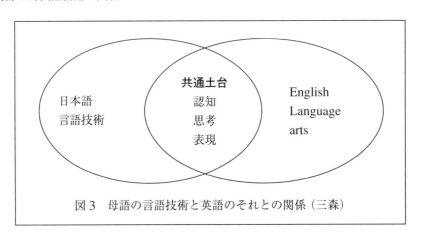

図3　母語の言語技術と英語のそれとの関係（三森）

外国語を身につけさせるときに，その土台となるのが母語である日本語で身につけた言語技術です。言語技術は，欧米言語を母語として用いる世界中の多くの国々で母語教育として実施されているため，その考え方や表現方法を母語で身につけていれば，外国語に簡単に応用が利き，外国語のものの考え方や表現方法に対して推測が効くようになります。

アメリカやカナダの英語の教科書には，たとえばそのタイトルが「English Language arts」と書かれているものが多数あります。これは，English（英語）という言語を用いて，Language arts という内容を学習することを意味します。つまり，これらの国々の児童は，英語という言語を用いて，学校では Language arts という教科を学習するのです。またこの Language arts は，フランスやイタリア，スペインやドイツ，アルゼンチンやブラジル，オーストラリアやニュージーランドなど世界中の多くの国々で実施されているため，母語の授業を通して Language arts が身につくとそれは様々な言語に応用が利くことを意味します。したがって日本の児童も，母語である日本語で言語技術を獲得しておけば，その先で英語を始めとする外国語を学習する際に，大きな助けになるはずです。言語技術は，外国語を学習する際の，認知や思考，表現の共通土台となるのです。それはちょうど，日本で身につけたサッカーのルールやテクニックが，サッカーという共通の場であればどこの国でも通用するのと同じようなことです。

Unit 5　Lesson 21　問答ゲーム（対話の練習）

（三森ゆりか）

【学習活動の概要】

本時の学習

目標

① 自分の考えをわかりやすく記述表現するスキルを身につける。
② 根拠に基づいて自分の意見を述べる習慣を身につける。
③ 型に則って自分の意見を言う方法を身につける。
④ 質問を畳み掛けられたときに対応できる能力を養う。
⑤ 英語における基本的な文章構成を身につける。

本時の展開

① 通常の児童の対話の問題点を認識させる。
②「問答ゲーム」の型を教える。
③ 教員と児童，児童同士で「問答ゲーム」を実施する。

言語活動の充実の工夫

　「問答ゲーム」は，「ゲーム」を好む児童の心理を利用しつつ，「ゲーム」と同様にルールを設定し，児童の対話能力を育成しようとする訓練である。活動を充実させるためには，通常彼らが何気なく用いている話し方を，児童に客観的に検討させ，それがいかにわかりにくいかを十分に認識させる必要がある。「問答ゲーム」のルールを守って話すことの難しさを実感させつつ，対話することの面白さに気づかせるように活動を工夫すると良い。また，「問答ゲーム」で用いる形式が，そのまま英語での対話の形式と類似することを児童に教えることも，外国語活動の一環として重要である。

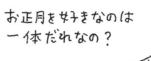

解　説

「言語技術」の基本である対話の訓練

1. 問答ゲームの目的

「問答ゲーム」とは，一定のルールに則って自分の考えを組み立て，提示するための能力を児童に獲得させるためのメソッドです。「問答ゲーム」のトレーニングを通して，最終的には児童が自在に他者と対話をし，議論ができるようになることがその目的です。

「問答ゲーム」の目的は次のように分類できます。

(1) 型の獲得

「問答ゲーム」では，一定の型に則って考えを組み立て，表現します。この型は，最終的に英語でパラグラフ（paragraph）と呼ばれる，文章の一番小さなかたまり（段落）と同じです。

トピック・センテンス
Topic sentence
意見の主張。立場の表明。
その先の主張内容の見通しを相手に与える。

サポーティング・センテンス
Supporting sentences
トピック・センテンスで主張した内容を支える複数の文。
理由・説明・例示など。

コンクルーディング・センテンス
Concluding sentence
結文。まとめの文。トピック・センテンスの内容を別の言葉で言い換えて再主張し，相手に再度自分の考えを提示。

このパラグラフの型を口頭で実施する「問答ゲーム」で繰り返しトレーニングさせることにより，児童が口頭でも記述でも，意見を主張するときや説明するときには自動的にこの型を利用できる能力を身につけさせられます。ちなみにパラグラフの型は，日本の言語環境でも重要です。効率を求められる企業で仕事をする場合，求められるのはパラグラフ形式での対話の型だからです。

(2) 考えの整理

「問答ゲーム」は，パラグラフの型を児童に獲得させることだけをその目的としません。これは同時に考えの整理の仕方や，組み立て方そのものに影響を与えます。したがって，「問答ゲーム」のトレーニングは，結果的に考えを整理し，組み立てて提示する方法を指導することに他なりません。頭の中に浮かんだ考えを瞬間的に型に落とし込んで表現するトレーニングを繰り返すうちに，児童は，型を特に意識せずとも型に則って自分の考えを表現することができるようになるのです。

(3) パラグラフ形式を身につけ説明的文章の作文に対応する

説明文，意見文などの文章の形式に適しているのは，パラグラフです。これは元々欧米から来た文章形式です。しかしながら日本でも，とりわけ企業などで求められる文章の形式はパラグラフです。「問答ゲーム」が身につくと，説明文や意見文を書かせる際に複雑な説明が不要になります。「問答ゲームの形で書きましょう」の一言で，児童の側でどのような構成にすべきかを理解できるようになるからです。

(4) 意見に対する責任の認識

問答ゲームでは，トピック・センテンスをいう際に，必ず主語を入れさせます。

問：　あなたは読書が好きですか？
答：　私は読書が好きです。なぜかというと…

日本語は，対面している相手に自分の意見を言う場合，一人称の主語（ぼく・私）を省略してよい言語です。しかしながらこの環境に浸って育つと，明確な責任を意識しないまま自分の意見を主張するようになります。そこで「問答ゲーム」では必ずトピック・センテンスで自分の主張をする際に一人称の主語を入れさせます。この感覚が身につくと，他人の意見を聞いたり，人の書いた文章を読んだりしたときにも，

誰がその内容に責任を持っているのかに意識が向くようになり、結果的に読解力の向上にも繋がります。

(5) 英語などの外国語への対応

すでに述べたように、「問答ゲーム」の型は英語のパラグラフ構造と同じです。そのため、日本語で「問答ゲーム」の型が身につくと、英語を始めとする欧米系のその他の言語への移行が楽になります。

(6) 精神力の獲得

「問答ゲーム」では、児童の答えに対し、その答えを掘り下げるための質問を数度重ねます。このような経験を通し、児童は畳み掛けられても動じずに対応できる精神力を身につけます。

(7) 切替スイッチ

対話の訓練に「問答ゲーム」という名称をつけたのには理由があります。「問答ゲーム」の対話形式は、必ずしも日本の言語環境には馴染みません。そのため、日本人としては、問答ゲーム型と日本型双方の対話形式を身につける必要があります。児童は、特に意識していないときには、日本型の対話形式を用いて自分の考えを伝えようとします。このような児童に対して必要に応じて、「問答ゲームの形で言ってみなさい！」と促すことにより、児童のものの言い方が切り替わるようになります。「問答ゲーム」という名称は、こうして児童にとって切替スイッチの役割を果たすようになります。

2.「問答ゲーム」の実施の方法

「問答ゲーム」の実施方法は単純です。質問をし、それに対して答えさせる、それだけです。この時、きちっと型に則って返答できるように指導します（図4）。とりわけ、トピック・センテンスは、「好きです」「嫌いです」と、主語を抜いて始まることが多いので、慣れないうちは「それは誰の意見なのか？」と、主語が抜けていることを気づかせる指導が必要となります。

図4　問答ゲーム（三森ゆりか）

児童から質問に対する返答が返ってきたら、その答えに対し、2問程度たたみ掛けて質問します。その際、2度目以降の質問は、必ず児童の答えの内容を深めるものになるよう注意することが必要です。横に逸れた内容の質問を重ねないよう配慮しましょう。

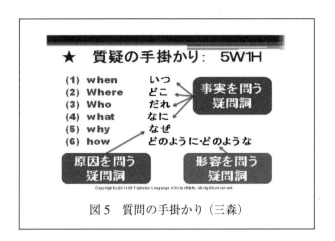

図5 質問の手掛かり（三森）

2問目以降の質問の際には，5W1Hを意識します。図5に示したように，事実を問う疑問詞の「いつ・どこ・誰・何」，理由を問う疑問詞の「なぜ」，形容や状態を問う疑問詞の「どのように」などをうまく使い分け，答えの内容を掘り下げさせます。

図6は，「問答ゲーム」の例を示したものです。例示したのは，「問答ゲーム」の指導の初期段階で見られる典型的な例です。この状態から辛抱強くトレーニングを繰り返してゆくと，小学生の場合は，3度目くらいには，すらすらと型に則って答えが返せるようになります。

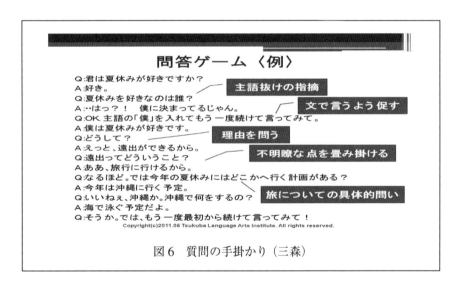

図6 質問の手掛かり（三森）

〔参考文献〕
三森ゆりか（2002）『イラスト版ロジカルコミュニケーション』合同出版．
三森ゆりか（2002）『論理的に考える力を引き出す』一声社．
三森ゆりか（2013）『大学生・社会人のための言語技術トレーニング』大修館書店．

◆授業の展開（1時間版）◆

時間	学習内容 児童の活動	学習内容 指導者の活動	●指導上の留意点 ◎評価規準（方法）
導入 10分	・問題点の指摘 ・ワークシートの最初の「対話」と同様の経験について自由に発言する。 ・最初の対話が弾まない理由について，自由に発言する。	・児童の一般的な対話の問題点に気づかせるために，指導者が実演してみせる： ［例1］ A: 映画を見るのは好き？ B: うん。 A: どうして？ B: なんとなく …。 ［例2］ A: ディズニーランドに行ったことある？ B: あるよ。 A: どうだった？ B: ふつう。	●児童が日常的に，「なんとなく」「びみょう〜」「わからない」だけで対話を打ち切っていないかどうかを確認し，対話の在り方を意識させる。 ●理由を提示しないことが不活発なコミュニケーションの原因となり得ることに気づかせる。
展開1 10分	・「問答ゲーム」の基本ルールの説明に際し，ルールを守る必要性について，適宜その理由を考えて発言する。	・ワークシートの配布 ・対話のトレーニングをすることを告げる。 ・対話のトレーニングのために「問答ゲーム」を実施することを伝える。 ・「問答ゲーム」の基本ルールについて説明する。 なぜ主語を明確にする必要があるのか，なぜ先に主張を述べる必要があるのか，なぜまとめのことばを入れるのかなどについて，児童を巻き込み考えさせる。	●ゲーム好きの児童の心理を利用する。 ●一方的に説明しないこと。必ず児童を巻き込み，ルールの必要性について考えさせ，発言させる。 ◎ルールを守る必要性について考えている。（行動観察）
展開2 10分	・挙手して教師に指名された児童は，全員の前で「問答ゲーム」に挑戦してみる。 ・他の児童は実践した児童の対応について，良い点と改善点とを指摘する。	・「問答ゲーム」の質問をいくつか用い，児童数名を挙手させて指名し，皆の前で実践してみせる。 この時は，指導者が問い，児童に答えさせる。 ・良い点を他の児童から取りだし，上手にほめる。問題点を他の児童から取りだし，十分に修正する。どのようにしたら問題が解消するかを，わかりやすく説明する。	●単語のみで返答すると，相手には考えが伝わらないことを児童に意識させる。また，「問答ゲーム」では不明点をたたみ掛けて質問することを指摘する。 ●いきなり児童同士で行わせないこと。必ず指導者対児童【2名程度】で皆の前で実践してみせる。 ◎問答ゲームを振り返り，考えている。（行動観察）
展開3 10分	・児童同士で「問答ゲーム」を実践する。	・「問答ゲーム」を児童同士で実践させる。机間指導し，児童間で首尾良く「問答ゲーム」が実践されているかどうかを確認する。うまく行っていない児童には適宜指導する。 ・「問答ゲーム」実践の際には，相手の答えをよく聞き，不足情報を引き出す問を発するよう説明する。	●児童が相手の答えによく注意を払って質問を畳み掛けられているかどうか，単語で答えていないかどうかなどを机間指導で確認し，指導する。 ●児童同士で実施の際には，「個人的な質問」を用いて勝手な活動をしないよう注意する。質問は必ず準備したものを使用させる

			◎相手の話をよく聞き,問答ゲームを行っている。(行動観察)
まとめ 5分	・「問答ゲーム」を実践してみて考えたこと,感じたことを自由に発言する	・「問答ゲーム」を実践してみた感想を訊ねる。「問答ゲーム」を実践してみて考えたこと,感じたことを児童に自由に発言させる。	●児童の考え,感想をまとめ,対話の重要性をあらためて児童に認識させる

準備する物:ワークシート

「問答ゲーム」をしよう

年　　組　　番　名前

　自分の考えをしっかりと相手に伝えながら対話をするため力を身につけるために、「問答ゲーム」をしましょう。「問答ゲーム」は、ゲームなのでルールがあります。答えるときには次のルールを守りましょう。

「問答ゲーム」の基本ルール

① **一人称の主語（ぼく・私）を入れましょう**
➢ だれの答えなのか、だれの考えなのかをはっきりさせ、答えに対して責任を持ちます。
- **私**は……が好き（きらい）です。
- **ぼく**は……に賛成（反対）です。

② **何（目的語）を入れましょう**
➢ 何が好きなのか、何がきらいなのかをはっきりさせます。
- 私は**お正月**がすきです。

③ **自分の意見や立場を先に示しましょう**
➢ 理由や説明を言う前に、自分の意見や立場をはっきりと示します。
【NG: お年玉がもらえるし、おせち料理が食べられるし、いとこたちとも会えるので、お正月が好きです】

④ **理由を言いましょう**
➢ なぜそのように考えるのか、理由を示します。
- どうしてかというと …
- なぜかというと …
- その理由は …

⑤ **まとめのことばを入れましょう**
自分の意見をしめくくり、最初に述べた自分の考えをさらにはっきりと示します。

[注] 「問答ゲーム」では、問われた内容に対して答えを返します。話をそらしたり、聞かれていないことに答えたりしないようにしましょう！

■「問答ゲーム」の例（1）
　問：　あなたはお正月が好きですか？
　答：　ぼくはお正月が好きです。なぜならお正月にはめったに会えないいとこたちと会えるからです。また，両親や祖父母にお年玉をもらい，おせち料理が食べられるからです。だからぼくは毎年のお正月が楽しみです。

■「問答ゲーム」の例（2）
　問：　あなたは学校に給食があることに賛成ですか？
　答：　ぼくは学校に給食があることに賛成です。理由は2つあります。1つ目は，給食があると，母が毎朝早起きしてお弁当を作る必要がないからです。2つ目は，給食だと温かい食事が食べられるからです。以上の理由で，ぼくは学校に給食があることに賛成です。

■「問答ゲーム」を友だちと行いましょう。相手から戻ってきた答えが不十分だったら，次のように質問を繰り返します。

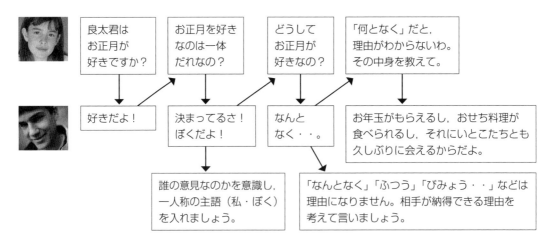

■次の問を用いて「問答ゲーム」を友だちと行いましょう。
　①　あなたは猫が好きですか？
　②　あなたは海が好きですか？
　③　あなたはどんなスポーツが好きですか？
　④　あなたは学校で宿題が出ることに賛成ですか？
　⑤　あなたは学校に給食があることに賛成ですか？
　⑥　あなたは土曜日に学校がないことに賛成ですか？
　⑦　あなたは犬を飼うことに賛成ですか？
　⑧　あなたは学校の新学期が4月に始まることに賛成ですか？
　⑨　あなたは本を読むことが好きですか？
　⑩　「本を読むと頭が良くなる」という意見にあなたは賛成ですか？

次のような感覚が生まれてきたら,「問答ゲーム」が身についてきた証拠です！

① <u>人が話しているのを聞いたとき,主語が抜けているのが気になる。</u>
　この場合の「人」は,対話をしている相手だけではなく,テレビで誰かが話しをしているときなども「主語抜け」が気になるかどうか,意識してみましょう。

② <u>「この人,いったい何が言いたいのかな？」と,気になる。</u>
　これは,相手の話の最初に,立場や考えが示されていないことに気づけるようになったことを意味します。この気づきの練習も,話し相手ばかりでなく,テレビなどで人が話しているのを聞いているときにも行うことができます。誰かが話しをしているとき,「もっとも言いたいことが最初に言われているかどうか」を意識して聞くように心がけましょう。

③ <u>理由があいまいなまま放置されることが気になる。</u>
　「なんとなく」「びみょう」「おもしろい」・・など,あいまいな理由が気になるようになってきたら,「問答ゲーム」の感覚が身についてきたことを意味します。あいまいな言葉に含まれる内容を常に意識しましょう。

応用編

「問答ゲーム」になれてきたら，応用編に挑戦してみましょう。

① 答えの指定
質問に対する立場をあらかじめ指定し，指定された立場で理由を考えて提示します。

【例】
問： あなたは，冬が好きですか？「きらい」の立場で答えて下さい。
答： 〈心の中のつぶやき： え～っ！ 冬はスキーに行けるから大好きなのに，きらいと答えなくてはならないなんて。きらいの理由なんて，わからないよ ･･･。どうしよう！〉

ぼくは冬がきらいです。冬がきらいな理由は，気温が低く，寒いからです。気温が低いとぼくはよくカゼを引きます。そうすると熱が出たり，せきが出たりするので，学校を休むことになります。ぼくは学校を休みたくないので，カゼを引きやすい寒い冬はきらいです。

「答えの指定」のトレーニングでは，ディベートにつながります。自分の意見を別の方向から考えてみることにより，逆の立場の意見を理解できるようになるからです。ディベートは，実社会での交渉などにもつながる大切な技術です。

② ナンバーリングを使う
答えるときに，答える内容がいくつあるか，あらかじめ数字で示しましょう。ナンバーリングを用いると，答えが整理できます。また，相手は，どのくらいの分量の内容を聞けばいいのか，あらかじめ見通しを立てることができます。

【例】
問： あなたは，夏が好きですか？
答： 私は夏が好きです。その理由は2つあります。1つ目は，夏は気温が高いので，私の大好きな水泳を屋外プールで行うことができるからです。太陽の下で泳ぐと，気分がすっきりします。2つ目は，夏には私の大好物のスイカを食べることができるからです。スイカは夏の果物ですので夏にしか食べることができません。以上2つの理由で，私は夏が大好きです。

Unit 5 Lesson 22 説明（空間配列）

(三森ゆりか)

【学習活動の概要】

本時の学習

目標

① 説明には大きく分けて，時系列（Chronological order／Time order）と空間配列（Spatial order／Space order）の2種類がある。ここでは，空間（二次元／三次元）で表現された対象を，空間配列の説明方法を用いて言語化して描写することを目指す

② 国旗を題材に用いて，空間配列の方法を発見し，理解する

③ 情報の整理ができたら，パラグラフで説明文を記述する

※ 多くの情報が「空間配列」で学習する「大きいことから小さいこと」に向かって配列される。この言語感覚を獲得しておくと，情報を「重要度の配列」に並べて意見文を書くときなどにも利用ができ，レポート，小論文，論文の執筆にも応用が利く。また，そもそもパラグラフの組み立て自体が，最初に全体を包括的に提示するトピック・センテンスを置く決まりとなっているため，空間配列の知識は説明的文章の記述時に必要となるパラグラフの理解にも役立つ。

本時の展開

① ドイツ連邦共和国の国旗を用いて，話し合いを通して空間配列の説明方法を発見する

② 説明に必要な各要素の優先順位を理由と共に考える

③ 情報を整理した結果を（時間があれば）パラグラフで記述する

言語活動の充実の工夫

　空間（二次元／三次元）で表現された情報を言語化する際には，対象において提示すべき要素を取りだし，その優先順位を考察して，他人が理解できるような形に並べる必要がある。本時では，児童に検討すべき要素を与え，最初に示すべき要素，2番目に示すべき要素，3番目に示す要素について，グループで話し合いながら発見させる。各要素の優先順位を考察する際には，ある要素を他に優先すべき根拠を探り出させることが重要である。そのような体験を通して，児童は空間配列の方法論を理解し，他の対象に応用する力を身につける。教師はファシリテーターに徹し，児童の話し合いを制御しながら，児童自身が空間配列のルールを発見するように導く。児童の考えやすい環境を保証するために，黒板にドイツ連邦共和国の国旗を掲示すると良い。

〔参考文献〕

三森ゆりか（2002）『イラスト版ロジカルコミュニケーション』合同出版．

三森ゆりか（2002）『論理的に考える力を引き出す』一声社．

三森ゆりか（2013）『大学生・社会人のための言語技術トレーニング』大修館書店．

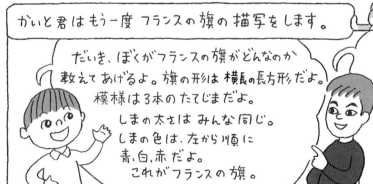

待ち合わせ場所を説明してみよう。

公園の門に入ったら、まっすぐ行きます。ずっとまっすぐ行ったら、池の方に行かないで、反対の左の方へ曲がります。
そうすると、水飲み場があって、そしてベンチがあります。
ここで待っていてください。
あ、時間は3時半です。
おわり

わかんない！

あかりさんは「待ち合わせ場所」の説明のしかたを考えます

① 最初になんの説明をするのかはっきりいうこと

② 待ち合わせ場所と時間をいうこと

③ 距離と時間をいって相手に「見通し」を与えること

④ くわしい道順の説明をすること

⑤ 目印になるものをはっきりと伝えること 「あれ」「それ」はダメ

⑥ 説明の終わりを告げる言葉を入れること

そうか…なるほど

もう一度説明し直します！

これから私は「待ち合わせ場所」の説明をします。
待ち合わせ場所は青空公園の水飲み場の横にあるベンチです。時間は3時半です。待ち合わせ場所は、公園の入口から500mくらい、歩いて5分くらいです。
公園の入口を入ったら、石だたみの道をまっすぐ進みます。ポプラの木広場をぬけてしばらく行くと、つきあたりに出ます。右側に池があるので、ここを左に曲がります。しばらく歩くと水飲み場があって、その横にベンチがあります。そこが「待ち合わせ場所」です。

よくわかるよこれなら行ける！

解　説

1. 説明の種類——空間配列の機能

説明の方法には大きく分けて2種類あります。時系列と空間配列です。このうち，時系列については，学校でも学習する上，古いものから新しいものに向かって時間の順序に従って配列するだけなので，さほど難しくありません。ところが空間配列については，学校で学習しない上，説明の順序を自分で判断しなければならないため，厄介です。この空間配列の説明方法を身につけていることは，日本語，外国語にかかわらず，わかりやすい情報提示能力を持っているかどうかに関わるため，非常に重要です。

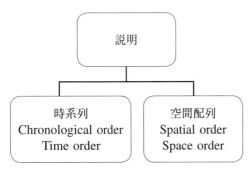

図1　説明の種類

ちなみに，欧米の学校では（ここで欧米と区域を限定したのは，その他の諸国については調査したことがないためです），この空間配列のトレーニングを小学校の中学年くらいから実施します。空間配列の認識は，情報の提示力を高めるだけでなく，その前段階である情報の認識過程にも影響を与えるため，子どもに抽象思考の能力が備わる時期に合わせてその方法を指導するのです。空間配列の方法は，数行のパラグラフの構成から小論文，論文の構成にまで影響を与えるため，ひとたびこの能力を持つと，事柄について説明が必要なあらゆる場面で有効に利用できるようになります。

2. 空間配列の考え方

空間配列（Spatial order/Space order）は，説明すべき対象の中に含まれた要素に優先順位をつけ，「大きいものから小さいもの（全体から部分・概要から詳細）」へ向かって配列する方法です。難しいのは，いくつかの要素の中でどれが大きく，どれが小さいかを判断しなければならない点です。

ここでは具体的に，フランス共和国の国旗（図2）を用いてその空間配列の方法を提示しましょう。説明する相手は，国旗という物は知っているけれど，フランス国旗がどんな国旗なのか知らないとしましょう。また，説明の際には紙も鉛筆もなく，相手が頭の中にイメージが描けるように言葉だけで説明する，という条件を設定して下さい。

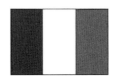

図2　フランス共和国の国旗

図2の国旗を説明する場合には，次の項目について説明する必要があります：

① 形
② 模様
③ 色

実際にフランス国旗を説明する際には，①形②模様③色の順序で説明に必要な要素を並べることになります。この時に問題となるのは，なぜその順序にする必要があるのか，という点です。

フランス国旗の説明の際には，まず一番情報の大きい「形」の提示が必要となります。なぜなら，模様も色も形の中に載っている，あるいは納まっているため，まずは形が提示されないと，模様や色の置き場がないからです。

次に，模様の情報を提示します。これは，色が模様の中に納まっているため，模様がどのようなものなのかが説明されないと，色について言及できないからです。

最後に色の説明をします。すでに模様が提示されているため，色についてはどの順序で並ん

でいるかを説明すれば十分です。

　色の意味について言及したい場合は，色の説明が終了した後に付け足します。色の意味は，色という要素から派生した部分ですから，色の提示が終了していない限り意味を持ち出すことはできません。

　このように，空間配列では大きなものから小さなものに向かって要素を並べていきます。つまり，Aという前提がないとBについて言及できない，Bという前提がないとCに触れることができない，というような考え方で，要素の並べ方の優先順位を決めていくのです。

　フランス共和国の国旗を空間配列の方法を用いて説明すると，次のようになります。

トピック・センテンス	フランス共和国は次のような国旗を持っています。（または「フランス共和国の国旗は形と模様，色で構成されています。」）
サポーティング・センテンス　　大↓小	形は横長の長方形で，縦2，横3の割合です。模様は縦縞で，縞は3本あり，幅は同じです。色は三色で，左から青，白，赤です。色の意味は，青が自由，白が平等，赤が博愛です。
コンクルーディング・センテンス	これがフランス共和国の国旗の様子です。（または「同国の国旗はこのように形と模様，色で成り立っています。」）

注1：パラグラフにおいては，トピック・センテンスが一番大きな要素です。例えば，このパラグラフを読む人は，最初のトピック・センテンスを読んで，このパラグラフの続きを読む必要があるかどうかを判断します。

「国旗を知っている相手に，ある国の国旗を説明する場合，形は「横長の長方形」とすでに知っているので，それには言及の必要がない。模様から言えば十分。」

　国旗を用いて空間配列のトレーニングをすると，しばしばこのような意見に出会います。確かに国旗の形について相手と共通認識があれば，形についての説明は不要です。但しここでは，国旗という材料を用いて，どの要素が大きく，どの要素が小さいのか，そしてなぜそのような優先順位をつけて並べなければならないのか，という点を考えるためのトレーニングを実施するので，「形については共通の認識を持っているはず」という前提で，形の要素を落とすことはしません。むしろ形の情報を先に提示しないと，その中に納まっている模様や色の情報を提示できないことを認識することの方が重要だからです。

〔参考文献〕
三森ゆりか（2002）『イラスト版ロジカルコミュニケーション』合同出版.
三森ゆりか（2002）『論理的に考える力を引き出す』一声社.
三森ゆりか（2013）『大学生・社会人のための言語技術トレーニング』大修館書店.

◆授業の展開（1時間版）◆

時間	学習内容		●指導上の留意点 ◎評価規準（方法）
	児童の活動	指導者の活動	
導入 3分		・ドイツ連邦共和国の国旗を黒板に掲示する。 ・説明の方法を考える授業を実施することを説明する。 ・本時の課題の提示 「国旗が何かは知っているけれど，ドイツ連邦共和国の国旗がどんなものか知らない，そんな友だちに向かって，言葉だけをつかってドイツ連邦共和国の国旗の説明をしましょう」	●絵を用いての説明をしてはいけないこと，身振り手振りを入れては行けないこと，言葉だけで説明する方法を発見すること，をはっきりと告げる。
展開1 5分	・グループ活動。国旗について説明するときにどのような要素の説明が必要かを話し合って考える。	・国旗について説明するとき，どのような要素についての説明が必要かを問う。	●机間指導し，必要な指導をする。何を要素とするのか考えつかないグループには，旗の一部を指し（例えば色），「例えばこれは何というもの？」などのような形で，示唆を与える。
展開2 5分	・グループで話し合って取りだした要素を発表する。	・児童がグループで話し合って取りだした要素を発表させる。 ・児童の発見した要素を板書する ・ワークシートを配布する。	●児童から「黒，赤，黄」などと出てきたら，「それは色ですね」とまとめる。同様に，「横に線が入っている（横に縞になっている）などの指摘があれば，【模様】という言葉を与える ●優先順位を考えるには，細かい情報は邪魔になるため，まずは大きく要素のみを取りださせる，あるいは個々の情報をまとめる機会を与える。 ●児童から説明すべき「要素」を取りだす際に注意すべきは，最終的な提示順序通りに板書しないこと。「色」「形」「模様」の順で出てきたら，意図的にその通りに板書し，議論の余地を残す。 ◎グループで話し合っている。（行動観察）
展開3 15分	・ワークシートを埋めながら，考え，発言する。	・板書した要素【形／模様／色】のうち，どの要素を最初に提示すべきか，なぜそうしなければならないかを考えさせる。 ・形が最優先であることで決着したら，形について具体的にどのように説明したらよいかを考えさせる。 ・同様に模様，色の順で進める。	●形が最優先と決着したら，そのまま次の要素の検討に入らず，まず形をどのように説明したら理解してもらえるかを考えさえる ●優先順位の決着した要素は，すぐに具体的に詰めることが重要 ◎ワークシートを埋めながら考えている。（行動観察，ワークシート点検）

展開4 15分	・整理した情報に基づいて，パラグラフに則って説明文を書く。	・考えたことがらをパラグラフのルールに則って記述するように児童を促す。 ・トピック・センテンスとして，次の言葉を与えても良い。 　私（ぼく）は、ドイツ連邦共和国の国旗について説明します。	●机間指導をしながら，記述のできない児童の支援をする。 ※この時，多くの場合，一人称の主語が抜けるので注意すること。
まとめ 2分		空間（二次元／三次元）で提示された情報については，空間配列のルールに則って説明することを確認し，終了。	●時間が許すようであれば，机間巡視中に良く書けている作文を1〜2本見つけておき，発表させる。

＊準備する物：ワークシート

■パラグラフでの記述例

○　これからぼくはドイツ連邦共和国の国旗について説明します。形は，横長の長方形で，縦2，横3の割合です。模様は横縞で，縞は三本，幅は同じです。色は三色で，上から順に黒，赤，黄色です。これで僕は，この国の国旗の説明を終わります。（一人称の立場で説明）

○　ドイツ連邦共和国は次のような国旗をもっています。形は（・・・以下同文・・・）以上が，この国の国旗です。（3人称の立場で客観的に説明）

○　ドイツ連邦共和国の国旗は，形と模様，色で構成されています。形は（・・・以下同文・・・）。このように同国国旗は，形と模様，色で成り立っています。

「ドイツ連邦共和国の国旗を説明しよう」

年　　　組　　　番　名前

「ドイツ連邦共和国の国旗って，どんなの？」とたずねられたら，あなたはどうしますか？しかもたずねられた時，あなたは紙も鉛筆も持っていません。そこで，言葉だけを用いてドイツ連邦共和国の国旗を説明する方法を考えてみましょう。

空間（二次元／三次元）で提示された情報を言葉で説明する方法を，「空間配列」（Space order）と言います。この「空間配列」にはルールがあります。皆さんの力で，このルールを発見しましょう。

■次の要素の内，1番目に提示すべきものはどれでしょう？ 2番目は？ 3番目は？ どうしてその順序にする必要がありますか？ グループで話し合って，考えてみましょう。

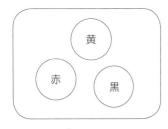  

こういうものをまとめてなんと呼びますか？
この要素は，何番目に説明したらよいですか？

こういうものをまとめてなんと呼びますか？
この要素は，何番目に説明したらよいですか？

こういうものをまとめてなんと呼びますか？
この要素は，何番目に説明したらよいですか？

■ドイツ連邦共和国の国旗を，空間配列のルールに基づいて説明するために，情報を整理しましょう。

1番目の要素		
2番目の要素		
3番目の要素		

■整理した情報に基づき，パラグラフのルールを用いて説明文を書きましょう。

応用課題：
　ドイツ連邦共和国の国旗を空間配列のルールに基づいてうまく説明できるようになったら，次のような国旗の説明にも挑戦してみましょう。どこの国の国旗かわかりますか？

Unit 5 —— 229

コラム　ありがとう，ごめんなさい

　Thank you. といった挨拶は，「サンキュー」のように日常的に使われています。しかし，それに対しての応答については，あまり慣れていないかもしれません。しかし，例えば「こちらこそ」は英語の Thank yóu.（you を強く発音）と同じような発想の表現と言えそうです。You are welcome. あるいは My pleasure. などは，相手への好意を示すことになっています。好意を示すことで相手が感じる「感謝」の「きまりのわるさ」を否定することになっているのです。これは「どういたしまして＝なんということはない＝よろこんでしたことだ」という日本語の表現にも通じる発想です。

　謝りに対する応答では，It's OK. や No problem. などが使われますが，これも日本語の「すみません」→「いいですよ」というのに近いといえます。日本語と英語には，このように謝りへの応答においても，相手への好意的なコミュニケーションとしての共通点があります。

　謝る場合でも，英語では，相手に場所を空けてもらう場合や呼びかける場合などの軽い謝りに，Excuse me が使われる場合があります。Sorry! のような表現も使われます。これも日本語の「すみません」という表現と同じ発想です。一方，「本当にすみません」のように，深く謝る場合には I am really sorry. のような表現が使われます。こうした発想も，「ちょっとごめん」などと言うのに対して「本当にごめんなさい」「本当にすみません」などと言うのと似ています。

　ただし，日本語の「すみません」は，感謝でもよく使われるのに対し，英語の I am sorry. などは基本的に謝る場合だけです。ほかに日本語には「どうも」のような，いろいろな挨拶で使える言葉がありますが，英語にはそんな言葉はないようです。

　お礼やお詫びの表現には，英語の発想と日本語の発想に共通点・相違点もあります。普段の日本語を考えながら英語の学びも深めたいところです。

（森山卓郎）

Unit 5　Lesson 23　分析（絵の分析）

（三森ゆりか）

【学習活動の概要】

本時の学習

目標

① 国際基準の読みの手法である，クリティカル・リーディング［分析的・批判的読解］の基本を学ぶ
② 自分の意見を，必ず絵の中に描かれた事実［証拠］で支えて提示する方法を学習する
③ 自立して絵を読み解く力を養う
④ 知的な対話［議論］を楽しむ能力を養う
⑤ 観察力を養う
⑥ 分析力を養う

本時の展開

① ジョナサン・イーストマン・ジョンソンが描いた「古い駅馬車」（The Old Stagecoach）(1871) を用いて，絵の分析の基本的な方法を理解する　絵は，インターネットからの取り出し可能。
② 意見には事実に基づく根拠が必要であることに気づく
③ 人の意見を受容し，自分の意見を発信することの重要性に気づく
④ 意見には正解はないが，間違いはあることに気づく
⑤ 意見の否定が人格の否定ではないことに気づく
⑥ 他者との意見の相違が議論を深めることに繋がるおもしろさに気づく

言語活動の充実の工夫

　絵の分析は，基本的に空間配列の方法論を用いて進める。すなわち教師は，絵の設定［場所・季節・天気・時間］などの大枠についての発問から始め，その中に置かれた人物，その人物の行動，さらには人物達の行動によって発生する会話や音，香などにまで考えを進めさせる。

　絵を分析する際には，題名は与えない。児童の観察力を信じ，児童が絵の分析を通して絵の内容を取り出せるように，教師は上手に発問を繰り返す。分析が終了したら，時間のあるときには，自分ならどのようなタイトルを付けるか尋ねる。その根拠も必ず訊くこと。その後，画家の名前と画家がつけた題名を教える。この時，画家のつけた題名が妥当かどうかを尋ねても良い。

　分析をしやすくするために，教室には次の物を準備する：
①プロジェクターで絵を大写しにする。あるいは，絵を大きくして印刷する
②児童2名に対し1枚ずつ行き渡るように，絵をカラーコピーする
　絵はラミネートをかけておくと，繰り返し使用可能となる

・オンラインでの絵の入手場所
http://www.classicartpaintings.com/Worldwide/United+States/Johnson_+Jonathan+Eastman+_American_+1824-1906_.jpg.html

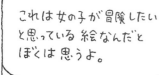

「絵の分析」をするには、次のような順序で絵を読んでいきます。

　外側の設定 ⟶ 内側の物語（事件）

左の絵を、1番目につく「少女」から分析してゆくと、「少女」と「少女を取り囲む設定」との間を入ったり来たりする必要が出てきます。「少女の物語（事件）」は、その設定に依存しているからです。そのためまず外側の大枠である「設定」を分析し、それから、その設定の中で、少女がどのような行動をしているかを分析します。

解　説

1. 「絵の分析」の目的——クリティカル・リーディングの手法の獲得

　「絵の分析」は，クリティカル・リーディングと呼ばれる，分析的・批判的読解の手法の基本を児童に指導するのに最適な方法です。これは，簡単に言えば，情報を読んで理解するための方法です。ただし，この場合の読むとは，たった1つの正解を求めて読むことでも，感覚的，主観的に読むことでもありません。この手法で求められるのは，書かれた事実を客観的な証拠として押さえながら読むことです。

　クリティカル・リーディングは，基本的に次のような工程で実施します：

観察	対象となる情報（文章・図・グラフ・映像など）を細部までじっくりと詳細に観察する。
分析	対象を要素ごとに分解し，1つ1つの要素について詳細に考察する。
解釈	要素ごとに，提示された事実を根拠にして解釈をする。
統合	要素ごとに引き出された解釈を統合し，全体を理解する。
批評・批判	解釈に対し，自分の批評や批判を行う。

　このように，観察から分析，解釈，統合を経て批評（批判）に至る一連の流れがクリティカル・リーディングです。その英語の名称から日本では「批判的読書」と翻訳されています。しかし，その本来の意味は情報の内容を批判することではなく，情報を分析し，それに対する自分自身の考えを創るための方法です。

　「絵の分析」は，このようなクリティカル・リーディングの手法を児童に指導するのに，取り組みやすく，かつ効果的な方法です。文章を対象にそれを実施するには，文章を読み取るための能力が必要になります。そのため，その指導が欧米の学校で開始されるのは小学校中学年，そして本格化するのは中学生以上です。高校などでは，シェークスピア（英語圏），ゲーテ（ドイツ語圏），セルバンテス（スペイン語圏）など，高度な文学作品がその対象となります。ところが，文字の読めない子どもでも絵は読むことができます。そのため，文字情報をまだ十分に処理できない子どもに絵を用いてクリティカル・リーディングの手法を指導すると，その後文章での指導が格段に楽になります。対象が絵でも文章でも，その手法自体に大きな相違はないからです。

　この方法は，レトリックの伝統を受け継ぐ世界中の多くの国々で，基本的な読解の手法として実施されています。そのためそれは，英語をはじめとする多くの言語を身につけるときに重要な基礎力となります。

2. 「絵の分析」の実施方法

　これは，すでに述べたように「観察→分析→解釈→統合→批評（批判）の流れで実施します。絵を使ってこれを行う場合，全体から部分への流れで絵を観察しながら行います。具体的には次のようにして実施します。

(1) 全体像のおおざっぱな把握

　まず，絵の全体像を把握させます。そのための質問は，次のような形で行います。

　この絵には何が描かれていますか？　どんな絵だと言えますか？
　「おもしろい」とか「つまらない」などの感想ではなく，「こんなことが描いてある絵」と一言で言ってみましょう。

　このような質問をし，児童から絵を見てざっくりと受け取った情報を発言させます。発言は複数の児童にさせましょう。5～6人が適当です。なるべく色々な意見を言わせるように工夫しましょう。絵の内容をおおざっぱに掴むことにより，絵に近づきやすくなります。つまり，最初の「どんな絵か？」は，絵に近づくための第一歩の発問です。この段階では，考えの根拠を提示させる必要はありません。直感的に捉えた絵の内容を発言させるだけで十分です。

(2) 部分の詳細な分析

　最初の質問が終わったら，部分を細かく知るために，次のような点について詳細に観察します。このときやはり，大きな情報からだんだん小さな情報へ詰めていきます。すべての観点について分析する必要はなく，絵によって必要な観点を選択します。

① 設定
　場所：どのような場所か
　季節：どのような季節か
　天気：どのような天気か
　時間：どのような時間帯か・何時か
　時代背景：どのような時代か

② 人物（その設定の中に置かれた人物）
　大人（子ども）・年齢・性別・職業・所属・出身・家族と構成・性格・感情・趣味・嗜好など

③ 何が起こっているか
　その設定の中で，そこにいる人物は何を行っているか・何を考えて（感じて）いるか・どんな会話をしているか
　絵の中で聞こえているはずの音や感じられるはずの香り（臭い）なども分析対象

④ 象徴
　何か象徴的なものは描かれているか・それは何を意味するか

⑤ 構図・画法・色使い：
　何か特徴的，意図的なものはあるか・それは何を意味するか

⑥ 作家
　作家に特別な情報があればそれを含めて考えさせる。ただし，作者の情報は最後に提示

　「絵の分析」の際には，絵のタイトルは提示しません。それを与えてしまうと，児童はそれに囚われてしまうからです。分析の最後に，時間があれば，児童自身にタイトルをつけさせ，そのようなタイトルをつけた理由を尋ねます。その時間がなければ，元々の作者がつけたタイトルを提示し，やはりなぜそのようなタイトルをつけたのか考察してみてもいいでしょう。

注：「絵の分析」は児童自身のものです。画家や評論家，教師の考えを押しつける必要はありません。重要なのは，次の2点です。
① 一人一人の児童が自分自身の考えを絵の中に事実を証拠として提示することができる。
② 提示された根拠を元に他の児童がその考えを検証し合いながら，互いに考えをさらに掘り下げることができる

3．「絵の分析」の効果
　「絵の分析」には，様々な効果が期待できます。中でも次の効果は顕著です。

① 絵を詳細に観察できるようになる
② 絵を大きい情報から小さい情報に向かって認識できるようになる
③ 絵をぼんやりと見ず，意味を捉えようとするようになる
④ 考えの根拠を絵の中の事実に求めて考えようとするようになる
⑤ 分析しながら仲間と建設的な議論ができるようになる
　この効果を向上させるには，事前の「問答ゲーム」の実施が重要
⑥ 文章を対象としたときも同様の読みの方法を簡単に理解できるようになる
⑦ 美術館などで絵を巡って建設的な対話や議論ができるようになる

4．「絵の分析」の教材
　ここでは様々な絵や画像，写真などを教材として用いることができます。絵本の絵の一頁，イラストレーション，写真，ピクトグラムなど，何でも活用できます。また，教科書に掲載されている絵や写真をまず分析させて内容を予測させてから，それに取り組むという方法も効果的です。

〔参考文献〕
三森ゆりか（2002）『絵本で育てる情報分析力』一声社．
三森ゆりか（2013）『大学生・社会人のための言語技術トレーニング』大修館書店．

◆授業の展開（1時間版）◆

時間	学習内容		●指導上の留意点 ◎評価規準（方法）
	児童の活動	指導者の活動	
導入 5分	・絵に何が描いてあるかを一言で説明する。	・絵を分析することを伝える。 ・児童各自に絵を配布せず，スクリーン上の絵を見せ，何が描いてあるかを一言で説明するよう促す。 「この絵を分析しましょう。この絵には何が描いてありますか？ 一言で説明しましょう！例えば，これは…描いてある絵です…というように説明して下さい」 ・児童から，絵についての説明が一言ずついくつか出されたら，絵の配布一2名に1枚行き渡るように絵を配布する。	●絵の分析は，絵についての感想を述べることではない。従って，「この絵を見て，心に浮かんだことを言いましょう」とは言わないこと。このように始めると，絵の印象を語るだけになる。 ●いきなり発表させるのが難しければ，先にワークシートを配布し，課題1に書きこませてから発表させても良い。[但しこの過程を経ると書いたことを読むだけの活動になるため，できれば記述なしで口頭のみで言わせるようにすること]。
展開1 5分	・場所について，各自の意見を発言する。	・場所がどのようなところか考えさせる： 「これはどのような場所の絵でしょうか？ 皆さんか，『こんな場所』と考えた理由，あるいは証拠を，絵の中から探して下さい。例えば，これが教室の絵だとします。そうしたら，『これは教室の絵です。なぜなら，机と椅子がたくさん並んでいるからです』という風に答えましょう。」	●児童5～6名から，絵の説明を一言で説明させ，どの説明も受容し，評価する[ほめる]。 ●答え方が「問答ゲーム」の手法と一致していることを気づかせると良い。 ●手元のワークシートにメモが可能であることを知らせる。 ●机間指導し，必要な指導をする。 ◎絵の分析に取り組んでいる。（行動観察）
展開2 10分	・グループで季節について考え，証拠を絵の中から探す。 ・グループ内で考えたことを発言する。	・季節について考えさせる： 「季節は，いつでしょうか？ 5分皆さんにあげるので，季節についてグループで考え，証拠を探してみましょう。」 ・5分経過したら，季節の意見とその根拠を発言させ，個々の意見を全体に還元させる。	●証拠が探せないグループには，季節がいつだと思うかを尋ね，その証拠がどこにあるのか，指を指させ，さらに言葉にさせる。 ◎グループ内で考えたことを発信している。（行動観察）
展開3 5分	・グループで絵の中で子どもたちが何をしているのかについて考え，証拠を発見する。	・絵の中で子どもたちが何をしているのかについて質問する： 「絵の中には誰がいますか？ その人達は何をしていますか？ まず，グループで考えてみましょう！」	●指導者はただ黙って児童の発言に任せてはいけない。児童が様々な部分に気づくように，質問をすること： ●絵の中心にいる子どもたちが中に入ったり，上に乗ったりしている物は何か？
展開4 10分	・グループ内で考えたことを発言する。	・指導者は5W1Hを用いてたくさんの質問をし，児童が多角的に絵を観察し，分析できるように促す。 ・指導者は児童の発言を受容し，評価する ・時間があれば，ワークシートの5 6の質問も行う。	●左側の子どもたちは一列に並んで何をしているつもりなのか？ ロープは何を意味するのか？ ●発問はテンポ良く行う。発問と発問の間を空けない。

			◎グループ内で考えたことを発信している。（行動観察）
展開5 5分	・自分の考えた，絵にふさわしい題名を発表する。	・絵にどのような題名をつけるかを質問する： 「自分ならこの絵にはどのような題名をつけますか？ 自分の考えた題名をみんなに教えてあげましょう！」	●児童の発表した題名を受容し，評価する。 ただし，同じ調子でほめないように注意が必要。どのような点を評価するか，児童の発言の本質を分析的に押さえ，実行する。 ◎自分の考えを発表している。（行動観察）
まとめ 5分		・画家の名前を知らせ，題名を明かす 「これは，ジョナサン・イーストマン・ジョンソンという，アメリカの画家が19世紀に描いた絵です。絵の題名は「駅馬車」(Stagecoach)と言います」 ・絵の分析が興味深かったどうかを訊ね，また実施することを示唆して，授業を終了する。	●題名を聞いた児童から驚嘆等の声が出たら受け止める。 ●児童に配布した絵を回収し，終了する。

準備する物：ワークシート

「絵の分析をしよう」

年　　　組　　　番　名前

　絵を分析しましょう。ここにある絵には何が描いてあるでしょう。絵を観て，場所や季節，天気，誰がいるのか，何が起こっているのか，どんな音が聞こえるのか … 様々なことを考えてみましょう。絵の分析をする際には，次のルールを守ります。

- 絵をじっくりとよく観察する
- 問われた課題について自分の意見が頭に浮かんだら，そのように考えた理由を，絵の中に描かれた証拠を示して発言する

Jonathan Eastman Johnson. The Old Stagecoach, 1871, Oil on canvas, 36/14"x60 1/8".
Milwaukee Art Museum, Layton Art Collection, Gift of Frederick Layton

1. 絵をよく観察しましょう。これはどのような様子を描いた絵ですか？ 一文で書きましょう。
   ［例］「これは ……… の様子を描いた絵です。」

2. 絵について，色々なことを考え，分析してみましょう。考えたことをメモしましょう。
   それぞれの質問に対してあなたの意見を書いたら，どうしてそのように考えられるのか，絵の中から証拠を発見して書きましょう。

238

質問	あなたの意見	意見の証拠
①場所はどのようなところですか？		
②季節はいつですか？		
③どんな天気ですか？		
④時間はいつですか？		
⑤誰がいますか？ 何人いますか？		
⑥絵の中では何が起こっていますか？		
⑤描かれた人々はどのような気分ですか？ 彼らは楽しんでいますか？		
⑥どのような音が聞こえると思いますか？		

3. あなただったらこの絵にどのような題名をつけますか？ それはなぜですか？

小さな「絵の分析」に挑戦

一般に絵文字と呼ばれるピクトグラムの分析をしてみましょう。

ふだん見慣れているピクトグラムが、なぜそのような意味を持つのか、そのような意味を持たせるために、どのように描かれているのかを細かく観察して分析してみましょう。

① 何を表していますか？
② それはどこからわかりますか？
　理由をできるだけたくさん考えましょう。
③ このピクトグラムは何色ですか？
　この色はどのような意味を持ちますか？
④ 色を変えてみましょう。
　もし赤だったら、同じ意味を表すとあなたは思いますか？
　もし黄色だったら、どうでしょうか？

① 何を表していますか？
② それはどこからわかりますか？
　理由をできるだけたくさん考えましょう。
③ このピクトグラムは何色ですか？
　この色はどのような意味を持ちますか？
④ 色を変えてみましょう。
　もし緑だったら、同じ意味を表すとあなたは思いますか？
　もし黄色だったら、どうでしょうか？

Unit 5 Lesson 24 事実と意見

（三森ゆりか）

【学習活動の概要】

本時の学習

目標

① 事実と意見を峻別する力を養う。

② 自分や他人の考えを客観的,批判的に検討する力を養う。

③ 英語をはじめとする西洋の言語活動において,明確に区分される事実と意見の違いを知る。

④ 英語をはじめとする外国語に対応できる言語力を養う。

本時の展開

① 事実と意見の違いを確認する

② 事例を用いて,事実と意見を判断する

③ とりわけ意見については,それがなぜ意見に分類されるのかを理由付けする

言語活動の充実の工夫

　事実と意見を区別する力は,自分の意見や他人の意見について,冷静かつ客観的に判断する際に重要な力となる。自分の意見が一般的な事実と思い込みがちな児童に対し,事実と意見を区別する作業を通してそれらの相違を意識させることは,社会生活においても重要である。作業を通して事実と意見の相違を児童が認識したら,その後は,授業などで意見が出された際に,必要に応じて事実か意見かを確認させるのがよい。新聞の記事や教科書の説明文などに何気なく挿入された意見を発見させ,事実なのか意見なのかを確認させるのも重要な活動である。

解　説

1.「事実と意見」を区別する力を養う意味

「事実と意見」を区別する能力は，情報を客観的な立場で分析的，批判的に検討する際に不可欠です。この能力を持っていないと，他人の言うことを鵜呑みにしたり，偽の情報に騙されて危険な目にあったりする可能性があります。小学生の段階で，話されたり書かれたりした情報のどの部分が事実で，どの部分が意見なのかを区別する能力が身につけば，冷静，かつ客観的に様々な情報を判断することができるようになります。

「事実と意見」を区別する能力はまた，他者と誤解なく意思疎通をするためにも欠かせません。他人の意見を事実と誤認してあとで人間関係に支障を生じさせないためにも，情報が発せられた段階で，事実か意見なのかの確認は重要です。同時に自分から発する情報についても，事実と意見をきちっと区別する必要があります。

2．トレーニングの方法

「事実と意見」のトレーニングの方法は単純です。事実と意見とが混ざった例文を示し，その文が事実なのか意見なのかを，一文ずつ確認して行きます。なぜそう考えたのか，理由も必ず確認しましょう。

事実と意見とが複雑に混合した文章については，どの部分が事実で，どの部分が意見なのかについて考えさせ，意見を言わせます。児童に事実と意見とを区別する力がついてきたら，最終的には，「①事実の文　②意見の文　③事実と意見が混ざり合った文」の3種類を自分たちの力で作らせると良いでしょう。こうした経験を通し，児童は敏感に事実と意見に反応する能力を持つようになるでしょう。

3．トレーニングの教材

「事実と意見」のトレーニングの教材としては，様々なものを利用することができます。本稿に提示したのは，教材のほんの一例に過ぎません。

有効な教材の一つとして利用できるのが新聞です。新聞は本来，事実を報道するための情報誌です。ところが，熟読してみると，記事に記者の意見が混ざり込んでいることがしばしばあります。こうした記事を見つけ，児童に「意見」を発見させ，さらに「事実」を伝えるためにはどのように修正すべきかを考えさせることは，読解力を高めるためにも非常に有効なトレーニングとなります。

〔参考文献〕

三森ゆりか（2002）『イラスト版ロジカルコミュニケーション』合同出版.

三森ゆりか（2002）『論理的に考える力を引き出す』一声社.

三森ゆりか（2013）『大学生・社会人のための言語技術トレーニング』大修館書店.

◆授業の展開（1時間版）◆

時間	学習内容 児童の活動	学習内容 指導者の活動	●指導上の留意点 ◎評価規準（方法）
導入 7分	・質問が大きすぎるため，恐らく右の発問に児童は対応できない。 ・「事実とは何か」について自由に発言する。 ・「意見とは何か」について自由に発言する。	・自分の考えや他人の意見の中に，事実と意見とが混在していることに気づいたことがあるかどうかを児童に問いかける。 ・「事実とは何か？」「意見とは何か？」と，個別に訊ね，児童がそれらの言葉に対して抱いているイメージを発表させる。	●児童が「事実」と「意見」に対して抱いているイメージをまず取りだし，彼らがそれらの概念に対してどのような考えを持っているかを捉える。
展開1 5分	・ワークシートにて，「事実」と「意見」の定義を確認する。 ・事実と意見の区別により生ずるメリットについて考え，発表する。	・ワークシートの配布 ・「事実」の定義，「意見」の定義を行う。 ・「事実」と「意見」とを区別できるようになると，社会生活をする上でどのようなメリットがあるかを考えさせ，発表させる。	
展開2 15分	・ワークシートに書かれた例文を用いて，それが「事実」を表す文なのか「意見」を表す文なのか発表する。	・ワークシートに示された例文を用いて，それぞれの文が「事実」を示す文なのか，「意見」を示す文なのか，あるいはどこまでが事実で，どこまでが意見（その逆もあり）なのかを確認する。	●机間指導し，必要な指導をする。 ◎自分の考えを発表している。（行動観察）
展開3 10分	・グループで「事実」の文と「意見」の文をいくつか作成する。	・グループで「事実」の文と「意見」の文をいくつか作成させる。	●「事実の文」と「意見の文」をまとめて発表させず，分けて発表させる。
まとめ 8分	・児童が作成した「事実の文」と「意見の文」を発表する。	・「事実の文」と「意見の文」はそれぞれ分けて発表させる。 ・自動が作成した例文に対し，ほめてコメントする。 ・今後も教科書の説明文や新聞などで「事実」と「意見」が混入した文章がないかどうか，意識して読むように促す。	

＊準備する物：ワークシート

「事実と意見」

年　　組　　番　名前

ぼくは昨日，新しくできたショッピングセンターに行ってきたんだ！ 色々な店が入っていて，おもしろかったよ！ すっごく大きなスポーツショップが入ってるんだ。色々な種類のサッカーシューズが置いてあって，良かったよ！

ショッピングセンターは4階建てよね。おいしいレストランやすてきな映画館もあるのよ。今まで近くに映画館がなかったから，私は映画館ができたのが一番うれしい！

網がかかった部分は「意見」です。どうしてそう言えるのか，考えてみましょう。

　事実と意見を区別する力を訓練しましょう。人が書いた文章や人が話した言葉の中には，事実と意見が混ざっていることが多いものです。文章を読んだとき，人の話を聞いたとき，どこが事実でどこが意見なのかを判断する力を養いましょう。

事実	本当にあること 本当にあったこと
意見	人の考え 人の思い 人の判断

　事実と意見と区別できるようになると，どのように便利なのかを考えてみましょう。

自由にメモしましょう

246

■次の2つの例文について考えてみましょう どちらが「事実」でどちらが「意見」でしょうか？ そしてそれはなぜでしょうか？ 理由も考えましょう。

①	校庭の花だんにチューリップの花が咲いています。	
②	校庭の花だんに咲いているチューリップは，色とりどりできれいです。	

理由を書きましょう

■次の例文を読み，事実には「事実」，意見には「意見」と書きましょう。そう考えた理由も考えましょう。

(1)

A	トーマス・エジソンはアメリカの発明家です。	
B	トーマス・エジソンは，偉大なアメリカ人です。	

(2)

A	富士山は美しい姿を持った日本一の山です。	
B	富士山は日本一高い山です。	

(3)

A	日本は島国です。	
B	日本の国土は狭いです。	

(4)

A	ハンバーガーは，円い形をしたパンに焼いた挽肉をはさんだ食べ物です。	
B	ハンバーガーは，手軽でおいしいので，若者に人気があります。	

(5)

| A | 小学校の6年間は長いようで短いです。 | |
| B | 日本の小学校は6年間です。6歳から12歳までの子どもが小学校に通います。 | |

(6)

| A | 時計は，時間を計るための便利な精密機械です。 | |
| B | 時計は時刻を刻む精密機械です。 | |

■グループで，「事実の文」と「意見の文」を作ってみましょう。

応用編

複雑に「事実」と「意見」が混じり合った文章を読み，どこの部分が「事実」で，どこの部分が「意見」なのかを考えてみましょう。

> 絵本「ぐりとぐら」の中には，野ねずみのぐりとぐらよりも大きな卵が出てくる。この卵の絵をいっしょに見ていて，エミちゃんは，「おもしろい。」と言った。ジュン君は，「ありえない！」と言った。私は，「ありえないくらい大きいけれど，本当にこんな卵があれば見てみたいな。」と，心の中で思ったけれど，口には出さなかった。エミちゃんは，コウタ君がこの絵を見て，「ぼく，卵が大好きだから，こんな卵があったらすごくうれしいよ！」と言ったのを，聞いたことがあるそうだ。ジュン君は，「あまりにも大きくてウソっぽいから，かえって信じたくなるよね。」と，マミちゃんが笑いながら言っていたらしいという話しを，ヒロシ君から聞いたことがあるみたい。卵の話しをしているうちに，「ぐりとぐら」は，たいていの小学生が読んだことのある絵本なんだな，と私は思った。

参考図書：『ぐりとぐら』なかがわりえこ・やまわきゆりこ作，1967年，福音館書店。

# Unit 5 Lesson 25 パラグラフの構成

(三森ゆりか)

【学習活動の概要】

本時の学習

目標

① 自分の考えをわかりやすく記述表現するスキルを身につける。
② パラグラフの構成を知る。
③ 「問答ゲーム」で組み立てた自分の意見をパラグラフ構成に落とし込み,記述する。
④ 英語における文章の単位であるパラグラフ(段落)の構成を知る。
⑤ 英語における基本的な文章構成を身につける。

本時の展開

① 「問答ゲーム」のルールを思い出す。
② 児童同士で「問答ゲーム」の方法を確認する。
③ 「問答ゲーム」を実践した内容を下敷きにパラグラフを用いて記述する。

言語活動の充実の工夫

　パラグラフは,英語の文章における最小単位で,日本語の「段落」とほぼ同義である。但し,英語におけるパラグラフの概念は,日本語の「段落」と完全に一致しない。パラグラフとは一定の型を意味し,その構成には明確な規則がある。この Unit 5, Lesson 3 では,「問答ゲーム」において,ルールとして身につけた型がパラグラフであることを児童に認識させ,型に従って自分の意見を記述させることにより,パラグラフの認識を深める。この型が完全に身につけば,最終的には英語での発言や記述へと繋がっていく。

パラグラフのルール

「パラグラフではそれぞれの部分に何を書くかがはっきり決まっています。」

← ひとマスあける

トピック・センテンス Topic sentence	何を言うか、何を示すかをはっきり表す文。
サポーティング・センテンス Supporting sentences	いくつかの文を書く。トピック・センテンスで表したことを支える（サポートする）内容を書く。理由や説明などを書く。
コンクルーディング・センテンス Concluding sentence	まとめの文を書く。トピック・センテンスで表したことをもう一度はっきりと言い直す。この時、トピック・センテンスと少し表現を変える工夫をする。

☆ 1つのパラグラフの中では改行しません。～続きの文章にしましょう。

作文できたよ / どれどれ

ちゃんとパラグラフのルールに従ってるわ

パラグラフを理解すると英語も……できるようになる！

トピック・センテンス	ぼくは、サッカーが好きです。
サポーティング・センテンス	なぜかというと、サッカーはおもしろいからです。サッカーのおもしろさは次にどのように対応すればよいかを、自分で判断して決められるところです。
コンクルーディング・センテンス	だからぼくはサッカーが大好きで、毎日練習をしています。

解　説

1. パラグラフ（Paragraph）とはなにか

　パラグラフは段落とその役割がよく似ています。どちらもある文章における一区切りを意味し，複数の文で構成されています。辞書にはいずれも次のように説明されています。

段落	長い文章を意味のまとまりなどのよって分けた一区切り。また，形式的に文頭を一字下げて書き始める一区切り。段。パラグラフ。（明鏡国語辞典）
パラグラフ（Paragraph）	A section of a piece of writing, usually consisting of several sentences dealing with a single subject. The first sentence of a paragraph starts on a new line. (Oxford Advanced Learner's Dictionary, 7th Edition)〈文章の一部分で，通常，単一の内容を扱う複数の文から構成される。その最初の一文は改行されて開始される〉

　パラグラフと段落には，しかしながら大きな違いが存在します。それは，前者にはその構成に決まりがあり，一方後者にはそれがないことです。パラグラフは，基本的に次のように構成されることに決まっています。

トピック・センテンス Topic sentence	パラグラフの最初の文。そのパラグラフで示す内容を読者に予見させる働きを持つ。 主張・立場・結論・これから述べること（記述すること）などを簡潔に示す文。 トピック・センテンスで取り上げるのは，単一の内容。複数の内容は取り上げない。
サポーティング・ センテンス Supporting sentences	トピック・センテンスを支える（サポートする）文。複数の文から成立するので，本来の英語の名称では複数形になっている。 ここには，理由，説明，事例など，トピック・センテンスで宣言したことがらを詳しく示す内容が来る。また，トピック・センテンスで提示した，単一の事柄を支える内容しか提示しない。
コンクルーディング・ センテンス Concluding sentence	結文。まとめの文。トピック・センテンスで示した内容を再提示する役割を持つ。つまり，「私が言いたいことをもう一度まとめて示すから，忘れないで欲しい」と，相手に再確認するのが，コンクルーディング・センテンスの役割。 但し，コンクルーディング・センテンスは，トピック・センテンスと同じ文にしない。最初の文を，意味を変えずに言い換えることが重要。

　このように，パラグラフにはその構成について明確な決まりがあり，この形式を身につけないと，意見の主張や説明をする際に不自由をすることに繋がります。パラグラフの考え方を採用するのは，英語，ドイツ語，フランス語，スペイン語，ロシア語など，西洋系の多くの言語です。日本人が中学以上の過程で英語を学習する際，パラグラフの形式を日本語で認識し，活

用できる状況にあると，英文を理解したり，英作文を書いたりするのがとても楽になるでしょう。また，日本でも大学や企業で文章を記述する際には，このパラグラフ形式が必要となります。そのため，小学校時代からこの形式で文章を書くための訓練を積んでおくことはとても重要になります。

2. パラグラフを用いた指導

パラグラフは，意見を言うとき，説明をするときなどに用います。この Unit 5 では，まず児童に「問答ゲーム」を実践し，自然な形でその形式を使えるようにトレーニングします。そのあと，パラグラフの形式を指導し，問答ゲームで考えた意見の内容を作文に繋げます。口頭発表，作文を交互に繰り返すと，「問答ゲーム」の実践自体が速やかになりますし，児童から返ってくる意見の内容も高度になります。口頭での発言内容が高度になってくると，同時に記述内容にも変化が現れます。口頭での「問答ゲーム」とパラグラフを用いた作文（意見文）の訓練は，実は表裏一体の関係にあり，どちらか一方を実践するよりも，繰り返し交互に実施する方が遙かに効果的なのです。但し，記述させてから口頭で言わせる訓練は無効です。これを行うと，児童は作文を読み上げるだけとなり，咄嗟に口頭で自分の意見をまとめる力は育ちません。

「問答ゲーム」の形式に慣れ，さらにパラグラフの形式で意見文が書けるようになったら，空間配列の説明文にも挑戦させると良いでしょう。説明文においては，「○○についての説明であること」をトピック・センテンスとして提示するのがまず第一歩です。

パラグラフ形式でない説明	パラグラフ形式の説明
布や革でできていて，鞄やポケットに入れやすい大きさをしています。中は，お札と小銭を入れる場所に分かれています。お金を一箇所にまとめて管理し，持ち歩くことができます。これはお財布のことです。 トピック・センテンスがないと，最後まで何の話しかよくわかりません。	財布は，お金を持ち歩くための道具です。それは，布や革でできていて，鞄やポケットに入れやすい大きさをしています。中は，お札と小銭を入れる場所に分かれています。お財布があると，お金を一箇所にまとめて管理し，持ち歩くことができます。 最初にトピック・センテンスが示され，何の説明か予見できます。

児童が，パラグラフの形式を理解したら，新聞や本などから，パラグラフ形式で書かれた文章とそうでない文章を探してきて，どちらがわかりやすいか，どう修正したらさらにわかりやすい文章になるかを検討させると良いでしょう。こうした訓練は，児童たちのパラグラフに対する感覚に磨きをかけ，より効率よく使いこなす能力を育てます。

3. パラグラフと日本語の文章

パラグラフは，すでに述べたように欧米の言語で一般的な文章の書き方であり，日本語の文章では必ずしも一般的ではありません。それでは，日本語ではパラグラフは用いないのか，というと実はそうではありません。児童たちが将来働くことになる企業など，多くの社会活動の場で，パラグラフはわかりやすい文章として認識されています。そのため，外国語活動の一環としてだけでなく，高い文章能力を持った児童を育てるためにも，早い段階からパラグラフの訓練をすることは重要なのです。ちなみに，欧米では小学校中学年くらいからパラグラフの練習が開始されます。

〔参考文献〕

三森ゆりか（2002）『イラスト版ロジカルコミュニケーション』合同出版.

三森ゆりか（2002）『論理的に考える力を引き出す』一声社.

三森ゆりか（2013）『大学生・社会人のための言語技術トレーニング』大修館書店.

◆授業の展開（1時間版）◆

時間	学習内容		●指導上の留意点 ◎評価規準（方法）
	児童の活動	指導者の活動	
導入 5分	・「問答ゲーム」のルールを児童同士の話し合いで思い出す。	・ワークシートの配布 ・「問答ゲーム」を発展させ，意見文を書くことを告げる。 ・「問答ゲーム」のルールを児童に思い出させる。児童同士で話し合い活動をさせる。	●児童がカタカナに対して抵抗感を持たないように，パラグラフという名称，その各構成要素の名称を無理に教え込む必要はない。 （米国では，パラグラフの指導に「ハンバーグ」の図を用いる。バンズがトピック・センテンス，肉・トマト・レタスなどがサポーティング・センテンス，下のバンズがコンクルーディング・センテンスという考え方である。日本は縦書きなので，三森は「ＢＬＴサンドイッチ作文」として指導している。「右側のパンがトピック・センテンス，BLTがサポーティング・センテンス，左側がライ麦パンでコンクルーディング・センテンスとなり，パンとは少し言い換える」
展開1 15分	・パラグラフの各部分の名称を復唱する。	・ワークシートに示されたパラグラフの構造を説明する。 基本的にパラグラフと「問答ゲーム」の構成が同じであることを伝える。 パラグラフの各構成要素の名称については，日本語訳が確定していないので，カタカナをそのまま使う。	
展開2 20分	・パラグラフの形式を用いて，「問答ゲーム」の問いを用いて，意見文を書く。	・「問答ゲーム」を想起させ，パラグラフを用いて意見文を書かせる。 「問答ゲーム」で用いた問いをそのまま使い，児童に意見文を書かせる。 ・机間指導し，戸惑っている児童を支援する。 ・机間指導しながら，良くできている児童の意見文を2～3人分探し出す。	●パラグラフは日本語の「段落」とほぼ同義である。但し，最初を一マス下げること以外決まりのない段落と異なり，パラグラフには明確なルールがある。パラグラフは段落と形は同じなので，最初に一マス下げて書き始めたら，後は改行しないこと。 ◎意見文を書いている。（ワークシート点検）
展開3 5分	・選出された2～3名の児童が発表する。	・パラグラフの各構成要素の名称を用い，児童の作文をほめる。	●パラグラフの形式通りに記述できていること，理由がうまくできているものを選出する。 ●児童にパラグラフの意識を持たせるため，意図的に構成要素の名称を用いて，児童の作文をほめる。 ◎発表を聞いて考えている。（行動観察）

＊準備する物：ワークシート

「パラグラフで書こう！」

年　　組　　番　名前

「問答ゲーム」で練習した型(かた)は，そのまま作文にすることができます。この型を，英語では「パラグラフ」と呼びます。「問答ゲーム」で考えた意見を，「パラグラフ」のルールに従って作文に書きましょう。作文は英語と同じように，横書きで挑戦(ちょうせん)してみましょう。

パラグラフ（Paragraph）のルール

↱一マスあける

- トピック・センテンス
  Topic sentence
- サポーティング・センテンス
  Supporting sentences
- コンクルーディング・センテンス
  Concluding sentence

パラグラフは「段落」と形が似ています。ただし，パラグラフでは，それぞれの部分に何を書くかがはっきりと決まっています。

☆トピック・センテンスは，その「段落」で何を言うか，何を示すかをはっきり表す文です。このトピック・センテンスを読めば，読み手はこれから書かれていることに対して，見通しを持つことができます。

☆サポーティング・センテンスには，いくつかの文を書きます。ここには，トピック・センテンスで表したことを支える（サポートする）内容を書きます。理由や説明などを書くのが，この部分です。

☆コンクルーディング・センテンスは，まとめの文を書く部分です。トピック・センテンスで表したことをもう一度はっきりと言い直し，相手に自分の言いたいことを再確認してもらうための文です。この時，トピック・センテンスと少し表現を変える工夫をしましょう。

この説明を読んだかしこいあなたは，パラグラフのルールが「問答ゲーム」と同じであることにひらめきましたね？
そうです！「問答ゲーム」ができるあなたは，すでにパラグラフを知っているのです。さらにパラグラフは，英語の文章の書き方です。ですから，パラグラフを理解すると，英語にもグンと近づきます！

■「問答ゲーム」とパラグラフのつながりをもっと明確にするために，次に例を示しましょう。

■パラグラフで書くときは，改行をしません。一続きの文章にしましょう！

トピック・センテンス	ぼくは，サッカーが好きです。なぜかというと，サッカーはおもしろいからです。サッカーのおもしろさは，次にどのように対応すればよいかを，自分で判断して決められるところです。だからぼくはサッカーが大好きで，*毎日練習をしています。*
サポーティング・センテンス	
コンクルーディング・センテンス	

■パラグラフのルールを理解したら，次の問を用いてパラグラフを用いて自分の意見を書きましょう。問いは全て「問答ゲーム」で一度経験したものです。これらの問いを用いて下の枠内に，パラグラフのルールに則って自分の意見を3つ記述しましょう。

① あなたは猫が好きですか？
② あなたはどんなスポーツが好きですか？
③ あなたは海が好きですか？
④ あなたは学校で宿題が出ることに賛成ですか？
⑤ あなたは学校に給食があることに賛成ですか？
⑥ あなたは土曜日に学校がないことに賛成ですか？
⑦ あなたは犬を飼うことに賛成ですか？
⑧ あなたは学校の新学期が4月に始まることに賛成ですか？
⑨ あなたは本を読むことが好きですか？
⑩ 「本を読むと頭が良くなる」という意見にあなたは賛成ですか？

応用編

　パラグラフを用いて，意見文以外の短い文章を書いてみましょう。まず，トピック・センテンスで，相手に内容の全体像を与え，次にサポーティング・センテンスで内容について説明をし，最後にコンクルーディング・センテンスでまとめます。書き上げたら友だちの書いたパラグラフと比べて見て，よりわかりやすい書き方をみんなで考えてみましょう。

［例］

おはしのもち方

[トピック・センテンス]
　二本の細いぼうの間に物をはさんで食べるおはしには，もち方があります。

[サポーティング・センテンス]
まず，一本のはしの中央より上の部分を親指と人差し指の根本におき，薬指で支えます。次に，もう一本を人差し指と中指の間にはさみます。この時，二本のはしの先がそろうように調整します。最後に，人差し指と中指の間にはさんだはしを動かし，もう一本のはしとの間で食物をはさみます。

[コンクルーディング・センテンス]
このように指の間にしっかりはさんでおはしを使うと，米粒のように小さな物でもはさんで食べることができます。

書くときの注意

パラグラフを書くときは，トピック・センテンスを書くときにだけ一マス開ける。続く，サポーティング・センテンスやコンクルーディング・センテンスを書くときには，改行したり，一マス開けたりしないこと！

次の中から，説明できそうな物を選び，パラグラフを用いての説明に挑戦しましょう！

① 冷蔵庫　　　　② ピアノ　　　　③ 牛乳

④ サッカー　　　⑤ 辞書　　　　　⑥ ハサミ

「BLT サンドイッチ作文で書こう！」

年　　　組　　　番　名前

「問答ゲーム」で練習した型(かた)は、そのまま作文にすることができます。この型を、英語では「パラグラフ」と呼びます。アメリカの小学生や中学生は、このパラグラフをしばしばハンバーグになぞらえて学習します。英語は横書きなので、ハンバーグにたとえやすいからです。私たちの母語である日本語は縦書きです。そのため、BLT サンドイッチになぞらえるとわかりやすくなります。BLT サンドイッチ作文の型を用いて、わかりやすい意見文や説明文を書くことに挑戦してみましょう。

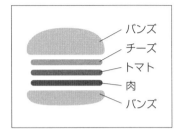
バンズ／チーズ／トマト／肉／バンズ

パン／ベーコン／レタス／トマト／ライ麦パン

BLT サンドイッチ作文のルール

BLT サンドイッチ作文は「段落」と形が似ています。ただし、ここでは、それぞれの部分に何を書くかがはっきりと決まっています。

☆パンは、その「段落」で何を言うか、何を示すかをはっきり表す文です。
　このパンの文を読めば、読み手はこの後に書かれていることに対して、見通しを持つことができます。

☆ BLT には、いくつかの文を書きます。ここには、パンで表したことを支える（サポートする）内容を書きます。理由や説明などを書くのが、この部分です。ベーコンには1番大きなこと（大事なこと）、レタスには2番目に大きなこと（大事なこと）、トマトには3番目の内容を書きます。

☆ライ麦パンは、まとめの文を書く部分です。パンで表したことをもう一度はっきりと言い直し、相手に自分の言いたいことを再確認してもらうための文です。この時、パンと少し表現を変える工夫をしましょう。そのためここはライ麦パンと呼びます。

一マスあける／具材／ライ麦パン／トマト／レタス／ベーコン／パン

この説明を読んだかしこいあなたは、BLT サンドイッチ作文のルールが「問答ゲーム」と同じであることにひらめきましたね？そうです！「問答ゲーム」ができるあなたは、すでに BLT サンドイッチ作文を知っているのです。さらにこれは英語ではパラグラフと呼ばれる英語の文章の書き方です。ですから、これを理解すると、英語にもグンと近づきます！

■「問答ゲーム」とBLTサンドイッチ作文のつながりをはっきりと知るために次の例を読みましょう。BLTサンドイッチ作文で書くときは改行をしません。一続きの文章にしましょう！

ライ麦パン	具　材			パン	
	トマト	レタス	ベーコン		おはしのもち方
このように指の間にしっかりはさんでおはしを使うと、米粒のように小さい物でもはさんで食べることができます。	最後に、人差し指と中指の間にはさんだはしを動かし、もう一本のはしとの間で食物をはさみます。	次に、もう一本を人差し指と中指の間にはさみます。この時、二本のはしの先がそろうように調整します。	まず、一本のはしの中央より上の部分を親指と人差し指の根本におき、薬指で支えます。	二本の細いぼうの間に物をはさんで食べるおはしには、もち方があります。	

コラム　覚えさせたいやさしい英語のことわざ

柔軟で記憶力がいい小学生の時に英語のことわざを覚えることはいいことです。モデルとなる表現を覚えることになるほか，簡単な言い回しの中に発音の面白さを学ぶこともできます。なによりもことわざはコミュニケーションの場ですぐに使うこともできます。

以下に簡単で使いやすいことわざを挙げてみます。

A is B タイプ

Knowledge is power.　知識は力。知は力，とも言われる。

Seeing is believing.　見ることは信じることである。百聞は一見に如かず，と言うことわざが日本にはある。A picture is worth a thousand words. という言葉もある。

A friend in need is a friend indeed.　必要な時の（必要な時に助けてくれる）友が本当の友。

No news is good news.　ニュースがないのはいいニュース。日本でも，「便りがないのは無事の知らせ」などと言う。

命令文タイプ

Never judge by appearances.　外見で判断するな。人はみかけによらない，という言葉が日本にもある。

Think today and speak tomorrow.　今日考えて，明日話せ。考えてから話せ，という意味。

Kill two birds with one stone.　1つの石で2羽の鳥を殺せ。一石二鳥という言葉がある。

In Rome, do as Romans do.　ローマではローマ人がするようにしろ，というところから，When you are in Rome do as the Romans do. とも言う。日本語の「郷に入っては郷に従え」というのと同じ。

一般動詞のタイプ

Practice makes perfect.　練習が完璧を作る。

A good beginning makes a good ending.　いい始まりがいい終わりを作る。

Failure teaches success.　失敗が成功を教える。日本では「失敗は成功の元（母とも）」という言葉がある。

The early bird catches a worm.　早起き鳥は虫を捕まえる。早起きは三文の得という言葉がある。欧米では早く来た客に割引などをする時にもこの発想の言葉がある。Early bird specials など。

No 〜 タイプ

No pain no gain.　痛みなければ得るものはない。音が合わせてあり，覚えやすい。

No sweet without sweat.　汗なければ甘さなし。汗を出して働かなければ甘いものはない，ということを似た音でうまく表現している。

（森山卓郎）

ワークシート解答例

Unit 1　ことば全般
Lesson 1　世界のことば (p. 10)
1　① 英語　② 中国語　③ スワヒリ語
　　④ フランス語　⑤ アラビア語
　　⑥ ドイツ語　⑦ 韓国語
2　1番多い言語：中国語
　　2番目に多い言語：スペイン語
　　3番目に多い言語：英語
3　スペイン語：スペイン，アルゼンチン，
　　　　　　　　ボリビア，チリ，コロンビア
　　フランス語：フランス，コンゴ，カナダ，
　　　　　　　　マダガスカル，カメルーン
4　【解説】参照

Lesson 2　方言 (p. 18)
1　省略
2　① こんばんは　② お気をつけて
　　③ 休み時間　④ つかれた　⑤ 久しぶり
　　⑥ すぐいらいらする人　⑦ ありがとう
　　⑧ お坊さん　⑨ ありがとう　⑩ 黒板消し
　　⑪ 奥さん　⑫ 腐った　⑬ いらっしゃい
　　⑭ がんばれ
3　省略
4　省略
5　① ところかまわずゴミを捨てるな。
　　②「いがっぺ（まあいいだろう）」って駐車
　　　されたら周りは大迷惑。
　　③（割り込み駐車は）ちょっとずるくないか？
　　④ みんなでしようよ，シートベルト。
　　⑤ 飲んで運転したらいけないのは，わかっ
　　　ているだろうに。

Lesson 3　多言語社会 (p. 30)
1　(1)（A）英語，中国語，韓国・朝鮮語／
　　　　　お手洗い　（B）英語，中国語，韓国・
　　　　　朝鮮語／精算所
　　(2) 英語，中国語，スペイン語／封筒
　　(3) 英語，中国語，韓国・朝鮮語，ロシア
　　　　語，ポルトガル語，アラビア語／ハン
　　　　バーグカレー
　　(4) 中国語，ポルトガル語，タガログ語，
　　　　スペイン語／外国人教育相談
◆どうしてこれらのことばでも書かれているのか：観光や移住などの理由で外国人が日本に来ており，実は日本にも多言語環境があるから。外国人登録者数は多い順に中国，韓国，フィリピン（タガログ語），ブラジル（ブラジル・ポルトガル語），ベトナム，ネパール…であるので，中国語，韓国・朝鮮語，ポルトガル語などがあるのはそのため。スペイン語も南米出身者が多いため。
2　(1) ドイツ語　(a) タヌキ犬
　　(2) フランス語　(b) くっつく
　　(3) マレー語　(b) 森の人
　　(4) 英語　(c) さえずる
3　省略
4　1 たくさんのことば（多言語）が，私たち
　　　の身の回りで使われている。
　　2 母語が使えないところで生活する人が
　　　（周りにも）いる。
5　予想：スペイン語など
　　正解：宮古語（琉球諸語の1つ）
　　・日本でもアイヌ語や琉球諸語を使っている地域がある。また，日本手話を使うろう者もいる。

Lesson 4　手話 (p. 42)
1　省略
2　C　100以上
3　省略
4　(ア) 子どもが来る。
　　(イ) 子どもが来るの？
　　(ウ) 子どもが今来た（ところだ）。
　　(エ) 子どもが来ない。

Lesson 5　コミュニケーション (p. 51)

1. ①②③④　省略
   ⑤ This is my ball.　No, this is not my ball.
2. 省略
3. ・「いえいえ」の動作：欧米などでは，バイバイのように解釈される。
   ・「あなたの？」の動作：「あなた」と言うときに，相手を人差し指で指すことは少し失礼になることがある。
   ・「ナイスシュート」というときのサイン：「親指をたてる」の意味が欧米などでは「OK」「GOOD!」などの意味になることが多い。
   ・インドネシアでは，物を渡すときなどに（右）手を使う。

Unit 2　音声

Lesson 6　ローマ字と発音 (1) (p. 62)

1. い　う　え　あ　お
2. 省略
3. (1) fu chi tsu shi
   (2) ヘボン式ローマ字は英語の発音に準拠しているため，一部が訓令式ローマ字と異なっている。
   (3)(4) ともに (2) と同様。
4. (1) momo　(2) kaki　(3) suika
   (4) nasi・nashi　(5) remon

Lesson 7　ローマ字と発音 (2) (p. 72)

1. 省略（実際に言ってみて，どんなふうに発音しているかを考えてみる）
2. 「っ」の後の子音を2つ重ねる。
3. (1) bukku ローマ字，book 英語
   (2) test 英語，tesuto ローマ字
   (3) cup 英語，kappu ローマ字
   (4) chansu ローマ字，chance 英語
   (5) picnic 英語，pikunikku ローマ字

Lesson 8　母音と子音 (p. 83)

1. ① aomori　② iwate　③ akita
   ④ miyagi　⑤ yamagata

2. A. 省略
   B. 1. かア　2. おエ　3. けウ　4. あオ
      5. こケ　6. くキ　7. いカ　8. えク
      9. きイ　10. うコ
3. 1. ひとつ hitotu・ふたつ hutatu
   2. みっつ mittu・むっつ muttu
   3. よっつ yottu・やっつ yattu
   4. ふたつ hutatu・はたち hatati
   5. あがる agaru・あげる ageru
   6. さがる sagaru・さげる sageru
4. A　海 umi＋亀 kame →海亀 umigame,
     甘 ama＋酒 sake →甘酒 amazake,
     文庫 bunko＋本 hon →文庫本 bunkobon,
     本 hon＋棚 tana →本棚 hondana
   B　風 kaze＋車 kuruma →風車 kazaguruma,
     船 hune＋乗り nori →船乗り hunanori,
     金 kane＋物 mono →金物 kanamono,
     酒 sake＋屋 ya →酒屋 sakaya
5. 1. kyatto　2. toppu　3. doggu　4. tento
   5. sutanpu　6. batto

Lesson 9　韻律 (p. 93)

1. 2. 省略
3. ① 日本・アメリカ　② 一人・二人
   ③ あの人・誰か　④ 目・おばけ
   ⑤ 犬・小屋
   ⑥ 図書館・図書館以外の場所
   ⑦ 犯人・警官
4. 5. 省略

Lesson 10　オノマトペ (p. 101)

1. 省略（実際に音を聞いて，それをことばで表現してみる）
2. 省略　例）雨の降る音：ザーザー，しとしと，ぽつぽつ
3. 省略
4. (1) ネコ　(2) イヌ　(3) ウシ
   (4) ヒツジ　(5) ブタ　(6) ウマ
   (7) アヒル　(8) ネズミ　(9) トリ
   (10) オンドリ
5. 省略

Unit 3 文法
Lesson 11 複合と連濁 (p. 113)
1. 省略　要点① 全体の意味（種類）は2つ目の言葉が決める。
2. ① 涙　② 金魚　③ 寝室
   ④ オレンジジュース
3. 要点② 音読みの場合は連濁が起きにくい。
4. 要点③ 最初から濁音がある語が後ろにつく場合は連濁が起きない。
5. 省略
6. ① a. にせたぬきじる：たぬきじるのにせもの。b. にせだぬきじる：たぬきのにせものがいて，それで作った汁。
   ② 「たぬきじる」の方は，先に「たぬき」と「しる」が結びついて「たぬきじる」という言葉になり，それの前に「にせ」がくっついてできている言葉。「たぬきじる」には先に濁音が含まれているので，連濁は起きない。一方，「にせだぬきじる」の方は，先に「にせ」と「たぬき」が結びついて「にせだぬき」という言葉になり，それの後ろに「しる」がくっついてできている言葉。「しる」には濁音が含まれていないので連濁が起きる。

Lesson 12 接辞 (p. 121)
1. 何か（er）がくっついている。（する動きに対して，er がついて，する人の意味になっている）
2. ・者：労働者，指揮者，編集者，歩行者，販売者，生産者，消費者
   ・員：検査員，<u>公務員</u>，裁判員，<u>事務員</u>，警備員（下線は「動き＋員」ではない）
   ・士：建築士，気象予報士，整備士（dancerとはダンスをおどる人）
3. ① 不用品・廃物を再生して利用すること。
   ② 再使用すること。
   ③ 再生すること。
4. ノンフィクション，ノンステップ，ノンアルコール（「ノンカフェイン」は和製英語）

Lesson 13 句構造 (p. 130)
1. ・太郎君が花子さんを追いかける。
   ・花子さんを太郎君が追いかける。
   ・花子さんが太郎君を追いかける。
   ・太郎君を花子さんが追いかける。
2. ・「太郎君」と「花子さん」のそれぞれの後に「が」や「を」が続く。
   ・「追いかける」が最後にくる。　など
3. 「太郎君が」「花子さんを」「追いかける」
4. 5. 【解説】参照

Lesson 14 埋め込み文と等位接続 (p. 140)
1. たとえば，「鉛筆と消しゴムと三角定規」より長い文は「鉛筆と消しゴムと三角定規とコンパス」どんなに長くなっても，「と」でつなぐと言ったもの全部を指すことに注意。
2. たとえば，「お父さんの自動車の鍵」といったら鍵のことを指しますが，それより長い文「お父さんの自動車の鍵のキーホルダー」はキーホルダーのことを指すことに注意。
3. 省略
4. ① たとえば，「ネズミが泣いたのでネコがなぐさめました」は「ネコがネズミが泣いたのでなぐさめました」より文の中に文が埋め込まれていないので覚えやすい。
   ② 省略
5. 省略

Lesson 15 あいまい性 (p. 150)
1. 壺の絵，向かい合った人の顔の絵。
2. ① かっこいい先生・かっこいい車
   ② 新しい犬・新しい名前
   ③ 花子が太郎を好き・太郎が花子を好き
   ④ 太郎が勝つことを期待・太郎が負けることを期待
3. 4. 【解説】参照
5. (A) 男の子だけ背が高い。
   (B) 男の子も女の子も背が高い。
   (A) 「日本史」の先生（日本人とは限らない）
   (B) 「日本人」で歴史の先生（日本史とは限らない）

Unit 4　言語生活

Lesson 16　外来語 (p. 162)

1　省略

2　① すばる，ライフライン，バトンタッチ
　② 答えの候補としては「漢字が含まれていたから（でも「天ぷら」は外来語）」「ひらがなだったから」，「デコボコ」みたいな擬態語の仲間だと思ったなど。「ライフライン」，「バトンタッチ」などは日本で作られたので「外来語もどき」。
　③ カルタ，カルテ，カルト
　④ そう呼ばれるものが属している分野によって，その分野に強い影響を及ぼしている国での発音が取り入れられた例である。たとえば，料理の分野ではフランス語風に「カルト」，医療の分野ではドイツ語風に「カルテ」というように。【解説】参照。

3　①「ロボット」は「人造人間」，「自動機械」，「ホテル」は「洋式宿泊施設」，「コンピュータ」は「電子計算機」
　② 新しいものや考えのなまえをつけるときには外来語が必要である。外来語を使うことで「想像力」「創造力」，「科学」「化学」などの曖昧さを消して自分の言いたい方を明らかにすることができる。「ホテル」は洋風で，「旅館」は和風というように細かな意味を伝えることもできる。

4　外来語の使い方を決めるのは，ことばの使い手（話し手・聞き手）が少しずつ決める。

5　省略

Lesson 17　数え方（数字とことば）(p. 172)

1　2　3　4　省略
5　6　7　8　【解説】参照

Lesson 18　ことば遊び（早口ことば）(p. 182)

1　省略
2　同じ単語が繰り返される。同じ音が何回も出てくる。
3　句読点を打つ。漢字やカタカナに直す。間を入れる。アクセントの高低を意識する。
4　省略

Lesson 19　ていねいな表現 (p. 190)

1　① よく知らない先生に対して：ありがとうございます
　　　友達に対して：ありがとう
　② Thank：感謝する。礼を言う
　　　Thank you：ありがとうございました

2　① 名前は？　お名前を教えていただいていいですか？　名前は何というの？

3　4　省略

Lesson 20　言い間違い (p. 203)

1　① 入学式を卒業式と間違えた
　② シャツとパンツをシャンツとパツと言ってしまった

2　【解説】参照

3　A グループ：あるかけらと別のかけらの場所が入れ代わってしまうタイプ
　　間違って動いているところは，①は「アパート」と「風呂」，②は「話せば」と「長い」の活用しないところ（高学年向き），③は「バ」と「ワ」，あるいは <b> と <w>（ba と wa というローマ字表記を思い出す。[Lesson 6・7 ローマ字と発音]の章を参照）④は「レ」と「ビ」，⑤は，<s> と <k> というローマ字で書いたときの子音部分[Lesson 6・7 ローマ字と発音]の章を参照)

B グループ：あるかけらの代わりに別のかけらを言ってしまうタイプ
　　①と③が似ているところは，そのかけらが「ねずみ」と「みみず」，「ロケット」と「ロボット」というひとまとまりの語であること。
　　②と④が似ているところは，置き換わったのが「ら」と「り」，「ま」と「が」という，それだけでは何を指すかわからない，音のかけらだということ。

C グループ：2つのかけら同士が混ざってしまうタイプ
　　それぞれの間違いに関係している2つの語が似ているところは，「べんきょう」

と「けんきゅう」,「よしゅう」と「ふくしゅう」,「ねこ」と「にゃんこ」,「パジャマ」と「ねまき」のようにどちらで言っても意味が通じてしまう語同士ということ。(「予習」と「復習」は反対の意味になるが,勉強の仕方の種類という共通点がある)

4 日本語と同じように,対応する位置にある音が交換したり,共通の母音を持つ音が交換したりしている。

5 「似ている」(意味や音の響きが似ている。繰り返しがある,など)か「近くにある」(もともと言いたかったかけらと間違って入ってきたかけらはそんなに離れていない)

6 省略

Unit 5　言語技術
Lesson 21　問答ゲーム(対話の練習)(p. 217)
省略

Lesson 22　説明(空間配列)(p. 228)
授業の展開を参照のこと。

Lesson 23　分析(絵の分析)(p. 238)
授業の展開を参照のこと。

Lesson 24　事実と意見 (p. 246)
■事実と意見と区別できるようになると,どのように便利なのかを考えてみましょう。
・人の言葉や書いてあることに嘘が混じっていないかどうかを考えられるようになる
・どこからどこまでが本当のことで,どこからが人の意見なのかに注意を払えるようになる
・人の言葉や書いてあることを分析的,批判的に検討できるようになる
・人の言葉や書いてあることに惑わされずに,自立して考えられるようになる

■① 事実　② 意見
理由：②については,色とりどりのチューリップを見て「きれい」と感じるかどうかについては人それぞれだから

■ (1) A 事実　B 意見
 (2) A 意見　B 事実
 (3) A 事実　B 意見
 (4) A 事実　B 意見
 (5) A 意見　B 事実
 (6) A 意見　B 事実

応用編
〜(略)エミちゃんは,「おもしろい。」と言った。
　　　　→エミちゃんの「意見」。
　　　　　言ったことは「事実」。

ジュン君は,「ありえない!」と言った。
　　　　→ジュン君の「意見」。
　　　　　言ったことは「事実」。

私は,「ありえないくらい大きいけれど,本当にこんな卵があれば見てみたいな。」と,心の中で思ったけれど,〜(略)　→私の「意見」

エミちゃんは,コウタ君がこの絵を見て,「ぼく,卵が大好きだから,こんな卵があったらすごくうれしいよ!」と言ったのを,聞いたことがあるそうだ。　→コウタ君の「意見」
　　　　→コウタ君が言ったことは「事実」。
　　　　　エミちゃんが聞いたことは「事実」。

ジュン君は,「あまりにも大きくてウソっぽいから,かえって信じたくなるよね。」と,マミちゃんが笑いながら言っていたらしいという話しを,ヒロシ君から聞いたことがあるみたい。
→ジュン君がマミちゃんから「聞いたらしい」とあるため「伝聞の事実」かもしれない。
→「〜あるみたい」とあるので「事実」かもしれない。

卵の話しをしているうちに,「ぐりとぐら」は,たいていの小学生が読んだことのある絵本なんだな,と私は思った。
　　　　→私の「意見」

Lesson 25　パラグラフの構成 (p. 255)
省略

編者・執筆者等一覧

(2019年4月1日現在)

編者・執筆者

大津由紀雄（おおつ　ゆきお）
明海大学外国語学部教授，慶應義塾大学名誉教授，一般社団法人 ことばの教育代表理事。専門は，言語心理学，認知科学，言語教育。

浦谷淳子（うらたに　じゅんこ）
浜松学院大学現代コミュニケーション学部講師，滋賀県大津市立平野小学校元教諭，一般社団法人 ことばの教育理事。専門は，英語教育。

齋藤菊枝（さいとう　きくえ）
埼玉県立南稜高等学校教諭（国語科），埼玉県立大宮中央高等学校元校長，一般社団法人 ことばの教育理事。専門は，国語教育，言語教育。

編集協力
公益財団法人 ラボ国際交流センター　**東京言語研究所**

執筆者（五十音順）
五十嵐美加（いがらし　みか）
元日本学術振興会特別研究員。専門は，英語教育，言語教育，教育心理学。

内田菜穂美（うちだ　なおみ）
千葉県立小金高等学校教諭（国語科）。専門は，国語教育，言語教育。

遠藤　忍（えんどう　しのぶ）
福岡県内中学校講師（英語科），認定 NPO 法人 Teach For Japan 認定フェロー。専門は，外国語教育（英語），ワークショップデザイン。

大名　力（おおな　つとむ）
名古屋大学大学院人文学研究科教授。専門は，英語学。

金水　敏（きんすい　さとし）
大阪大学大学院文学研究科教授。専門は，日本語史，役割語研究。

窪薗晴夫（くぼぞの　はるお）
国立国語研究所理論・対照研究領域教授。専門は，言語学（音韻論）。

古石篤子（こいし　あつこ）
慶應義塾大学名誉教授。専門は，外国語教育（フランス語），言語教育政策。

佐藤　允（さとう　まこと）
埼玉県立川越南高等学校教諭（英語科）。専門は，英語教育。

三森ゆりか（さんもり　ゆりか）
つくば言語技術教育研究所所長。専門は，言語技術教育。

末岡敏明（すえおか　としあき）
東京学芸大学附属小金井中学校教諭（英語科），一般社団法人　ことばの教育理事。専門は，英語教育，言語教育。

寺尾　康（てらお　やすし）
静岡県立大学国際関係学部教授。専門は，心理言語学，言語学（音韻論）。

渡慶次りさ（とけし　りさ）
慶應義塾大学大学院メディアデザイン研究科博士課程。専門は，コミュニケーション教育。

永井　敦（ながい　あつし）
広島大学森戸国際高等教育学院特任助教。専門は，高等教育研究（留学の効果測定），第二言語習得，異文化コミュニケーション。

松岡和美（まつおか　かずみ）
慶應義塾大学経済学部教授。専門は，手話言語学，第一言語獲得，統語論。

森山卓郎（もりやま　たくろう）
早稲田大学文学学術院教授，一般社団法人　ことばの教育理事。専門は，日本語学。

イラストレーター
早乙女 民（さおとめ　たみ）

日本語からはじめる小学校英語
――ことばの力を育むためのマニュアル――

ISBN978-4-7589-8034-0　C0082

編　者	大津由紀雄・浦谷淳子・齋藤菊枝
発行者	武村哲司
印刷所	日之出印刷株式会社

2019年7月20日　第1版第1刷発行Ⓒ

発行所	株式会社　開拓社

〒113-0023　東京都文京区向丘1-5-2
電話　（03）5842-8900（代表）
振替　00160-8-39587
http://www.kaitakusha.co.jp

JCOPY ＜出版者著作権管理機構　委託出版物＞
本書の無断複製は著作権法上での例外を除き禁じられています。複製される場合は，そのつど事前に，出版者著作権管理機構（電話 03-3513-6969，FAX 03-3513-6979，e-mail: info@jcopy.or.jp）の許諾を得てください。